Les tutelles

La protection juridique des majeurs

Chez le même éditeur

Brochés :

La procédure prud'homale, Étienne Bataille, 2009

Guide pratique des étrangers, George Pau-Langevin, 2004

Guide pratique de la nationalité française, Pâquerette Girard Zapelli, 2004

Dictionnaire judiciaire des communes, 2009

Les huissiers de justice, 2009

Tarif des huissiers de justice

Ouvrages à mises à jour :

Traités pratiques du tribunal de grande instance

Traités pratiques du greffe d'instance

Traité pratique de l'exécution

Traité pratique de l'instruction

Frais et dépens

L'aide juridique

Olivier Molin

Les tutelles

La protection juridique des majeurs

Sofiac

3, rue Ferrus, 75014 Paris
ISBN : 978-2-85130-217-5

TABLE DES MATIÈRES

II
LES MESURES DE PROTECTION JURIDIQUE

III
L'ACCOMPAGNEMENT EN MATIÈRE SOCIALE ET BUDGÉTAIRE

IV
LE STATUT DES MANDATAIRES JUDICIAIRES À LA PROTECTION DES PERSONNES

V

LE FINANCEMENT DES MESURES DE PROTECTION

ABRÉVIATIONS

Al. :	Alinéa
Arr. :	Arrêté
Art. :	Article
Bull. civ. :	Bulletin des arrêts de la Cour de cassation, chambre civile
CA :	Cour d'appel
CAF :	Caisse d'allocations familiales
CASF :	Code de l'action sociale et des familles
Cass. :	Cassation
Cass. civ 1re :	Première chambre civile de la Cour de cassation
C. civ. :	Code civil
CE :	Conseil d'État
Ch. :	Chambre
Chron. :	Chronique
Circ. :	Circulaire
Concl. :	Conclusion(s)
C. org. jud. :	Code de l'organisation judiciaire
CPC :	Code de procédure civile
C. proc. pén. :	Code de procédure pénale
CSP :	Code de la santé publique
CSS :	Code de sécurité sociale
D. :	Décret
DDASS :	Direction départementale des affaires sanitaires et sociales
Doctr. :	Doctrine
L. :	Loi
Ord. :	Ordonnance
SMIC :	Salaire minimum interprofessionnel de croissance
TC :	Tribunal des conflits
UDAF :	Union départementale des associations familiales

Avertissement : les références aux articles du Code civil s'entendent de ceux issus de la loi n° 2007-308 du 5 mars 2007. Lorsqu'il sera fait référence aux anciennes dispositions du Code civil, le terme « ancien » sera ajouté entre parenthèses.

INTRODUCTION

La loi n° 2007-308 du 5 mars 2007 dont les principales dispositions sont entrées en vigueur le 1er janvier 2009 réforme en profondeur le régime juridique de la protection des majeurs issu de la loi n° 68-5 du 3 janvier 1968.

L'ensemble des textes relatifs à la protection des majeurs fait l'objet d'une nouvelle codification (C. civ., art. 414 à 515).

Le renvoi opéré par l'article 495 du Code civil (ancien) de la tutelle des majeurs vers celle des mineurs relatif à l'organisation, au fonctionnement et aux comptes de la tutelle disparaît, des règles communes et autonomes aux majeurs protégés étant instaurées par le législateur.

Un nouveau dispositif de protection des majeurs est donc entièrement créé.

Il est issu notamment de travaux élaborés depuis plusieurs années (tels que le rapport du groupe interministériel présidé par M. FAVARD déposé en 2000) et a fait l'objet d'un large consensus politique.

Ce nouveau dispositif répond à deux objectifs principaux.

Face à l'augmentation rapide du nombre de mesures ouvertes[(1)] liée notamment au vieillissement de la population, il convenait de rendre supportable le coût à la charge de la collectivité publique en refondant globalement le financement du dispositif et en le recentrant sur les personnes atteintes d'une altération de leurs facultés personnelles et ayant réellement besoin d'une mesure de protection.

Si le régime issu de la loi de 1968 permettait la gestion du patrimoine du majeur incapable, le nouveau régime vient affirmer les principes fondamentaux de la protection des personnes vulnérables en renforçant les droits des majeurs et de leurs familles et en fixant un cadre juridique rigoureux à l'exercice des mesures de protection par des intervenants extérieurs.

La volonté du présent ouvrage est de présenter le nouveau cadre juridique de la protection des majeurs de manière synthétique afin de donner aux personnes concernées (les majeurs et leurs familles), ainsi qu'aux acteurs institutionnels (professionnels du droit, mandataires, services administratifs) un outil simple et facile d'accès susceptible d'apporter des réponses aux questions posées par la pratique.

(1) Environ 700 000 mesures sont actuellement ouvertes sur l'ensemble du territoire.

I

LES DISPOSITIONS GÉNÉRALES

Chapitre 1

Les principes généraux

Section 1
Les règles applicables indépendamment de tout régime de protection

La loi n° 2007-308 du 5 mars 2007 reprend globalement le régime antérieur relatif au régime applicable aux actes passés par un majeur atteint d'un trouble mental. Il pourra sur ce point être utilement renvoyé à l'ouvrage de référence en la matière[1].

(1) Jacques MASSIP, Les incapacités, *Répertoire du notariat Defrénois.*

Sous-section 1
La nullité des actes accomplis par les majeurs atteints d'un trouble mental

1 **Le trouble mental.** Le Code civil affirme le principe de la capacité juridique des majeurs (C. civ., art. 414), à condition, pour pouvoir faire un acte valable d'être sain d'esprit (C. civ., art. 414-1).

En effet, il est possible d'obtenir l'annulation d'un acte en démontrant l'existence d'un trouble mental au moment de sa signature, la charge de cette preuve pesant sur celui qui l'invoque (C. civ., art. 414-1).

2 **L'action en nullité.** Conformément à l'article 414-2 du Code civil, l'action en nullité n'appartient qu'à l'intéressé. Il s'agit, par conséquent, d'une nullité relative destinée à protéger la personne concernée.

Cet article ne reprend pas la rédaction de l'article 489 (ancien) qui prévoyait la possibilité, pour le tuteur ou le curateur, d'exercer cette action.

Compte tenu de leurs pouvoirs respectifs, cette action devrait néanmoins pouvoir être exercée par le tuteur ou le majeur avec l'assistance du curateur (C. civ., art. 468, al. 3).

Le curateur pourrait également l'exercer seul en cas de refus ou d'inaction du majeur sur le fondement de l'article 469 alinéa 2 du Code civil qui lui permet, sur autorisation du juge, d'agir à sa place s'il compromet gravement ses intérêts.

Le juge des tutelles peut, par ailleurs, dans le cadre d'une mesure de sauvegarde de justice, confier au mandataire spécial la mission d'exercer l'action en nullité prévue par l'article 414-2 (C. civ., art. 437, al. 2).

Il existe, en outre, pour les actes passés par un majeur antérieurement à l'ouverture d'une mesure de curatelle ou de tutelle, un régime spécifique de nullité (C. civ., art. 464) qui n'est pas exclusif (C. civ., art. 466) et sera exposé plus loin (voir **n° 135**).

Après la mort de l'intéressé, le régime n'est pas modifié : le principe est toujours celui de l'impossibilité, pour les héritiers, d'attaquer les actes passés par un individu pour insanité d'esprit, sauf les quatre exceptions suivantes :

– si l'acte est une donation entre vifs ou un testament ;

– si l'acte porte en lui-même la preuve d'un trouble mental ;

– s'il a été fait alors que l'intéressé était placé sous sauvegarde de justice ;

– si une action a été introduite avant le décès de l'intéressé aux fins d'ouverture d'une curatelle ou d'une tutelle ou si effet a été donné au mandat de protection future.

3 **La prescription**. Le dernier alinéa de l'article 414-2 prévoit, comme dans le régime antérieur, que l'action en nullité s'éteint dans le délai de cinq ans prévu à l'article 1304 du Code civil.

S'il s'agit d'un majeur non protégé, le point de départ du délai court à compter de l'acte contesté (Cass. civ. 1re, 19 novembre 1991, *Bull. civ. I,* n° 318, p. 207).

S'il s'agit d'un majeur protégé, le point de départ du délai court à compter du jour où le majeur a eu connaissance de l'acte, alors qu'il était en situation de le refaire valablement (C. civ., art. 1304, al. 3).

Cette expression « alors qu'il était en situation de le refaire valablement » pose une difficulté d'interprétation. Selon M. MASSIP[1], « le délai pour agir en nullité pour trouble mental court à compter du jour où le majeur a eu connaissance de l'acte après cessation du régime de protection ».

Le délai ne court contre les héritiers de la personne en tutelle ou en curatelle que du jour du décès, s'il n'a commencé à courir auparavant.

Il convient également d'observer que les articles 2234 et 2235 du Code civil, issus de la loi n° 2008-561 du 17 juin 2008 portant réforme de la prescription en matière civile, reprennent les principes suivant lesquels :

– la prescription ne court pas ou est suspendue contre celui qui est dans l'impossibilité d'agir par suite d'un empêchement résultant de la loi, de la convention ou de la force majeure ;

– la prescription ne court pas ou est suspendue contre les majeurs en tutelle.

(1) Jacques MASSIP, Les incapacités, *Répertoire du notariat Defrénois, n° 764.*

Sous-section 2
Le dommage causé sous l'empire d'un trouble mental

4 **Les effets.** L'article 414-3 du Code civil reprend là aussi les dispositions de la loi n° 68-5 du 3 janvier 1968 (C. civ., anc. art. 489-2) : « Celui qui a causé un dommage à autrui alors qu'il était sous l'empire d'un trouble mental n'en est pas moins obligé à réparation. »

Pour un approfondissement de cette question, il pourra également être renvoyé aux ouvrages de référence en la matière.

Section 2
Les principes fondamentaux de la protection des personnes

5 **Les principes fondamentaux.** Si la loi n° 68-5 du 3 janvier 1968 était une loi de protection du patrimoine de l'incapable, la loi n° 2007-308 du 5 mars 2007 est une loi de liberté, affirmant les principes fondamentaux applicables aux majeurs protégés et encadrant l'exercice des mesures de protection.

L'article 415 du Code civil doit, parce qu'il a vocation à être la référence de tous les intervenants en cas d'incertitude, être reproduit dans son intégralité :

« Les personnes majeures reçoivent la protection de leur personne et de leurs biens que leur état ou leur situation rend nécessaire suivant les modalités prévues au présent titre.

« Cette protection est instaurée dans le respect des libertés individuelles, des droits fondamentaux et de la dignité de la personne.

« Elle a pour finalité l'intérêt de la personne protégée. Elle favorise, dans la mesure du possible, l'autonomie de celle-ci.

« Elle est un devoir des familles et de la collectivité publique. »

Illustration de ce souci humaniste et signe des temps, le terme d'« incapable » est éliminé de l'ensemble des textes (L. n° 2007-308 du 5 mars 2007, art. 10).

La loi n° 2007-308 du 5 mars 2007 ne s'en est pas tenue à une simple pétition de principe et a voulu garantir l'exercice effectif des droits et libertés de la personne protégée en imposant au mandataire judiciaire à la protection des majeurs la remise à la personne protégée ou, si son état ne lui permet pas d'en mesurer la portée, à un membre du conseil de famille s'il a été constitué ou, à défaut, à un parent, un allié ou une personne de son entourage, d'une notice d'information à laquelle est annexée une charte des droits de la personne protégée (CASF, art. L. 471-6 à L. 471-8).

Si ce mandataire est une personne morale, il devra en outre remettre, dans les mêmes conditions, un document individuel de protection des majeurs qui définit les objectifs et la nature de la mesure de protection dans le respect des principes déontologiques et éthiques, des recommandations de bonnes pratiques professionnelles et du projet de service (CASF, art. L. 471-8 al. 3).

Pour des développements plus amples sur ces obligations et le statut des mandataires judiciaires à la protection des majeurs, voir **n°s 229 et s.**

6 **La protection de la personne.** La loi n° 2007-308 du 5 mars 2007 affirme, dans les articles 415 et 425 alinéa 2 du Code civil, le principe général de la protection de la personne du majeur.

Ainsi, selon l'article 425 alinéa 2 du Code civil, la mesure est destinée à la protection tant de la personne que des intérêts patrimoniaux de celle-ci.

Par exception, le juge peut toutefois limiter expressément la mesure à l'une de ces deux missions et exclure ainsi la protection de la personne ou celle de ses biens.

Il s'agit d'une nouveauté légale, la loi n° 68-5 du 3 janvier 1968 ne prévoyant rien à cet égard, mais non d'une nouveauté juridique, la jurisprudence ayant affirmé que les régimes d'incapacité avaient pour objet, d'une façon générale, de pourvoir à la protection de la personne et des biens de l'incapable (Cass. civ. 1re, 18 avril 1989, *JCP Éd. N. 1989*, II. 313).

Ce principe général de protection de la personne du majeur s'applique indépendamment des dispositions spéciales relatives par exemple au mariage ou au logement du majeur et du régime juridique des actes à caractère personnel (C. civ., art. 459) qui seront étudiés plus loin (voir **n°s 119 et s.**).

La loi n° 2007-308 du 5 mars 2007 fixe ainsi un cadre juridique permettant l'intervention des curateurs, tuteurs et juges des tutelles en matière de protection de la personne, tout en rappelant, ainsi que nous le verrons plus loin, que la liberté est la règle et les restrictions à la capacité du majeur l'exception.

☞ *L'équilibre à trouver entre la protection de la personne et le respect de ses droits fondamentaux se révèle délicat, la loi prévoyant à la fois :*

– qu'en l'absence de disposition contraire, la mesure est destinée à la protection de la personne (C. civ., art. 425 al. 2) ;

– que la personne protégée prend seule les décisions relatives à sa personne dans la mesure où son état le permet (C. civ., art. 459).

À défaut de précision du juge des tutelles dans le jugement d'ouverture de la mesure de protection ou dans une décision ultérieure et en dehors des actes soumis à un régime spécial, le cadre et les possibilités d'intervention du curateur ou du tuteur pourront, dans certaines situations, se révéler incertains, entraînant la multiplication des saisines ponctuelles du juge des tutelles.

Section 3
Le rôle de l'autorité judiciaire

7 **Le juge des tutelles.** Il est juge du tribunal d'instance (C. org. jud., art. 322-1).

Le choix de maintenir le juge d'instance en qualité de juge des tutelles des majeurs révèle la dimension sociale de proximité du juge en la matière, qui, parce qu'il gère des dossiers permanents, doit rester facilement accessible pour les familles tant sur le plan géographique que sur le plan fonctionnel.

La loi n° 2007-308 du 5 mars 2007 l'investit d'obligations et de pouvoirs généraux.

Il a ainsi une obligation de surveillance générale des mesures de protection dans son ressort(1) et dispose de la possibilité de visiter ou faire visiter les personnes protégées et celles qui font l'objet d'une demande de protection, quelle que soit la mesure prononcée ou sollicitée, les personnes chargées de la protection étant tenues de déférer à sa convocation et de lui communiquer toute information qu'il requiert.

Il peut, par ailleurs, d'une manière générale, faire examiner par un médecin les majeurs faisant l'objet d'une mesure de protection (CPC, art. 1212).

☞ *Il est possible de se demander si ce rôle et ces pouvoirs s'étendent au mandat de protection future (voir **nos 174 et s.**).*

Ces dispositions ayant un caractère général et s'appliquant à tous les majeurs protégés, il semble logique que le juge des tutelles ait le même devoir de surveillance s'agissant des mandats de protection future.

Cependant, il sera difficile d'exiger du juge un contrôle effectif, le mandat n'étant pas mis en œuvre sur décision judiciaire, mais sur simple déclaration au greffe, celui-ci n'étant pas tenu de tenir un registre des mandats entrés en vigueur et le mandat étant restitué par le greffe.

Le juge ne dispose, par conséquent, d'aucun dossier permanent.

Sur le plan procédural, le décret d'application n° 2008-1276 du 5 décembre 2008 rappelle, d'une manière générale, l'importance du principe contradictoire pour toutes les décisions rendues par le juge des tutelles, autres que celles relatives à la mesure de protection elle-même.

Ainsi, l'article 1213 du Code de procédure civile prévoit qu'à la demande de tout intéressé ou d'office le juge des tutelles peut ordonner que l'examen d'une requête donne lieu à un débat contradictoire.

Ces prérogatives du juge sont assorties de pouvoirs coercitifs (C. civ., art. 417).

Le juge des tutelles peut ainsi prononcer des injonctions contre les personnes chargées de la protection et condamner à l'amende civile prévue par le Code de procédure civile celles qui n'y ont pas déféré.

Il peut les dessaisir de leur mission en cas de manquement caractérisé dans l'exercice de celle-ci, après les avoir entendues ou appelées.

Il peut, dans les mêmes conditions, demander au procureur de la République de solliciter la radiation d'un mandataire judiciaire à la protection des majeurs de la liste prévue à l'article L. 471-2 du Code de l'action sociale et des familles.

(1) L'article 416 du Code civil n'est que la reprise de l'ancien article 395 du même code.

8 **Le greffe des tutelles.** Le rôle du greffe du juge des tutelles est un rôle juridictionnel classique, le greffier étant chargé d'assister le juge lors des auditions et de signer les procès-verbaux d'audition, ainsi que l'ensemble des décisions rendues par le juge.

Il a également un rôle de secrétariat très important, étant chargé de la tenue des dossiers, des relations avec le public.

Ce rôle est amplifié par les nouvelles dispositions de la loi n° 2007-308 du 5 mars 2007 imposant la révision régulière des dossiers (voir **n°s 92 et s.**). Il lui appartient ainsi de vérifier si les mesures de protection ont bien été révisées dans le délai légal et, à défaut, de constater que la mesure de protection a cessé de plein droit.

Par ailleurs, le greffier en chef est chargé de la vérification des comptes de gestion (voir **n°s 130 et s.**).

9 **Le procureur de la République.** La loi n° 2007-308 du 5 mars 2007 renforce, de façon générale, le rôle du procureur de la République.

La loi n° 64-1230 du 14 décembre 1964 n'avait pas confié au procureur de la République une mission générale de surveillance des mesures de protection.

L'article 416 du Code civil donne au procureur de la République la même mission et les mêmes prérogatives que le juge des tutelles.

Il peut, comme ce dernier, d'une manière générale, faire examiner par un médecin les majeurs faisant l'objet d'une mesure de protection (CPC, art. 1212).

Ceux-ci devraient, par conséquent, toujours déférer à une injonction du procureur de la République.

Seules les mesures coercitives de l'article 417 du Code civil restent un pouvoir propre du juge des tutelles, à l'exception de la possibilité de solliciter du préfet la radiation d'un mandataire judiciaire à la protection des majeurs.

☞ *Ce rôle général du procureur de la République risque cependant de demeurer très théorique dans la mesure où seuls les tribunaux de grande instance d'une certaine importance disposent d'un parquet civil dédié et doté de moyens suffisants.*

Par ailleurs, le parquet n'a pas accès au logiciel du greffe des tutelles et n'a pas de dossier autre que celui du service du tribunal d'instance.

Il est en outre probable que les juges des tutelles continueront à être directement saisis des difficultés par les tiers.

Par ailleurs, le procureur de la République est tenu, en cas d'ouverture d'une procédure de sauvegarde de justice, d'effectuer les actes conservatoires nécessaires à la protection du patrimoine du majeur (C. civ., art. 436, al. 3 ; voir **n°s 69 et s.**).

Il dispose enfin d'un pouvoir propre de saisine du juge des tutelles pour l'ouverture d'une mesure de protection (voir **n° 47**) ou pour la désignation d'un curateur ou d'un tuteur *ad hoc* (C. civ., art. 455).

Sur le plan administratif, le procureur de la République établit la liste des médecins mentionnée à l'article 431 du Code civil, dont l'avis préalable est obligatoire à la saisine du juge des tutelles (voir **n° 50**).

Enfin, s'il ne tient plus, comme sous le régime antérieur, la liste des curateurs, tuteurs d'État et gérants de tutelles qui disparaissent après l'entrée en vigueur de la loi n° 2007-308 du 5 mars 2007 (voir **n°s 229 et s.**), il doit donner un avis conforme :

– dans le cadre de la procédure d'autorisation de créer, transformer ou étendre un service mentionné à l'article L. 312-1- I, 14° et 15° du Code de l'action sociale et des familles, inscrit sur la liste des mandataires judiciaires à la protection des majeurs (CASF, art. L. 313-3, c) ;

– à l'agrément préfectoral donné en vue de l'inscription d'une personne physique exerçant à titre individuel sur la liste des mandataires judiciaires à la protection des majeurs (CASF, art. L. 472-1).

Section 4
La responsabilité des organes de protection

10 **La responsabilité pour faute quelconque.** L'article 421 du Code civil, issu de la loi n° 2007-308 du 5 mars 2007, reprend le principe général suivant lequel l'ensemble des organes de protection sont responsables du dommage résultant d'une faute quelconque qu'ils commettent dans l'exercice de leur fonction.

Il n'y a donc pas à caractériser la faute commise pour engager la responsabilité d'un organe, ni à distinguer suivant le régime de protection applicable (mandat spécial dans le cadre d'une sauvegarde de justice, mandat de protection future, tutelle, curatelle, mesure d'accompagnement social personnalisé, mesure d'accompagnement judiciaire), à l'exception de la curatelle simple (voir **n° 13**).

Il est ainsi fait exception au principe général, s'agissant de la responsabilité de l'autorité judiciaire, posé par l'article L. 141-1 du Code de l'organisation judiciaire, suivant lequel la responsabilité de l'État du fait du fonctionnement défectueux du service public de la justice n'est engagée que par une faute lourde ou un déni de justice.

11 **La responsabilité de l'autorité judiciaire.** La responsabilité du juge des tutelles et du procureur de la République est particulièrement lourde puisque la loi place l'ensemble des mesures de protection sous leur surveillance générale (voir **n°s 7 et 9**).

Le greffe, en charge de la gestion du cabinet des tutelles, est également susceptible d'engager sa responsabilité.

Le greffier en chef est, quant à lui, responsable des fautes qu'il commet dans le cadre de son contrôle des comptes de gestion (voir **n°s 130 et s.**).

L'article 422 du Code civil vient cependant apporter la garantie de l'État en précisant que lorsque la faute a été commise dans l'organisation et le fonctionnement de la mesure de protection par le juge des tutelles, le greffier en chef du tribunal d'instance ou le greffier, l'action en responsabilité diligentée par la personne protégée ou ayant été protégée ou par ses héritiers est dirigée contre l'État qui dispose d'une action récursoire.

Conformément aux principes posés par la jurisprudence administrative en matière de responsabilité de l'État, seule une faute totalement étrangère au service public de la justice serait susceptible de faire l'objet d'une action directe contre des agents judiciaires (CE, 23 juin 1954, *Vve Litzer*, Rec. p. 316).

Suivant cette jurisprudence, seule une faute personnelle non dépourvue de lien avec le service pourrait, par ailleurs, faire l'objet d'une action récursoire de l'État, la faute de service ne pouvant faire l'objet d'un recours de l'État (TC, 30 juillet 1873, arrêt *Pelletier*, Rec. p. 117).

Cette garantie ne s'applique étrangement pas au procureur de la République, ce qui impliquerait que la responsabilité personnelle du magistrat du parquet pourrait être engagée directement contre celui-ci, même pour une faute en lien avec le service des tutelles.

Cependant l'article 11-1 de l'ordonnance n° 58-1270 du 22 décembre 1958 relative au statut de la magistrature prévoit que la responsabilité des magistrats qui ont commis une faute personnelle se rattachant au service public de la justice ne peut être engagée que sur l'action récursoire de l'État.

Le statut de la magistrature résultant d'une loi organique devrait prévaloir sur les dispositions de la loi n° 2007-308 du 5 mars 2007.

12 **La responsabilité du tuteur et du subrogé tuteur.** Le tuteur est tenu d'apporter, dans la gestion du patrimoine du majeur, des soins prudents, diligents et avisés, dans le seul intérêt de la personne protégée (C. civ., art. 496, al. 2).

La faute commise par celui-ci devra, par conséquent, être appréciée au regard de ces critères.

La responsabilité du subrogé tuteur est également prévue par l'article 454 alinéa 4 du Code civil selon lequel, à peine d'engager sa responsabilité à l'égard de la personne protégée, le subrogé tuteur surveille les actes passés par le tuteur et informe sans délai le juge s'il constate des fautes dans l'exercice de sa mission (voir **n°s 99 et s.**).

☞ *L'appréciation de la faute sera plus délicate en matière de protection de la personne du majeur, les critères d'intervention ci-dessus n'étant prévus qu'en matière de gestion patrimoniale.*

13 **La responsabilité du curateur et du subrogé curateur.** L'article 421 du Code civil prévoit une exception à la faute quelconque en matière de curatelle simple puisque le curateur et le subrogé curateur ; n'engagent leur responsabilité, du fait des actes accomplis avec leur assistance, qu'en cas de dol ou de faute lourde.

En cas de curatelle renforcée, la responsabilité du curateur est engagée pour faute quelconque. S'agissant de la responsabilité générale du subrogé curateur, il convient de se référer à l'article 454 alinéa 4 susvisé (voir **n° 12**).

14 **La responsabilité des mandataires judiciaires à la protection des majeurs.** L'action en responsabilité d'un mandataire judiciaire à la protection des majeurs peut être dirigée contre celui-ci ou contre l'État qui dispose d'une action récursoire (C. civ., art. 422, al. 2).

☞ *La question est de savoir, d'une part, si c'est l'organe qui engage sa responsabilité ou la personne physique et, d'autre part, de déterminer qui doit être assuré.*

S'agissant des services mettant en œuvre les mesures de protection des majeurs ordonnées par l'autorité judiciaire visés par l'article L. 312-1 alinéa 14 du Code de l'action sociale et des familles, l'article L. 471-2 du même code prévoit l'inscription du « service » sur la liste établie par le préfet. Logiquement, seule la responsabilité du service et donc de la personne morale pourrait, par conséquent, être engagée et non celle de son salarié. Seule la personne morale devrait donc être assurée.

Les personnes physiques qui exercent à titre individuel et habituel les mesures de protection des majeurs ordonnées par l'autorité judiciaire (CASF, art. L. 472-1), étant agréées à titre individuel engageront leur responsabilité personnelle. C'est la raison pour laquelle l'article L. 472-2 du Code de l'action sociale et des familles rend leur assurance obligatoire.

La situation est plus complexe s'agissant des préposés d'établissements publics qui exerceront des fonctions de mandataires judiciaires à la protection des majeurs en application de l'article L. 471-2 alinéa 1 du Code de l'action sociale et des familles.

L'article L. 471-2 alinéa 3 de ce code prévoit l'inscription des personnes sur la liste préfectorale. Ce sont donc théoriquement les agents désignés par le chef d'établissement qui seront personnellement responsables.

Néanmoins ces agents sont, la plupart du temps, soumis au statut de la fonction publique.

Or, suivant l'article 11 de la loi n° 83-634 du 13 juillet 1983 portant droits et obligations des fonctionnaires, « lorsqu'un fonctionnaire a été poursuivi par un tiers pour une faute de service et que le conflit d'attribution n'a pas été élevé, la collectivité publique doit, dans la mesure où une faute personnelle détachable de l'exercice de ses fonctions n'est pas imputable à ce fonctionnaire, le couvrir des condamnations civiles prononcées contre lui ».

Cette règle constitue un principe général du droit applicable à tout agent public (CE, 26 avril 1963, CHR de Besançon, *Rec. CE, p. 243, concl. Chardeau).*

Ainsi, le fonctionnaire condamné alors qu'il n'a commis qu'une faute de service ou non détachable du service peut exiger de l'administration qu'elle le rembourse du montant total ou partiel (si une faute personnelle a coexisté avec une faute de service) des condamnations civiles dont il a été frappé.

La responsabilité de ces préposés, sauf faute personnelle détachable du service, sera donc garantie par l'État et ils n'ont théoriquement pas besoin de s'assurer pour les fautes commises dans le cadre de leurs fonctions de mandataire judiciaire à la protection des majeurs.

Sur la liste des mandataires judiciaires à la protection des majeurs, voir ***nos 229 et s.***

15 **La responsabilité du mandataire de protection future.** La responsabilité du mandataire de protection future est celle du droit commun du mandat, l'article 424 du Code civil renvoyant aux dispositions de l'article 1992 du même code.

16 **La prescription.** L'action en responsabilité se prescrit par cinq ans à compter de la fin de la mesure alors même que la gestion aurait continué au-delà. Si une mesure de curatelle a cessé par l'ouverture d'une tutelle, le délai ne court qu'à compter de l'expiration de cette dernière (C. civ., art. 423).

Chapitre 2

Les dispositions communes aux différents régimes de protection

Section 1
La protection en matière pénale

17 **Présentation du dispositif.** La loi n° 2007-308 du 5 mars 2007 introduit des dispositions spécifiques aux majeurs protégés faisant l'objet de poursuites pénales et applicables dès son entrée en vigueur, en ajoutant au livre IV du Code de procédure pénale un nouveau titre XXVII intitulé : « De la poursuite, de l'instruction et du jugement des infractions commises par des majeurs protégés. »

Sous-section 1
Les conditions d'application des mesures protectrices

18 **Une personne faisant l'objet d'une mesure de protection juridique.** Ces dispositions spécifiques en matière pénale s'appliquent aux majeurs poursuivis dans le cadre d'une procédure pénale, dont il est établi au cours de la procédure qu'ils font l'objet d'une mesure de protection juridique dans les conditions prévues au titre XI du livre Ier du Code civil.

Sont concernés par ce renvoi les majeurs faisant l'objet :

- d'une mesure de sauvegarde de justice ;
- d'une mesure de curatelle ;
- d'une mesure de tutelle ;

– d'un mandat de protection future.

L'article D. 47-14 du Code de procédure pénale résultant du décret d'application n° 2007-1658 du 23 novembre 2007 vient préciser le moment où ces dispositions spécifiques s'appliquent.

En l'absence de casier judiciaire civil, les seuls moyens de vérifier si une personne fait l'objet d'une mesure de protection sont soit de lui poser la question en cours de procédure (avec le risque que la personne ne veuille pas révéler cette information), soit de solliciter systématiquement un extrait d'acte de naissance ou du répertoire civil du tribunal de grande instance du lieu de naissance de l'intéressé.

Pour ne pas imposer aux autorités de poursuite et de jugement en matière pénale cette vérification systématique et afin de se prémunir des risques de nullité, l'article D. 47-14 du Code de procédure pénale prévoit que les dispositions des articles 706-113 à 706-117 du Code de procédure pénale ne sont applicables que lorsque les éléments recueillis au cours de la procédure font apparaître que la personne fait l'objet d'une mesure de protection juridique.

Il n'y a que si les éléments de la procédure font apparaître un doute sur l'existence d'une mesure de protection juridique que le procureur de la République, le juge d'instruction ou la juridiction de jugement sont tenus de procéder ou faire procéder aux vérifications nécessaires[(1)].

Le non-respect des dispositions protectrices en matière pénale est d'autant moins sanctionné que l'alinéa 3 de l'article D. 47-14 du Code de procédure pénale vient préciser que si l'existence de la mesure de protection n'est connue du juge d'instruction ou de la juridiction de jugement qu'après la mise en mouvement de l'action publique, ces dispositions ne sont applicables qu'à compter de cette date.

Enfin, logiquement, il en est de même si la mesure de protection juridique est ordonnée au cours de la procédure pénale.

(1) On peut d'ailleurs s'interroger sur la question de savoir ce que recouvre cette notion d'éléments de la procédure faisant apparaître un doute.

19 **Une personne protégée poursuivie dans le cadre d'une procédure pénale.** Les dispositions spécifiques en matière pénale s'appliquent

aux personnes protégées qui font l'objet de poursuites dans le cadre d'une procédure pénale.

Par conséquent, elles ne s'appliquent pas au cours de l'enquête (préliminaire ou de flagrance), mais seulement lorsque le ministère public prend une décision de poursuite (devant la juridiction de jugement ou d'instruction) ou si les poursuites sont enclenchées directement par la victime (citation directe ou plainte devant le juge d'instruction, avec constitution de partie civile).

Ainsi, l'obligation d'être assisté d'un avocat ne s'applique pas, par exemple, au cours de la garde à vue. De la même façon, il n'y a pas d'obligation d'informer le tuteur ou le curateur de l'existence d'une enquête pénale concernant son protégé.

Sous-section 2
Les mesures protectrices

20 **Information et assistance du curateur, du tuteur ou du mandataire de protection future.** Les articles 706-113 et 706-117 du Code de procédure pénale prévoient que le procureur de la République ou le juge d'instruction avise le curateur, le tuteur ou le mandataire de protection future, ainsi que le juge des tutelles des poursuites dont la personne fait l'objet.

Dans le cas d'une mesure de sauvegarde de justice, le juge des tutelles est avisé et peut alors désigner un mandataire spécial qui dispose des mêmes prérogatives que le curateur, tuteur ou mandataire de protection future.

Cet avis est également exigé si la personne fait l'objet :

– d'une alternative aux poursuites consistant en la réparation d'un dommage ou en une médiation ;

– d'une composition pénale ;

– d'une comparution sur reconnaissance préalable de culpabilité (il n'a cependant pas été prévu l'intervention juridique du curateur ou du tuteur lors de la formalisation de l'acceptation de la peine qui peut, par conséquent, être considérée comme un acte strictement personnel) ;

– d'une audition en qualité de témoin assisté.

Cette information est donnée par lettre recommandée ou selon les modalités de l'article 803-1 du Code de procédure pénale relatif à la notification à avocat. Elle peut cependant être réalisée à l'occasion de l'audition du curateur ou du tuteur comme témoin par procès-verbal au cours de l'enquête ou, en cas d'urgence, par tout moyen (C. proc. pén., art. D. 47-15).

Le curateur, tuteur ou mandataire de protection future peut alors prendre connaissance des pièces de la procédure dans les mêmes conditions que celles prévues pour la personne poursuivie sous réserve des dispositions suivantes :

– au cours d'une information judiciaire, la copie du dossier ne peut être obtenue que par l'intermédiaire de l'avocat de la personne mise en examen ou témoin assisté, conformément aux dispositions des articles 114 et 114-1 du Code de procédure pénale (C. proc. pén., art. D. 47-16 al. 1) ;

– lorsque la personne est citée ou renvoyée devant la juridiction de jugement, ou qu'il est fait application de la procédure alternative de réparation ou de médiation ou de la procédure de composition pénale, une copie de la procédure peut être remise gratuitement conformément aux dispositions de l'article R. 155 du Code de procédure pénale (C. proc. pén., art. D. 47-16 al. 2).

Lors de la procédure de réparation, de médiation, de composition pénale, de comparution sur reconnaissance préalable de culpabilité, la personne peut être assistée de son tuteur ou de son curateur, si celui-ci est présent, lorsqu'elle comparaît devant le procureur de la République, son délégué ou son médiateur, ou devant le magistrat du siège chargé de valider ou d'homologuer la procédure (C. proc. pén., art. D. 47-17).

☞ *En tout état de cause, une transaction sur les intérêts civils nécessite, pour être valable, l'assistance du curateur ou la représentation du tuteur.*

Si la personne est placée en détention, le curateur, le tuteur ou le mandataire de protection future bénéficie de plein droit d'un permis de visite.

Cependant, le magistrat saisi du dossier d'information, au sens de l'article D. 51 du Code de procédure pénale, peut refuser de délivrer ou retirer le permis de visite au tuteur ou au curateur dans le cas prévu à l'article 706-114 du Code de procédure pénale (voir **n°s 25 et s.**), si cette personne est la victime de l'infraction ou s'il existe des raisons plausibles de présumer qu'elle est auteur ou complice de l'infraction (C. proc. pén., art. D. 47-19).

21 **Audience pénale.** Le curateur, le tuteur ou le mandataire de protection future est avisé de la date d'audience et, lorsqu'il est présent à l'audience, est entendu par la juridiction en qualité de témoin.

Par conséquent, le texte n'impose pas la présence du curateur, du tuteur ou du mandataire de protection future à l'audience, même si en pratique les juges des tutelles demandent fréquemment aux curateurs ou tuteurs d'être présents.

En matière correctionnelle et criminelle, ainsi que pour les contraventions de la 5e classe, le ministère public avise le curateur ou le tuteur de la date et de l'objet de l'audience par lettre recommandée ou, selon les modalités prévues par l'article 803-1, dix jours au moins avant la date de l'audience (C. proc. pén., art. D. 47-20 al. 1).

Le curateur, le tuteur ou le mandataire de protection future entendu comme témoin est tenu de prêter serment conformément aux dispositions des articles 331 et 446, sauf dans les cas prévus par les articles 335 ou 448. Les dispositions des articles 325 et 436 ne lui sont pas applicables (C. proc. pén., art. D. 47-20 al. 2).

22 **Information relative aux décisions rendues par les juridictions.** Le procureur de la République ou le juge d'instruction doivent également aviser le curateur, tuteur ou mandataire de protection future des décisions de non-lieu, de relaxe, d'acquittement ou de condamnation dont la personne fait l'objet. Le juge des tutelles n'est étrangement pas informé.

Cette information est également donnée par lettre recommandée ou selon les modalités de l'article 803-1 du Code de procédure pénale. Par ailleurs, le curateur ou le tuteur est informé par lettre simple ou selon les modalités de l'article 803-1 du Code de procédure pénale par le procureur de la République ou son délégué, de l'exécution d'une composition pénale (C. proc. pén., art. D. 47-18).

23 **Expertise médicale.** L'article 706-115 du Code de procédure pénale impose que la personne poursuivie soit soumise, avant tout jugement au fond, à une expertise médicale afin d'évaluer sa responsabilité pénale au moment des faits et, plus précisément, de déterminer si elle était ou non atteinte, au moment des faits, d'un trouble psychique ou neuropsychique ayant aboli ou altéré son discernement ou ayant aboli ou entravé le contrôle de ses actes, afin de permettre à la juridiction saisie d'appliquer les dispositions de l'article 122-1 du Code pénal (C. proc. pén., art. D. 47-21 al. 1).

Lorsqu'une information est ouverte, et notamment en matière criminelle, il s'agit de l'expertise psychiatrique ordonnée en application du huitième alinéa de l'article 81 du Code de procédure pénale (C. proc. pén., art. D. 47-21 al. 2).

Cette expertise peut être ordonnée dès le stade de l'enquête par le procureur de la République (C. pr. pén., art. D. 47-21 al. 3).

Alors que la loi ne prévoit aucune restriction au principe de l'expertise, l'article D. 47-22 du décret n° 2007-1658 du 23 novembre 2007 vient réduire son champ d'application en prévoyant qu'elle est facultative :

– en cas de procédure d'alternative aux poursuites consistant en la réparation d'un dommage ou en une médiation ;

– en cas de composition pénale ;

– lorsque la personne est entendue comme témoin assisté ;

– lorsqu'il est fait application de la procédure d'ordonnance pénale ;

– en cas de comparution sur reconnaissance préalable de culpabilité.

Par ailleurs, l'article D. 47-23 du décret précité vient préciser qu'en matière correctionnelle, s'il apparaît des éléments issus de la procédure civile ayant conduit à la mise en œuvre de la mesure de protection juridique, et notamment des certificats médicaux ou des expertises y figurant et qui ont été versés au dossier de la procédure pénale à la demande du ministère public, du juge d'instruction ou du tribunal correctionnel, des indications suffisantes pour apprécier si l'intéressé était ou non atteint au moment des faits d'un trouble psychique ou neuropsychique ayant aboli ou altéré son discernement ou ayant aboli ou entravé le contrôle de ses actes, le juge d'instruction ou le président du tribunal correctionnel peut, sauf opposition de la personne mise en examen ou du prévenu et de son avocat, dire qu'il n'y a pas lieu de soumettre l'intéressé à une expertise, par ordonnance motivée qui peut être prise en même temps que l'ordonnance de règlement ou par jugement motivé qui peut être joint au jugement sur le fond.

☞ *Ces exceptions répondent à la fois à une logique de bon sens et à des considérations pratiques. Elles n'en apparaissent pas moins en contradiction avec la loi n° 2007-308 du 5 mars 2007. Par ailleurs, l'utilisation des éléments médicaux du dossier de curatelle ou de tutelle ne pourra être que très exceptionnelle, compte tenu du moment où ces éléments ont été établis et de la mission du médecin inscrit sur la liste du procureur de la République (voir **n° 49**).*

L'expertise pourra être confiée à un expert psychiatre ou à un médecin spécialiste figurant sur la liste prévue par l'article 493-1 du Code civil. Dans les deux cas, les dispositions du 9° de l'article R. 117 du Code de procédure pénale sont applicables (C. pr. pén., art. D. 47-24).

☞ *Il est à noter que le renvoi au médecin spécialiste de l'article 493-1 du Code civil n'est plus d'actualité depuis le 1er janvier 2009, date d'entrée en vigueur de la loi n° 2007-308 du 5 mars 2007 qui supprime la notion de médecin spécialiste, permettant l'inscription de tout médecin quelle que soit sa spécialité (voir **n° 50**). On peut, par conséquent, se demander si l'expertise pourra être confiée au médecin inscrit sur la liste mentionnée à l'article 431 du Code civil. Cette liste devrait, en tout état de cause, être utilisée avec prudence dans la mesure où n'y figurent pas exclusivement des psychiatres.*

Enfin, lorsqu'en cas d'appel la chambre des appels correctionnels constate que le prévenu a été jugé sans que cette expertise ait été réalisée, elle ordonne qu'il y soit procédé.

La chambre renvoie alors l'affaire à une audience ultérieure, puis, au vu du résultat de l'expertise et conformément à l'article 520 du Code de procédure pénale, annule le jugement, évoque et statue sur le fond (C. pr. pén., art. D. 47-25).

24 **Assistance de l'avocat obligatoire.** L'article 706-116 du Code de procédure pénale impose que la personne poursuivie soit assistée d'un avocat.

À défaut de choix d'un avocat par la personne poursuivie ou son curateur, tuteur ou mandataire de protection future, le procureur de la République ou le juge d'instruction fait désigner par le bâtonnier un avocat, l'intéressé étant informé que les frais seront à sa charge sauf s'il remplit les conditions d'accès à l'aide juridictionnelle.

En appel, lorsque la chambre des appels correctionnels constate que le prévenu a été jugé sans avocat, son président fait désigner un avocat dans les mêmes conditions.

La chambre renvoie alors l'affaire à une audience ultérieure à laquelle le prévenu sera assisté par un avocat puis, conformément à l'article 520 du Code de procédure pénale, annule le jugement, évoque et statue sur le fond (C. pr. pén., art. D. 47-26).

Sous-section 3
La désignation d'un curateur ou d'un tuteur *ad hoc*

25 **Curateur et tuteur *ad hoc*.** L'article 706-114 du Code de procédure pénale prévoit le cas où il existe des raisons plausibles de présumer que le curateur ou le tuteur est coauteur ou complice de l'infraction, ainsi que celui où le tuteur ou le curateur est victime de l'infraction.

Faute de subrogé curateur ou de subrogé tuteur, le procureur de la République ou le juge d'instruction demande alors au juge des tutelles la désignation d'un tuteur ou curateur *ad hoc*. À défaut, le président du tribunal de grande instance désigne un représentant *ad hoc* pour assister la personne au cours de la procédure pénale.

☞ *Rien n'est prévu s'agissant du mandataire de protection future. Il conviendra de faire application des dispositions relatives au mandat de protection future (voir* ***nos 204 et s.****) et notamment la possibilité pour le juge des tutelles de révoquer le mandat.*

Section 2
Les dispositions spéciales communes aux différents régimes

Sous-section 1
Le mandat de recherche d'héritiers

26 **Recherche d'héritiers.** Avant la loi n° 2007-308 du 5 mars 2007, en cas de décès du majeur protégé, sa mission prenant fin, le curateur ou tuteur ne pouvait plus agir sur son patrimoine. Si cela ne posait aucune difficulté en présence d'un curateur ou tuteur familial qui pouvait effectuer les démarches nécessaires au règlement de la succession dans le cadre de la gestion d'affaires, cela devenait plus problématique, en termes de responsabilité, lorsque le curateur ou le tuteur était un tiers, notamment professionnel.

Afin de combler cette lacune, la loi n° 2007-308 du 5 mars 2007 et son décret d'application créent un cadre juridique permettant au mandataire judiciaire à la protection des majeurs de prendre les mesures nécessaires après le décès d'un majeur faisant l'objet d'une mesure de protection juridique.

Ainsi, l'article 420 alinéa 2 du Code civil prévoit, dans le cadre des obligations générales du mandataire judiciaire à la protection des majeurs, que ce dernier ne peut délivrer un mandat de recherche des héritiers de la personne protégée qu'après autorisation du juge des tutelles.

Dorénavant, les mandataires sont donc couverts par l'autorisation du juge et agiront toujours, pour l'établissement d'un tel acte, dans le cadre de leur mandat judiciaire.

Plus précisément, en cas de décès du majeur, l'article 1215 du Code de procédure civile, issu du décret n° 2008-1276 du 5 décembre 2008, permet au mandataire judiciaire à la protection des majeurs, en l'absence d'héritiers connus, de saisir le notaire du défunt en vue du règlement de la succession ou, à défaut, demander au président de la chambre des notaires d'en désigner un.

Si ce notaire ne parvient pas à identifier les héritiers, le mandataire judiciaire, après autorisation du juge des tutelles, ou le notaire, peut délivrer un mandat de recherche des héritiers.

Ces dispositions s'appliquent aussi bien pour les régimes de protection juridique (mandat de protection future, sauvegarde de justice, curatelle, tutelle) que pour la mesure d'accompagnement judiciaire (CPC, art. 1263).

Sous-section 2
La protection du logement, des meubles meublants et des objets personnels du majeur protégé

27 **Lieu de résidence.** Le logement du majeur protégé fait l'objet d'une protection spécifique depuis la loi n° 68-5 du 3 janvier 1968.

L'article 426 du Code civil, issu de la loi n° 2007-308 du 5 mars 2007, reprend ce principe mais avec une philosophie différente. En effet, le logement devient un attribut de la liberté individuelle du majeur et la protection ne se limite plus seulement à la protection de sa santé.

Ainsi, l'article 459-2 fait du lieu de résidence du majeur un élément de la protection de sa personne en posant comme principe que la personne protégée choisit son lieu de résidence.

28 **Le principe de la conservation du logement et des meubles dont il est garni à la disposition du majeur protégé.** Le premier alinéa de l'article 426 reprend le principe suivant lequel « le logement de la personne protégée et les meubles dont il est garni, qu'il s'agisse d'une résidence principale ou secondaire, sont conservés à disposition de celle-ci aussi longtemps qu'il est possible ».

La notion de logement est une notion de fait : c'est le lieu où l'on vit, distinct du domicile ou de la résidence. C'est d'ailleurs la raison pour laquelle la loi n° 2007-308 du 5 mars 2007 étend expressément la protection à la résidence secondaire qui était exclue du régime antérieur.

Les règles de protection sont applicables à toute personne chargée d'une mesure de protection juridique d'un majeur : mandataire spécial dans le cadre d'une sauvegarde de justice, curateur, tuteur, époux habilité en application des articles 217, 219, 1426 ou 1427 du Code civil, mais également à tout mandataire constitué à l'effet d'administrer les biens d'un majeur ou au gérant d'affaires.

☞ *La question se pose de savoir si les dispositions de l'article 426 s'appliquent aux actes effectués par le majeur seul, notamment dans le cadre de la sauvegarde de justice, une partie de la doctrine répondant par la négative aux motifs que cela aurait pour effet d'aggraver le régime de protection applicable et de nuire à la sécurité des transactions.*

La question se posera également pour le mandat de protection future notarié : l'article 490 du Code civil permet au mandataire d'effectuer tous les actes patrimoniaux que le tuteur a le pouvoir d'accomplir seul ou avec une autorisation, la seule limite tenant aux actes de disposition à titre gratuit qui nécessitent l'autorisation du juge des tutelles. Le mandataire pourrait ainsi disposer du logement du majeur sans autorisation du juge des tutelles[1].

Le principe de la conservation du logement ne fait évidemment pas obstacle aux droits des tiers :

– attribution du logement familial à l'époux sain d'esprit ;

– droits du bailleur : expulsion ;

– expropriation ;

– liquidation d'actifs (liquidation de la communauté) ;

– saisie immobilière ;

– droits des indivisaires.

(1) Pour un avis sur cette question, voir Gaz. Pal. *13, 14, 15 et 17 juin 2008, Jacques MASSIP, « Le mandat de protection future », p. 5 et s.*

29 **Les restrictions aux pouvoirs normaux d'administration.** Aux termes de l'article 426, alinéa 2 du Code civil, « le pouvoir d'administrer les biens mentionnés à l'alinéa précédent ne permet que des conventions de jouissance précaire qui cessent, malgré toutes dispositions ou stipulations contraires, dès le retour de la personne protégée dans son logement ».

Les dispositions légales ou réglementaires spéciales à telle ou telle catégorie de baux (baux ruraux, baux commerciaux, baux d'habitation) doivent, par conséquent, être écartées dès lors qu'elles viendraient heurter cette règle.

Les effets de cette restriction sont même étendus après la fin de la mesure de tutelle par l'article 504 alinéa 3 du Code civil qui rend certains effets juridiques des baux consentis par le tuteur inopposables au majeur protégé devenu capable.

Ainsi, ces baux ne confèrent au preneur aucun droit de renouvellement et aucun droit à se maintenir dans les lieux à l'expiration du bail, quand bien même il existerait des dispositions légales contraires.

Ces dispositions ne sont toutefois pas applicables aux baux consentis avant l'ouverture de la tutelle et renouvelés par le tuteur.

30 **L'encadrement des possibilités de disposer du logement du majeur protégé et des meubles qui le garnissent.** L'alinéa 3 de l'article 426 du Code civil prévoit une exception au principe de la conservation du logement : « S'il devient nécessaire ou s'il est de l'intérêt de la personne protégée qu'il soit disposé des droits relatifs à son logement ou à son mobilier par l'aliénation, la résiliation ou la conclusion d'un bail, l'acte est autorisé par le juge ou par le conseil de famille, sans préjudice des formalités que peut requérir la nature des biens. »

Outre cette autorisation, deux autres conditions particulières doivent, le cas échéant, être respectées :

– si l'acte a pour finalité l'accueil de l'intéressé dans un établissement, le juge ou le conseil de famille devra requérir l'avis préalable du médecin inscrit sur la liste du procureur de la République. La loi ne précise pas le contenu de cet avis. On peut imaginer qu'il devra au minimum répondre à la question de savoir si une guérison et un retour à domicile sont possibles et éventuellement si cet acte est de nature à porter préjudice à sa santé ; le coût de ce certificat est fixé, par l'article R. 217-1 du Code de procédure pénale, à 25 € (voir **n° 49**) ;

– les souvenirs et objets à caractère personnel et ceux indispensables aux personnes handicapées ou destinés aux soins des personnes malades doivent être gardés à disposition de l'intéressé, le cas échéant par l'établissement dans lequel celui-ci est hébergé.

☞ *De manière surprenante, la loi n° 2007-308 du 5 mars 2007 ne prévoit plus, comme dans le régime antérieur, la consultation systématique du médecin traitant du majeur.*

La protection est ainsi réduite pour les majeurs n'intégrant pas un établissement, aucun avis médical n'étant alors exigé.

À l'inverse, la protection est renforcée pour le majeur devant intégrer un établissement, l'avis du médecin inscrit étant alors requis. Cependant, en pratique, il arrive très souvent que les personnes âgées soient déjà en établissement avant l'ouverture de la mesure de protection et que l'ouverture d'une telle mesure ne soit motivée que par la nécessité de disposer du logement du majeur devenu inoccupé. Si l'on s'en tient à une lecture stricte de la loi aucun avis médical ne sera nécessaire, ce qui réduit également la protection du logement du majeur par rapport au régime de la loi de 1968.

Même si le texte ne précise pas la sanction en cas d'inobservation de ces formalités, le droit commun des incapacités s'applique et l'acte pourra être annulé. Il s'agit d'une nullité relative, l'action en nullité pouvant être exercée pendant cinq ans (C. civ., art. 1304).

Les actes visés par le texte ne se limitent pas aux actes de disposition. Ainsi, certains actes d'administration sont concernés tels que la résiliation du bail.

À l'inverse, certains actes de disposition, qui ne portent pas atteinte aux « droits relatifs à l'habitation », ne devraient pas être concernés (vente avec réserve d'usufruit ou droit d'usage et d'habitation, sauf si cette vente prévoyait une perte du droit en cas de non-usage ou si ce droit avait une durée limitée).

Sous-section 3
La protection des comptes bancaires et livrets de la personne protégée

31 **Le principe.** L'article 427 du Code civil institue des dispositions nouvelles en matière de protection des comptes bancaires et livrets de la personne protégée.

Ainsi, la personne chargée de la mesure de protection ne peut procéder :

– ni à la modification des comptes ou livrets ouverts au nom de la personne protégée ;

– ni à l'ouverture d'un autre compte ou livret auprès d'un établissement habilité à recevoir des fonds du public.

Ce principe, même s'il concerne l'ensemble des personnes amenées à gérer une mesure de protection juridique d'un majeur (personne physique, mandataire judiciaire à la protection des majeurs, mandataire de protection future) vise principalement à éliminer la pratique du « compte pivot » mise en œuvre par certaines associations tutélaires et consistant à créer un compte unique au sein d'un établissement bancaire sur lequel l'ensemble des revenus de leurs protégés étaient placés. Ce système avait pour effet de rendre la gestion des revenus des majeurs protégés opaque et permettait de générer des intérêts au profit des associations et des banques.

L'affirmation de ce principe général a également pour objectif plus fondamental d'assurer un plus grand respect de l'autonomie des majeurs protégés qui peuvent, plus particulièrement en curatelle, conserver la possibilité de se rendre à leur banque pour effectuer seuls certaines opérations.

Pour être sûr d'éliminer les « comptes pivots », le législateur précise, en outre, que les opérations bancaires d'encaissement, de paiement et de gestion patrimoniale effectuées au nom ou pour le compte de la personne protégée sont réalisées exclusivement au moyen des comptes ouverts à son nom.

Seuls font exception les mandataires préposés des établissements de santé et des établissements sociaux ou médico-sociaux soumis aux règles de la comptabilité publique. Dans ce cas, en effet, les préposés ne peuvent, conformément au principe de la séparation ordonnateur comptable, avoir un accès direct aux comptes des majeurs et les fonds transitent par la trésorerie de l'établissement gérée par le comptable public.

Par ailleurs, les fruits, produits et plus-values générés par les fonds et les valeurs appartenant à la personne protégée lui reviennent exclusivement.

32 **Les exceptions.** Le principe de la conservation des comptes ouverts au nom de la personne protégée avant la mesure de protection rend la situation des mandataires judiciaires à la protection des majeurs fort inconfortable. En effet, ces derniers avaient pris l'habitude, pour des raisons pratiques et économiques de gestion des données, d'ouvrir des comptes de dépôt au nom des majeurs au sein d'un ou deux établissements bancaires disposant d'outils adaptés à la gestion d'un compte par autrui.

Il est en effet difficilement envisageable d'exiger de ces professionnels la gestion de plusieurs dizaines de comptes dans des établissements différents.

Les délais de traitement des opérations bancaires seraient nécessairement plus longs, au préjudice de la personne protégée.

Aussi la loi a-t-elle prévu la possibilité, si l'intérêt de la personne protégée le commande, de solliciter du juge des tutelles ou du conseil de famille l'autorisation de procéder à une modification des comptes ou à l'ouverture d'un autre compte.

Il n'en reste pas moins que le principe est rigoureux et ne saurait permettre au juge ou au conseil de famille de rendre des autorisations systématiques sans motivation particulière.

Il est en outre prévu deux exceptions pratiques :

– un compte peut être ouvert au nom de la personne protégée auprès de la Caisse des dépôts et consignations si le juge ou le conseil de famille l'estime nécessaire ;

– lorsque la personne protégée n'est titulaire d'aucun compte ou livret, la personne chargée de la mesure de protection lui en ouvre un sans autorisation du juge des tutelles.

33 **L'interdiction d'émettre des chèques.** Le dernier alinéa de l'article 427 du Code civil prévoit, enfin, que l'interdiction d'émettre des chèques concernant un majeur protégé ne s'étend pas à la personne chargée de la mesure de protection qui peut, avec l'autorisation du juge ou du conseil de famille, faire fonctionner sous sa signature les comptes dont la personne protégée est titulaire et disposer de tous les moyens de paiement habituels.

Sous-section 4
Les contrats d'assurance sur la vie

34 **Le majeur protégé et le contrat d'assurance-vie.** La souscription d'un contrat d'assurance sur la vie par un majeur protégé comporte deux risques particuliers :

– l'acceptation par le bénéficiaire entraînant le blocage des fonds placés ;

– l'abus dans la désignation du bénéficiaire.

La loi n° 2007-308 du 5 mars 2007, complétée par la loi n° 2007-1775 du 17 décembre 2007, modifie le Code des assurances et renforce le contrôle et la protection de la personne protégée lors de la conclusion ou de la modification d'un contrat d'assurance-vie par celle-ci ou pour son compte.

Ses dispositions s'appliquent aux contrats en cours à sa date de publication (L. n° 2007-1775 du 17 déc. 2007, art. 9).

35 **La souscription et le rachat d'un contrat d'assurance-vie.** Conformément à l'article L. 132-4-1 du Code des assurances, la souscription ou le rachat d'un contrat d'assurance-vie doivent être accomplis :

– pour un majeur en curatelle : par le majeur avec l'assistance du curateur ;

– pour un majeur en tutelle : par le tuteur avec l'autorisation du juge ou du conseil de famille s'il a été constitué.

36 **Le bénéficiaire du contrat d'assurance-vie souscrit par un majeur protégé.** La désignation ou la substitution du bénéficiaire du

contrat d'assurance-vie doivent être accomplies (C. assur., art. L. 132-4-1) :

– pour un majeur en curatelle : par le majeur avec l'assistance du curateur ;

– pour un majeur en tutelle : par le tuteur avec l'autorisation du juge ou du conseil de famille s'il a été constitué.

Toutefois, la révocation du bénéficiaire ne peut être effectuée que par le stipulant, avec l'autorisation du juge, ou du conseil de famille, si la personne est sous tutelle. Le tuteur ne peut, par conséquent, représenter la personne protégée pour révoquer le bénéficiaire d'un contrat d'assurance-vie (C. assur., art. L. 132-9).

En curatelle, le majeur pourra révoquer le bénéficiaire avec l'assistance de son curateur.

Lorsque le bénéficiaire est le curateur ou le tuteur, il est censé être en opposition d'intérêts avec la personne protégée, entraînant la désignation d'un curateur ou d'un tuteur *ad hoc*.

La protection est étendue à la période antérieure à l'ouverture de la mesure (sur la période suspecte voir **n°s 135 et s.**) puisque l'acceptation du bénéfice d'un contrat d'assurance-vie conclu moins de deux ans avant la publicité du jugement d'ouverture de la curatelle ou de la tutelle du stipulant peut être annulée sur la preuve que son incapacité était notoire ou connue du cocontractant au moment de l'acte.

Enfin, suivant l'article L. 132-9 alinéa 1 du Code des assurances, l'acceptation du bénéfice d'un contrat d'assurance-vie par son bénéficiaire nécessite désormais l'accord du stipulant. S'agissant de dispositions générales, rien n'est mentionné sur la personne faisant l'objet d'une mesure de protection.

Compte tenu de l'article L. 132-4-1 susvisé et de leurs pouvoirs respectifs, cet accord devra être formalisé par le majeur avec l'assistance de son curateur ou par le tuteur avec l'autorisation du juge ou du conseil de famille.

Il est également possible de procéder au rachat d'un contrat d'assurance-vie accepté par le bénéficiaire avec l'autorisation de ce dernier.

Sous-section 5
L'incapacité spéciale de certains intervenants

37 **Les professions médicales.** L'article 909 du Code civil est modifié et les interdictions de bénéficier d'une donation ou d'un testament sont étendues.

Les membres des professions médicales et de la pharmacie, ainsi que les auxiliaires médicaux qui ont prodigué des soins à une personne pendant la maladie, cause du décès, ne peuvent profiter des dispositions entre vifs ou testamentaires qu'elle aurait faites en leur faveur pendant le cours de celle-ci.

38 **Les mandataires judiciaires à la protection des majeurs.** Les mandataires judiciaires à la protection des majeurs et les personnes morales au nom desquelles ils exercent leurs fonctions ne peuvent profiter des dispositions entre vifs ou testamentaires faites en leur faveur par les personnes dont ils assurent la protection, quelle que soit la date de la libéralité.

II

LES MESURES DE PROTECTION JURIDIQUE

Chapitre 1

Les conditions d'ouverture d'une mesure de protection juridique

39 **Présentation des mesures de protection juridique.** Il existe trois mesures de protection juridique pouvant être ordonnées par le juge des tutelles (la sauvegarde de justice, la curatelle et la tutelle) et une mesure de protection juridique conventionnelle (le mandat de protection future).

Le mandat de protection future, qui n'est pas une mesure de protection judiciaire, fera l'objet d'un chapitre séparé, même si les principes fondamentaux régissant les conditions d'ouverture de la mesure sont identiques.

40 **L'altération des facultés.** Le champ d'application des régimes de protection est défini par l'altération des facultés de la personne.

L'article 425 alinéa 1 du Code civil prévoit ainsi que « toute personne dans l'impossibilité de pourvoir seule à ses intérêts en raison d'une altération, médicalement constatée, soit de ses facultés mentales, soit de ses facultés corporelles de nature à empêcher l'expression de sa volonté peut bénéficier d'une mesure de protection juridique prévue au présent chapitre ».

La loi n° 2007-308 du 5 mars 2007 supprime les critères de prodigalité, d'oisiveté et d'intempérance comme conditions d'ouverture d'une mesure de curatelle.

Désormais, une mesure de protection ne peut être ouverte que sur un fondement médical.

La constatation médicale ne pourra être établie que par le certificat d'un médecin inscrit sur une liste tenue par le procureur de la République (voir **n° 49**).

La loi n° 68-5 du 3 janvier 1968 prévoyait, en outre, l'avis du médecin traitant du majeur. Celle précitée du 5 mars 2007 supprime l'avis du médecin traitant comme condition d'ouverture d'une mesure de protection (voir **n°s 47 et s.**).

À cette exception près, les deux conditions anciennes sont reprises :

– une altération des facultés de la personne médicalement établie ;

– l'impossibilité de pourvoir seul à ses intérêts.

Ces deux conditions sont cumulatives et l'altération des facultés de la personne n'entraîne pas nécessairement l'ouverture d'une mesure de protection, notamment s'il existe d'autres moyens de protéger la personne.

Implicites dans le régime juridique antérieur, ces principes sont affirmés par la loi n° 2007-308 du 5 mars 2007.

☞ *On remarquera que l'article 490-1 du Code civil (ancien) prévoyant un principe d'indépendance du régime de protection par rapport aux modalités du traitement médical du majeur n'est pas repris.*

L'abrogation de la loi du 30 juin 1838 relative aux malades mentaux internés par la loi n° 68-5 du 3 janvier 1968 rendait l'affirmation de ce principe inutile.

Il permettait cependant au juge de motiver plus aisément l'absence d'automaticité entre l'altération des facultés et l'ouverture d'un régime de protection.

L'ancien article 490-1 prévoyait également un principe général d'intervention du médecin traitant qui est logiquement abandonné, le législateur ayant exclu ce médecin des conditions d'ouverture d'une mesure de protection.

41 **Les principes de nécessité et de subsidiarité.** Le principe de nécessité est affirmé par l'article 428 alinéa 1 du Code civil.

L'altération des facultés d'un majeur n'entraîne pas nécessairement l'ouverture d'un régime de protection judiciaire, encore faut-il que la mesure soit nécessaire au regard notamment de la protection apportée par la famille et par les tiers et de la consistance du patrimoine à gérer (voir **n° 40**).

Il en découle un principe de subsidiarité suivant lequel il n'y a pas lieu d'ouvrir une mesure de protection s'il peut être suffisamment pourvu aux intérêts de la personne par un autre dispositif.

La loi rappelle ainsi :

1° Les règles du droit commun de la représentation ; pensons au mandat consenti avant l'altération des facultés mentales (C. civ., art. 1984 et s.), tel qu'une procuration sur les comptes bancaires du majeur.

2° Les règles relatives aux droits et devoirs respectifs des époux et des régimes matrimoniaux, notamment les articles 217 et 219 du Code civil qui permettent au juge du tribunal d'instance – en général le juge des tutelles – d'autoriser un époux à passer seul un acte pour lequel le concours ou le consentement de son conjoint serait nécessaire ou de l'habiliter à représenter son conjoint d'une manière générale ou pour certains actes particuliers dans l'exercice des pouvoirs résultant du régime matrimonial, ou encore les articles 1426 et 1429 du Code civil qui permettent au conjoint de saisir le tribunal de grande instance aux fins de substituer l'époux empêché dans l'exercice de ses pouvoirs ou de le dessaisir de ses droits d'administration et de jouissance de ses biens propres[(1)].

☞ *Ainsi, d'une manière générale, il n'y a théoriquement pas lieu d'ouvrir une mesure de protection judiciaire lorsque le conjoint du majeur est apte à s'occuper des affaires du couple, sauf exception tenant par exemple à l'importance et à la composition du patrimoine ou à l'existence d'un conflit familial.*

Ce principe était d'ailleurs affirmé par l'article 498 du Code civil (ancien) qui n'est pas repris par la loi n° 2007-308 du 5 mars 2007.

3° La possibilité de bénéficier d'une autre mesure judiciaire moins contraignante.

Le législateur a ainsi voulu rappeler la nécessité d'une délimitation claire entre les mesures entraînant une incapacité juridique et les mesures à caractère social telles que la mesure d'accompagnement social personnalisé ou la mesure d'accompagnement judiciaire (voir **n°s 206 et s.**).

4° Le mandat de protection future (voir **n°s 174 et s.**).

Cette liste n'est pas exhaustive et d'autres dispositifs juridiques existent permettant d'éviter l'ouverture d'une mesure de protection, tels que :

– la gestion d'affaires (C. civ., art. 1372 et s.) ;

– le mandat donné par le conjoint (C. civ., art. 218) ;

– l'habilitation judiciaire de l'indivisaire (C. civ., art. 815-4) ;

– la nullité des actes passés malgré l'insanité d'esprit (C. civ., art. 414-1 et s.) ;

– le surendettement et le rétablissement personnel si le désendettement du majeur suffit à assurer sa protection.

(1) « Les personnes vulnérables », 102e Congrès des notaires de France, Strasbourg, 21-24 mai 2006.

42 **Le principe de proportionnalité.** Le juge est tenu d'adapter et d'individualiser la mesure de protection en fonction du degré d'altération des facultés personnelles de l'intéressé (C. civ., art. 428, al. 2).

Il convient ici de se reporter aux développements ultérieurs sur les différents régimes de protection et notamment à la possibilité pour le juge des tutelles de moduler la capacité du majeur dans le cadre d'une mesure de curatelle ou de tutelle (C. civ., art. 471 et 473, al. 2).

43 **La personne à protéger.** Aux termes de l'article 429 du Code civil, la mesure de protection peut être ouverte :

– pour un majeur ;

– pour un mineur émancipé ;

– pour un mineur non émancipé si la demande est introduite et jugée dans la dernière année de sa minorité, la mesure ne prenant alors effet que le jour de sa majorité.

Chapitre 2

La procédure devant le juge des tutelles

44 **Généralités.** La procédure concernant les mesures de protection judiciaire est réglementée par un décret n° 2008-1276 du 5 décembre 2008 entré en vigueur le 1er janvier 2009, mais applicable aux procédures en cours (D. n° 2008-1276 du 5 déc. 2008, art. 5).

Ce décret remplace le chapitre X du titre Ier du livre III du Code de procédure civile.

Les règles posées par les articles 1211 à 1247 du Code de procédure civile concernent la procédure de placement sous protection et, d'une manière générale, l'ensemble des décisions prises par le juge des tutelles et le conseil de famille.

Ces règles sont également applicables à la procédure de renouvellement, de modification ou de mainlevée d'une mesure (CPC, art. 1228), sous réserve de quelques spécificités concernant ces procédures qui seront étudiées dans le paragraphe relatif à la durée des mesures (voir **nos 92 et s.**).

Pour synthétiser, la procédure est identique pour l'ouverture ou le renforcement d'une mesure de protection.

S'agissant du renouvellement d'une mesure pour une durée inférieure à cinq ans, de la modification (il s'agira le plus souvent d'un allégement de la mesure) ou de la mainlevée, la procédure est plus souple sous deux aspects :

– le juge peut se saisir d'office (C. civ., art. 442 ; CPC, art. 1217) ;

– le certificat d'un médecin inscrit n'est pas obligatoire.

En cas de renouvellement d'une mesure pour plus de cinq ans, le juge peut se saisir d'office mais doit avoir recueilli au préalable l'avis du médecin inscrit sur la liste établie par le procureur de la République.

Enfin, le juge peut se saisir d'office pour révoquer un mandat de protection future et ouvrir une mesure de protection (C. civ., art. 485 ; CPC, art. 1217).

Section 1
Les règles de compétence

45 **Compétence territoriale du juge des tutelles.** Le juge des tutelles territorialement compétent est celui de la résidence habituelle de la personne à protéger ou protégée (qui remplace l'ancien critère du « lieu où demeure » le majeur issu de la loi n° 68-5 du 3 janvier 1968) ou celui du domicile du tuteur (CPC, art. 1211).

L'article 108-3 du Code civil prévoyant que le majeur en tutelle est domicilié chez son tuteur n'a pas été supprimé par la loi n° 2007-308 du 5 mars 2007.

☞ *Le juge des tutelles qui, conformément à l'article 93 du Code de procédure civile, peut soulever d'office son incompétence, dispose ainsi d'une certaine souplesse dans le choix de sa compétence lorsqu'une mesure de tutelle a été ouverte.*

Cette plus grande liberté exige néanmoins une concertation entre les juges territorialement compétents afin d'éviter les conflits négatifs de compétence.

Enfin, l'article L. 3211-7 alinéa 3 du Code de la santé publique, qui n'a pas été supprimé, permet, pour les personnes hospitalisées sans leur consentement, la saisine du juge des tutelles du lieu d'hospitalisation, même si la personne a conservé son domicile dans un autre ressort.

46 **Droit international.** La convention de La Haye du 13 janvier 2000 sur la protection internationale des adultes, ratifiée par la France le 28 juillet 2008 et entrée en vigueur le 1er janvier 2009, instaure de nouvelles règles de compétence.

Même si elle n'a pour l'instant été ratifiée que par la France, l'Allemagne, le Royaume-Uni de Grande-Bretagne et l'Irlande du Nord, pour le seul territoire de l'Écosse[1], les règles instaurées en matière de compétence et de loi applicable ont un caractère universel, si bien que le juge français doit les appliquer même si le majeur résidant sur son territoire a la nationalité d'un État non signataire, sous réserve de l'existence d'un convention bilatérale qui primerait.

Seuls les principes généraux de la convention intéressant la compétence du juge des tutelles seront rappelés. Il conviendra de se reporter au texte de la convention pour de plus amples développements, notamment sur la reconnaissance et l'exécution des décisions prises par un État étranger et la coopération entre les autorités centrales des États parties.

Plusieurs hypothèses d'extranéité méritent d'être passées en revue ici :

1° Le cas des Français domiciliés à l'étranger.

Le juge français est compétent et applique la loi française (C. civ., art. 14 et 15).

S'agissant d'un majeur de nationalité française qui résiderait dans un État partie à la convention de La Haye, celle-ci consacre le principe de la compétence des autorités de la résidence habituelle du majeur.

Cependant, le juge français peut retenir sa compétence à l'égard d'un majeur de nationalité française résidant à l'étranger s'il se considère mieux placé pour adopter une mesure de protection (convention de La Haye, art. 7).

Le juge français doit alors préalablement aviser les autorités de l'État dans lequel le majeur réside et il ne peut retenir sa compétence si les autorités de l'État étranger l'ont informé qu'elles avaient déjà pris les mesures nécessaires ou déjà décidé n'avoir lieu à prendre de mesure ou si une procédure est pendante devant elles.

2° Le cas des étrangers domiciliés en France.

La convention de La Haye permet dorénavant au juge français saisi du placement sous protection d'un ressortissant étranger d'appliquer, d'une manière générale, le droit français (convention de La Haye, art. 13). Il en est de même pour une mesure de protection ouverte dans un autre État devant être mise en œuvre en France.

3° Les cas dans lesquels le juge français est compétent indépendamment de la nationalité et du lieu de résidence du majeur.

Le juge français est compétent pour prendre toutes mesures relatives aux biens d'un majeur résidant à l'étranger, situés en France (convention de La Haye, art. 14).

4° Le cas des majeurs quittant le territoire national.

Le deuxième alinéa de l'article 443 permet au juge de mettre fin à la mesure lorsque la personne protégée réside hors du territoire national, si cet éloignement empêche le suivi et le contrôle de la mesure (voir **n° 97**).

(1) Consulter url : http://hcch.e-vision.nl pour connaître les États signataires.

Section 2
La saisine du juge des tutelles

47 **La saisine sur requête.** Les personnes ayant qualité pour saisir le juge des tutelles sont énumérées limitativement par l'article 430 du Code civil ; il s'agit :

– de la personne à protéger ;

– du conjoint du majeur ;

– du partenaire avec qui le majeur a conclu un pacte civil de solidarité ;

– du concubin, à moins que la vie commune ait cessé entre eux ;

– d'un parent ou un allié ;

– d'une personne entretenant avec le majeur des liens étroits et stables ;

– de la personne qui exerce à l'égard du majeur une mesure de protection juridique (mandataire spécial, curateur, tuteur, mandataire de protection future) ;

– du procureur de la République soit d'office, soit à la demande d'un tiers.

La qualité de requérant est ainsi considérablement élargie par la loi n° 2007-308 du 5 mars 2007 qui l'étend au concubin, au partenaire dans le cadre d'un pacte civil de solidarité et à la personne entretenant avec le majeur des liens étroits et stables.

48 **La saisine d'office.** Élément essentiel de la réforme issue de la loi n° 2007-308 du 5 mars 2007, le pouvoir de saisine d'office du juge des tutelles est supprimé pour l'ouverture ou le renforcement d'une mesure de protection.

Il est, en revanche, maintenu dans les autres cas (CPC, art. 1217) :

– mainlevée, renouvellement, allégement d'une mesure (C. civ., art. 442) ;

– révocation d'un mandat de protection future et ouverture d'une mesure de protection (C. civ., art. 485).

En cas d'absence de proche, le juge sera saisi par l'intermédiaire du procureur de la République qui voit, en tant que garant des libertés individuelles, son rôle considérablement renforcé, celui-ci appréciant désormais seul l'opportunité de l'ouverture d'une mesure de protection en l'absence de requérant ayant qualité.

À cet égard, l'élargissement de la qualité de requérant a précisément pour objet de limiter les hypothèses de saisine d'office.

C'est dorénavant au ministère public, en coordination avec le juge des tutelles, qu'il appartiendra de créer et d'entretenir un réseau partenarial avec les différents intervenants sociaux (associations, services sociaux des collectivités locales ou des établissements publics) afin de déterminer les conditions dans lesquelles il pourra être saisi.

☞ *La jurisprudence définira probablement la notion de « renforcement de la mesure de protection ». La circulaire d'application n° CIV 01/09 considère que toute restriction des droits du majeur par rapport à la mesure antérieure est une aggravation, donnant notamment comme exemples le passage de la curatelle simple à la curatelle renforcée ou la suppression du droit de vote (Circ. DACS n° CIV/01/09/C1 du 9 février 2009). Ce sera également le cas par exemple d'une restriction des pouvoirs de la personne protégée en application de l'article 471 du Code civil.*

49 **Le certificat du médecin inscrit.** L'article 431 du Code civil impose, à peine d'irrecevabilité, que la demande soit accompagnée par un certificat circonstancié rédigé par un médecin choisi sur une liste établie par le procureur de la République.

Cette condition essentielle est logique compte tenu de la disparition des critères non médicaux d'ouverture d'une mesure de protection.

Plusieurs changements, issus de la loi n° 2007-308 du 5 mars 2007, doivent être signalés :

– la saisine du juge des tutelles par le procureur de la République doit obligatoirement être accompagnée de ce certificat médical. Il appartiendra au procureur soit d'exiger des tiers qui le saisissent l'établissement d'un certificat aux frais du majeur, soit de désigner lui-même un médecin inscrit rémunéré au titre des frais de justice ;

– le certificat établi par le médecin traitant de la personne à protéger n'est plus nécessaire mais le médecin inscrit pourra solliciter au préalable son avis (C. civ., art. 432) ;

– le coût du certificat est réglementé. Il est fixé par le décret n° 2008-1485 du 22 décembre 2008 qui ajoute un article R. 217-1 au Code de procédure pénale. Le médecin reçoit, à titre d'honoraires, la somme de 160 €. Ce tarif est applicable, que le médecin soit directement requis par une personne ayant qualité pour saisir le juge des tutelles ou par une autorité judiciaire. Lorsque le médecin, requis par le procureur de la République ou le juge des tutelles, n'a pas pu établir de certificat du fait de la carence de la personne protégée ou à protéger, il lui est alloué une indemnité forfaitaire de 30 €. Il est remboursé, en sus de ses honoraires, de ses frais de déplacement calculés dans les conditions fixées pour les déplacements des fonctionnaires du groupe II ;

– aux termes de l'article 1256 du Code de procédure civile, lorsque le certificat a été requis par une autorité judiciaire, son coût est assimilé aux frais de justice en matière pénale (C. proc. pén., art. R. 93, 3°) : il est avancé par le Trésor public et doit être en principe remboursé par la personne à protéger ou protégée. Le recouvrement est poursuivi contre la personne par le comptable du Trésor selon les procédures et sous les garanties prévues en matière d'amende pénale (C. proc. pén., art. R. 220 ; D. n° 64-1333 du 22 déc. 1964, sous C. proc. pén., art. 707-1) ;

– le juge peut toutefois, en considération de l'insolvabilité de la personne, mettre définitivement les frais de procédure à la charge de l'État.

Si le texte n'utilise pas le terme d'« expertise médicale », le certificat doit être circonstancié afin d'éviter que l'avis du médecin inscrit ne se réduise à la simple conclusion de la nécessité ou pas de l'ouverture d'une mesure de protection, et de s'assurer qu'il comprenne les éléments permettant de déterminer dans quelle mesure la personne est atteinte d'une altération de ses facultés et si la nature et l'importance de cette altération justifient un régime de protection juridique.

La jurisprudence selon laquelle il n'y a pas lieu d'ouvrir une mesure de protection lorsque le médecin estime que la personne ne présente pas d'altération de ses facultés n'en prend que plus de relief (Cass. civ. 1re, 15 juin 1994, *Bull. civ. I*, n° 213, R., p. 274).

Afin d'en permettre l'uniformisation et de l'adapter aux nouvelles dispositions légales, le décret d'application précise le contenu du certificat et les modalités de sa remise (CPC, art. 1219).

Il doit ainsi :

– décrire avec précision l'altération des facultés du majeur à protéger ou protégé ;

– donner au juge tout élément d'information sur l'évolution prévisible de l'altération, ce qui doit permettre de statuer sur la durée de la mesure lors de son ouverture ou de son renouvellement (voir **nos 92 et s.**) ;

– préciser les conséquences de cette altération sur la nécessité d'une assistance ou d'une représentation du majeur dans les actes de la vie civile, tant patrimoniaux qu'à caractère personnel, ainsi que sur l'exercice de son droit de vote ;

– indiquer si l'audition du majeur est de nature à porter atteinte à sa santé ou si celui-ci est hors d'état d'exprimer sa volonté.

Le certificat est remis par le médecin au requérant sous pli cacheté, à l'attention exclusive du procureur de la République ou du juge des tutelles.

Pour consulter un modèle type de mission confiée à un médecin inscrit, voir **annexe 3**.

50 **La liste des médecins inscrits.** Le parquet, après la loi n° 2007-308 du 5 mars 2007, est toujours en charge de dresser la liste des médecins pouvant établir les certificats médicaux nécessaires à l'ouverture d'une mesure de protection.

Nouveauté résultant de l'article 431 du Code civil, il ne s'agira plus nécessairement d'un médecin spécialiste, en général un psychiatre, mais de tout médecin, quelle que soit sa spécialité.

Cette modification répond à la nécessité de disposer d'un plus grand nombre de médecins, notamment pour permettre le renouvellement des mesures.

Disposant d'une plus grande liberté de choix, le procureur de la République sera contraint de s'impliquer davantage dans la sélection et la formation de ces médecins.

51 **La requête.** Les articles 1218 et 1218-1 du Code de procédure civile précisent le contenu de la requête aux fins d'ouverture d'une mesure de protection.

Elle doit comprendre, à peine d'irrecevabilité :

– le certificat médical susvisé ;

– l'identité de la personne à protéger et l'énoncé des faits qui appellent cette protection.

Elle doit, par ailleurs, mentionner :

– les personnes appartenant à l'entourage du majeur (il s'agit de toutes les personnes pouvant avoir la qualité de requérant, visées par l'article 430 du Code civil) ;

– le nom du médecin traitant s'il est connu ;

– les éléments concernant la situation familiale, financière et patrimoniale du majeur.

Le greffier doit aviser le procureur de la République de la procédure engagée, sauf lorsque ce dernier est le requérant.

Pour consulter un modèle de requête, voir **annexe 2**.

Section 3
L'instruction de la demande par le juge

52 **L'avocat.** Contrairement à ce qui a pu être envisagé lors de l'élaboration de la loi n° 2007-308 du 5 mars 2007, l'assistance d'un avocat n'a pas été rendue obligatoire dans le cadre de l'ouverture, la modification ou la mainlevée d'une mesure de protection.

Cependant, l'article 1214 du Code de procédure civile prévoit, dans ces hypothèses, la possibilité pour le majeur à protéger ou protégé de faire le choix d'un avocat ou demander à la juridiction saisie que le bâtonnier lui en désigne un d'office.

La désignation doit intervenir dans les huit jours de la demande.

53 **L'audition du majeur à protéger ou protégé.** L'article 432 du Code civil impose au juge des tutelles de statuer sur l'ouverture d'une mesure de protection après avoir entendu ou appelé la personne faisant l'objet de la procédure.

La personne à protéger peut être accompagnée par un avocat ou, sous réserve de l'accord du juge, par toute personne de son choix.

L'article 432 du Code civil est commun à toutes les mesures judiciaires et par conséquent s'applique, y compris avant le placement d'un majeur sous sauvegarde de justice, ce qui n'était pas le cas dans le régime antérieur à la loi n° 2007-308 du 5 mars 2007.

L'article 433 alinéa 3 du Code civil prévoit cependant la possibilité d'ouvrir une procédure de sauvegarde de justice sans audition en cas d'urgence. Le juge doit alors entendre la personne dans les meilleurs délais sauf si, sur avis médical(1), son audition est de nature à porter préjudice à sa santé ou si elle est hors d'état d'exprimer sa volonté.

L'article 432 du Code civil s'applique également dans le cadre d'une procédure de mainlevée, de modification, de renouvellement ou de renforcement de la mesure de protection (C. civ., art. 442).

L'audition du majeur est en outre obligatoire avant de statuer sur toute requête relative à la protection de sa personne (CPC, art. 1220-3).

Les conditions de cette audition sont précisées par les articles 1220 et 1220-1 du Code de procédure civile :

– le juge peut, dans tous les cas où il a l'obligation ou dans lesquels il estime utile d'entendre la personne à protéger ou protégée, se déplacer dans toute l'étendue du ressort de la cour d'appel ainsi que dans les départements limitrophes de celui où il exerce ses fonctions (CPC, art. 1220) ;

– l'audition peut avoir lieu au siège du tribunal, au lieu où elle réside habituellement, dans l'établissement de traitement ou d'hébergement ou en tout lieu approprié (CPC, art. 1220-1 al. 1) ;

– l'audition n'est pas publique (CPC, art. 1220-1 al. 2) ;

– le juge peut, s'il l'estime opportun, procéder à cette audition en présence du médecin traitant ou de toute autre personne (CPC, art. 1220-1 al. 3) ;

– le procureur de la République et, le cas échéant, l'avocat de la personne à protéger ou protégée sont informés de la date et du lieu de l'audition (CPC, art. 1220-1 al. 4) ;

– il en est dressé procès-verbal (CPC, art. 1220-1 al. 5).

Conformément à l'article R. 123-13 du Code de l'organisation judiciaire, le greffier doit être présent et, contrairement aux dispositions antérieures, les auditions en déplacement ne peuvent plus être effectuées hors sa présence.

Le juge peut toutefois, par décision spécialement motivée et sur avis du médecin inscrit, décider qu'il n'y a pas lieu de procéder à l'audition de l'intéressé dans deux cas :

– si l'audition est de nature à porter préjudice à la santé du majeur ;

– ou si ce dernier est hors d'état d'exprimer sa volonté.

Lorsque le certificat du médecin susvisé se limite à un avis sur l'audition du majeur, son coût est fixé par l'article R. 217-1 du Code de procédure pénale à 25 € (voir **n° 49**).

Ce deuxième motif justifiant l'absence d'audition, qui n'existait pas dans le régime de la loi n° 68-5 du 3 janvier 1968, vient élargir en pratique considérablement les hypothèses de non-audition. En revanche, pour la première hypothèse, les applications seront restreintes, les cas d'audition susceptible de porter préjudice à la santé du majeur étant rares.

Ces motifs justifiant la dispense d'audition reposent sur une confiance accrue dans le médecin inscrit sur la liste mentionnée à l'article 431 du Code civil (voir **n° 50**) et imposent, par conséquent, un suivi et un contrôle plus stricts de leur formation et de leur déontologie.

L'ordonnance de non-audition est notifiée au requérant et, le cas échéant, à l'avocat du majeur. Par cette même décision, le juge ordonne qu'il soit donné connaissance de la procédure engagée au majeur selon des modalités appropriées à son état et il doit être fait mention au dossier de l'exécution de cette décision (CPC, art. 1220-2).

(1) Ce n'est pas précisé mais l'avis requis est certainement celui du médecin inscrit.

54 **Les autres mesures d'information.** Le juge peut, d'une manière générale, soit d'office, soit à la requête des parties ou du ministère public, ordonner toute mesure d'instruction.

Il peut notamment faire procéder à une enquête sociale ou à des constatations par toute personne de son choix (CPC, art. 1221).

Un décret n° 2009-285 du 12 mars 2009 prévoit, à cet égard, la création d'une liste d'enquêteurs sociaux dressée au sein de chaque cour d'appel. La tarification des enquêtes sociales en matière civile est fixée, par un arrêté du même jour, à 500 €.

Il procède à l'audition, s'il l'estime opportun, des personnes visées par l'article 430 du Code civil[1].

Cette audition est cependant de droit lorsqu'elle est sollicitée par une personne demandant à exercer la mesure de protection (CPC, art. 1220-4).

Les dispositions relatives à l'instruction de la demande sont applicables à la procédure de renouvellement de la mesure de protection (CPC, art. 1228).

(1) Il s'agit de celles disposant de la qualité de requérant.

Section 4
L'audience et le jugement

55 **La consultation du dossier et la délivrance des copies.** Le décret n° 2008-1276 du 5 décembre 2008 prévoit à la fois les conditions particulières d'accès au dossier dans le cadre de la procédure de placement sous protection, mais également les conditions générales applicables après l'ouverture d'une mesure.

Ainsi, jusqu'au prononcé du jugement de mise sous protection, le dossier peut être consulté au greffe par :

– le requérant ;

– une des personnes ayant qualité pour saisir le juge des tutelles visées par l'article 430 du Code de procédure civile sur autorisation de ce dernier, si elle justifie d'un intérêt légitime ;

– leur avocat, si les personnes visées au **n° 47** en ont constitué un (CPC, art. 1222).

À tout moment de la procédure, le dossier peut être consulté au greffe, sur demande écrite et sans autre restriction que les nécessités du service, par :

– le majeur à protéger ou protégé ; dans ce cas, le juge, par ordonnance motivée notifiée à l'intéressé, peut exclure tout ou partie des pièces de la consultation si celle-ci est susceptible de lui causer un préjudice psychique grave. Il est à noter que même si le décret ne le prévoit pas expressément il apparaît pertinent de consulter au préalable le médecin inscrit ;

– son avocat s'il en a constitué un ;

– la ou les personnes chargées de la mesure de protection (CPC, art. 1222-1).

La question des copies du dossier détenu par la juridiction est réglée par les articles 1223 à 1223-2 du Code de procédure civile.

Pendant la procédure de placement sous protection, seul l'avocat du majeur à protéger peut se faire délivrer copie de tout ou partie des pièces du dossier. Il ne peut communiquer les copies ainsi obtenues ou leur reproduction à son client ou à un tiers.

Le juge peut, après le prononcé du jugement de mise sous protection, autoriser, sur justification d'un intérêt légitime, la délivrance d'une copie d'une ou plusieurs pièces du dossier :

– à la personne protégée ;

– ou à la personne chargée de la mesure de protection.

S'agissant des décisions de justice et des délibérations du conseil de famille, il ne peut en être délivré copie qu'aux parties et aux personnes investies des charges tutélaires concernées par ces délibérations et décisions.

Les personnes justifiant d'un intérêt légitime peuvent également en obtenir des extraits sur autorisation du juge des tutelles.

Les décisions rendues par le juge dans ce cadre sont des mesures d'administration judiciaire non susceptibles de recours (CPC, art. 1224).

56 **La communication du dossier au ministère public.** Un mois au moins avant la date fixée pour l'audience de jugement de la requête aux fins d'ouverture d'une mesure de protection, le dossier est transmis au procureur de la République.

Au plus tard quinze jours avant cette date, le procureur de la République le renvoie au greffe avec, selon le cas, son avis ou ses conclusions sur l'opportunité et les modalités de la protection.

Ces délais peuvent être réduits par le juge en cas d'urgence (CPC, art. 1225).

Ces dispositions sont applicables à la procédure de renouvellement de la mesure de protection (CPC, art. 1228).

57 **Le déroulement de l'audience jusqu'au jugement (CPC, art. 1226 et 1227).** Une fois que le dossier est complet, que son instruction est terminée et que le procureur de la République a donné son avis, l'affaire est fixée à une audience de jugement par le juge des tutelles.

À l'audience, le juge entend (CPC, art. 1226 al. 1) :

– le requérant à l'ouverture de la mesure de protection ;

– le majeur à protéger, sauf motif de non-audition (C. civ., art. 432 al. 2) ;

– le cas échéant, le ministère public ;

– les avocats des parties, lorsqu'elles en ont constitué un.

☞ *En pratique, le requérant et le majeur ayant déjà été entendus lors de l'audition préalable, une nouvelle audition à l'audience apparaît le plus souvent inutile et les greffes n'envoient pas une convocation à l'audience mais une simple notification de la date d'audience informant le destinataire que sa présence n'est pas obligatoire.*

Cette pratique n'est pas explicitement remise en cause par le décret d'application mais il appartiendra au juge de s'assurer qu'elle ne porte pas atteinte aux droits des parties.

Conformément au droit antérieur à la loi n° 2007-308 du 5 mars 2007, la présence du ministère public à l'audience n'est pas obligatoire.

L'affaire est instruite et jugée en chambre du conseil (CPC, art. 1226 al. 2).

Ces dispositions sont applicables à la procédure de renouvellement de la mesure de protection (CPC, art. 1228).

Section 5
Les notifications et les voies de recours

Sous-section 1
Les notifications

58 **Notification des décisions du juge (CPC, art. 1230).** Toute décision du juge est notifiée, à la diligence du greffe :

– au requérant ;

– à la personne chargée de la protection ;

– à tous ceux dont elle modifie les droits ou les obligations résultant de la mesure de protection ;

– au subrogé tuteur, lorsqu'il a été désigné, s'agissant des décisions prises dans le cadre de la gestion du patrimoine d'un majeur en tutelle.

59 **Notification du jugement statuant sur une demande d'ouverture d'une mesure de protection (CPC, art. 1230-1)**. Ce jugement est notifié :

– à la personne protégée, sauf si cette information est de nature à porter préjudice à la santé du majeur protégé ; le juge peut alors, par décision spécialement motivée, dire n'y avoir lieu à notification ; celle-ci est alors faite à son avocat s'il en a constitué un, ainsi qu'à la personne que le juge estime la plus qualifiée pour la recevoir ;

– si le juge l'estime utile, aux personnes qu'il désigne parmi celles que la loi habilite à exercer un recours (voir **n° 65**).

Par ailleurs, si la personne faisait l'objet d'une mesure d'accompagnement judiciaire, le mandataire judiciaire à la protection des majeurs exerçant cette mesure doit être informé de la décision d'ouverture d'une mesure de protection juridique par tout moyen, les deux mesures ne pouvant se cumuler (CPC, art. 1262-8).

Un avis en est donné au procureur de la République.

60 **Forme des notifications (CPC, art. 1231).** Les notifications sont faites par lettre recommandée avec demande d'avis de réception à moins que le juge ne décide qu'elles soient faites par voie d'huissier.

Elles peuvent être également effectuées par la remise à la personne concernée d'une copie certifiée conforme contre récépissé daté et signé, mentionnant les voies de recours et les sanctions encourues pour recours abusif.

Sous-section 2
Les voies de recours

61 **Dispositions transitoires.** Lorsque la décision est rendue antérieurement au 1er janvier 2009, date d'entrée en vigueur de la loi n° 2007-308 du 5 mars 2007, et que le recours est examiné postérieurement, l'appel et le pourvoi en cassation sont jugés selon les règles applicables lors du prononcé de la décision de première instance (L. n° 2007-308 du 5 mars 2007, art. 45-II, al. 3).

Le décret d'application n° 2008-1276 du 5 décembre 2008 ne modifie pas fondamentalement le régime antérieur.

62 **L'effet suspensif du recours (CPC, art. 1232).** Le délai de recours et le recours exercé dans le délai suspendent l'exécution de la décision, à moins que l'exécution provisoire n'ait été ordonnée.

L'exécution provisoire peut être arrêtée, en cas de recours, par le président du tribunal de grande instance statuant en référé :

– en cas de violation manifeste des dispositions de l'article 432 du Code civil (absence d'audition de la personne ou violation de son droit à être assisté) ;

– si elle risque d'entraîner des conséquences manifestement excessives.

Les personnes pouvant exercer un recours (CPC, art. 1239 al. 2), sont celles visées par l'article 430 du Code civil ayant qualité pour saisir le juge des tutelles : majeur à protéger, conjoint, partenaire du pacte civile de solidarité ou concubin, parent ou allié, personne entretenant avec le majeur des liens étroits et stables, personne exerçant une mesure de protection juridique, procureur de la République.

Ces personnes peuvent exercer un recours, même si elles n'étaient pas partie à l'instance et même si la décision ne leur a pas été notifiée.

Cependant, le recours contre la décision qui refuse d'ouvrir une mesure de protection n'est ouvert qu'au requérant.

La tierce opposition contre les autorisations du conseil de famille ou du juge ne peut être exercée que par les créanciers de la personne protégée et en cas de fraude à leurs droits (C. civ., art. 499 al. 3).

63 **Le délai de recours.** Le délai de recours est de quinze jours (CPC, art. 1239 al. 4).

Il court à compter de la notification de la décision pour les personnes auxquelles elle a été notifiée et à compter du jugement pour les personnes auxquelles la décision n'a pas été notifiée (CPC, art. 1241).

Le ministère public peut former recours jusqu'à l'expiration d'un délai de quinze jours suivant la remise de l'avis qui lui a été donné.

64 **La forme du recours (CPC, art. 1242).** Le recours est formé par une requête remise et adressée par lettre recommandée avec demande d'avis de réception au greffe du tribunal de grande instance.

C'est donc désormais le greffe du tribunal de grande instance et non celui du tribunal d'instance qui devra délivrer les certificats de non-recours, conformément à l'article 505 du Code de procédure civile.

Elle contient un bref exposé des motifs du recours et doit être datée et signée par son auteur.

La juridiction saisie avise le greffe du tribunal d'instance qui transmet le dossier sans délai.

Lorsque l'auteur du recours restreint celui-ci à l'un des chefs de la décision autre que l'ouverture de la mesure de protection, il le précise.

Le ministère de l'avocat n'est pas obligatoire.

65 **La procédure devant le tribunal de grande instance.** Le décret n° 2008-1276 du 5 décembre 2008 maintient la compétence du tribunal de grande instance pour statuer sur les appels formés contre les décisions du juge des tutelles et du conseil de famille.

Toutefois, il est quasiment certain, à la suite de la loi n° 2009-526 du 12 mai 2009 de simplification du droit, qu'un nouveau décret (qui n'est pas encore paru lors de la rédaction de cet ouvrage) transférera cette compétence à la cour d'appel, conformément aux préconisations du rapport relatif à la répartition des contentieux remis par M. GUINCHARD le 30 juin 2008.

La loi n° 2009-526 du 12 mai 2009 prévoit en effet le transfert, à compter du 1er janvier 2010, de la tutelle des mineurs au tribunal de grande instance, ainsi que la désignation, au sein de chaque cour d'appel, d'un magistrat délégué à la protection des majeurs qui présidera la formation de jugement statuant sur les appels des décisions rendues par le juge des tutelles et le conseil de famille (C. org. jud., art. L. 312-6-1).

Ces nouvelles dispositions sont incompatibles avec le maintien de la compétence du tribunal de grande instance.

Nous mentionnons, ci-après, en attendant ce transfert, la procédure prévue par le décret n° 2008-1276 du 5 décembre 2008.

Le greffier du tribunal de grande instance avise de la date de l'audience :

– s'il en a constitué un, l'avocat du requérant, par tout moyen ;

– l'auteur du recours et les personnes auxquelles la décision du juge des tutelles a été notifiée, par lettre recommandée avec demande d'avis de réception.

Ces dernières ont le droit d'intervenir devant le tribunal ; celui-ci peut ordonner qu'elles soient appelées en cause par acte d'huissier de justice.

Le recours est instruit et jugé en chambre du conseil.

Le tribunal peut, même d'office, substituer une décision nouvelle à celle du juge des tutelles ou à la délibération du conseil de famille.

Sa décision n'est pas susceptible d'appel mais le pourvoi en cassation reste possible.

La décision du tribunal de grande instance est notifiée à la diligence de son greffe.

Le dossier, auquel est jointe une copie certifiée conforme du jugement, est alors renvoyé sans délai au greffe du tribunal d'instance.

Si le recours formé contre une décision du juge des tutelles ou une délibération du conseil de famille est rejeté, celui qui l'a introduit, à l'exception du juge, peut être condamné aux dépens et à des dommages et intérêts.

Le décret n° 2008-1276 du 5 décembre 2008 prévoit une disposition nouvelle originale permettant au juge des tutelles et au conseil de famille, pendant le délai d'examen du recours par le tribunal de grande instance et jusqu'à la clôture des débats, de continuer à prendre toute décision ou délibération nécessaire à la préservation des droits et intérêts de la personne protégée.

Le greffe du tribunal d'instance transmet immédiatement copie de cette décision ou délibération au greffe du tribunal de grande instance.

Section 6
Les causes d'extinction de l'instance

66 **Les causes d'extinction d'une instance aux fins d'ouverture d'une mesure de protection.** Elles répondent principalement aux conditions de droit commun et sont de plusieurs ordres :

– jugement d'ouverture ou de non-lieu ;

– décès du majeur ;

– décès du requérant : l'action pourrait être reprise par une autre personne ayant qualité pour être requérant ; à défaut, le juge des tutelles ne pouvant plus se saisir d'office devra transmettre le dossier au procureur de la République qui appréciera la suite à donner à la procédure ;

– caducité : la requête aux fins d'ouverture d'une mesure de protection est caduque si le juge des tutelles n'a pas statué dans l'année où il a été saisi (C. proc. civ., art. 1227). Par conséquent, une mesure de sauvegarde de justice ordonnée « pour la durée de l'instance », conformément à l'article 433 alinéa 2 du Code civil, ne peut pas être renouvelée et sera caduque après l'écoulement du délai d'un an. Seule la mesure de sauvegarde de justice « autonome » peut être renouvelée (voir **n°s 73 et s.**).

Section 7
La publicité des mesures

67 **Exécution de la décision (CPC, art. 1233).** Un extrait de toute décision portant ouverture, modification ou mainlevée d'une mesure de curatelle ou de tutelle est transmis par tout moyen au greffe du tribunal de grande instance dans le ressort duquel est née la personne protégée à fin de conservation au répertoire civil et de publicité par mention en marge de l'acte de naissance.

Cette transmission est effectuée par le greffe du tribunal d'instance si la décision est rendue par le juge des tutelles ou par celui du tribunal de grande instance si la décision est rendue par cette juridiction.

Lorsqu'une mesure de protection a pris fin par l'expiration du délai fixé, avis en est donné par tout moyen et aux mêmes fins par le greffe du tribunal d'instance, saisi par tout intéressé, au greffe du tribunal de grande instance dans le ressort duquel est née la personne protégée.

Le fonctionnement du répertoire civil et les modalités de la publicité sont réglementés par les articles 1057 à 1061 du Code civil.

La loi n° 2007-308 du 5 mars 2007 et le décret n° 2008-1276 du 5 décembre 2008 n'ayant pas modifié le système antérieur, il conviendra, pour de plus amples développements, de se reporter à l'ouvrage de référence en la matière[1].

(1) Jacques MASSIP, Les incapacités, *Répertoire du notariat Defrénois, n°s 775 à 793.*

68 **L'opposabilité à l'égard des tiers (C. civ., art. 444).** Les jugements portant ouverture, modification ou mainlevée de la curatelle ou de la tutelle ne sont opposables aux tiers que deux mois après que la mention en a été portée en marge de l'acte de naissance de la personne à protéger.

Toutefois, même en l'absence de cette mention, ils sont opposables aux tiers qui en ont personnellement connaissance.

☞ *Ni l'article 444 du Code civil, ni l'article 1233 du Code de procédure civile ne prévoient la publicité du jugement de renouvellement d'une mesure de protection sur le répertoire civil et l'acte de naissance du majeur protégé. Tant que la décision sera inscrite au répertoire civil, elle sera présumée, pour les tiers, être toujours en vigueur, d'où l'importance pour le greffe du tribunal d'instance d'aviser celui du tribunal de grande instance du lieu de naissance de la personne protégée de la fin de la mesure, conformément à l'article 1233 alinéa 4 du Code de procédure civile.*

Chapitre 3

La protection provisoire : la sauvegarde de justice

69 **Présentation liminaire.** Sous le régime de la loi n° 68-5 du 3 janvier 1968, la sauvegarde de justice était considérée comme une mesure de protection provisoire, mais également une mesure conservatoire, préalable à l'ouverture d'un régime de curatelle ou de tutelle.

Ces deux aspects sont conservés mais la loi n° 2007-308 du 5 mars 2007 fait également de la sauvegarde de justice une mesure de protection autonome en prévoyant des conditions d'ouverture identiques à la curatelle et à la tutelle et en donnant au régime du mandat spécial des effets similaires à la curatelle et à la tutelle.

Section 1
Les conditions du placement sous sauvegarde de justice

Sous-section 1
La sauvegarde de justice par déclaration médicale

70 **Les conditions.** La loi n° 2007-308 du 5 mars 2007 maintient la possibilité pour un médecin de placer, par une déclaration au procureur de la République, un majeur sous sauvegarde de justice (C. civ., art. 434).

L'article L. 3211-6 du Code de la santé publique prévoit deux situations :

1° La sauvegarde de justice peut résulter d'une déclaration faite par un médecin lorsqu'il constate qu'une personne est atteinte d'une altération de ses facultés, accompagnée de l'avis conforme d'un psychiatre ;

2° Le médecin a l'obligation d'effectuer une déclaration s'il constate que la personne présente une altération de ses facultés l'empêchant de pourvoir seule à ses intérêts, dans deux hypothèses :

– lorsque le majeur est hospitalisé dans un établissement habilité par le préfet à soigner des personnes atteintes de troubles mentaux (CSP, art. L. 3222-1) ;

– ou lorsque le malade, hospitalisé dans un autre établissement, est atteint de troubles mentaux tels qu'ils rendent impossible son consentement et imposent des soins immédiats ou sont de nature à motiver une hospitalisation d'office (CSP, art. L. 3222-2).

71 **La transmission au procureur de la République.** La déclaration est adressée au procureur de la République du lieu de traitement qui en avise, le cas échéant, le procureur de la République du lieu de résidence habituelle du majeur protégé et n'est soumise à aucune forme, ce dernier se bornant à recevoir la déclaration et à l'enregistrer (CPC, art. 1248).

Sur la publicité de la mesure, voir **n° 75**.

72 **La fin de la mesure.** Le troisième alinéa de l'article 439 du Code civil prévoit que la mesure par déclaration médicale prend fin :

– par déclaration faite au procureur de la République si le besoin de protection temporaire cesse ;

– par radiation sur décision du procureur de la République qui, même s'il ne peut s'opposer à l'enregistrement d'une déclaration, dispose ainsi d'un pouvoir d'appréciation et peut, après avoir notamment sollicité un autre avis médical, mettre fin à une déclaration abusive ;

– par l'ouverture d'une mesure de curatelle ou de tutelle à partir du jour où la nouvelle mesure de protection juridique prend effet, lorsque le jugement est définitif, c'est-à-dire n'est plus susceptible d'aucun recours.

Enfin, la mesure étant dorénavant soumise à la durée prévue par la loi n° 2007-308 du 5 mars 2007, elle est caduque après une durée d'un an et ne pourra être renouvelée pour une durée identique que par décision judiciaire (C. civ., art. 439).

Sous-section 2
La sauvegarde de justice par décision judiciaire

73 **Conditions de fond.** L'article 433 du Code civil envisage deux hypothèses dans lesquelles le juge des tutelles peut placer une personne sous sauvegarde de justice :

– la première hypothèse concerne la personne dans l'impossibilité de pourvoir seule à ses intérêts en raison d'une altération de ses facultés de nature à empêcher l'expression de sa volonté, qui a besoin d'une protection temporaire (par exemple, une personne plongée dans le coma) ou d'être représentée pour l'accomplissement de certains actes déterminés (C. civ., art. 433, al. 1).
Il s'agit d'une nouveauté de la loi n° 2007-308 du 5 mars 2007 qui prévoit ainsi un régime de protection autonome qui n'aboutira pas obligatoirement à l'ouverture d'une mesure de curatelle ou de tutelle. Comme nous le verrons ultérieurement (voir **n°s 86 et s.**), il est désormais possible, en cas de désignation d'un mandataire spécial, d'autoriser ce dernier à accomplir un ou plusieurs actes de disposition. Ainsi la mesure de sauvegarde peut servir à l'accomplissement des actes nécessaires à la protection du majeur et prendre fin une fois ces actes effectués sans qu'il y ait lieu à ouverture d'une mesure de curatelle ou de tutelle.
La sauvegarde de justice permet ainsi de donner du contenu aux principes de nécessité et de subsidiarité posés par la loi.
La sauvegarde de justice permettra par exemple à un enfant disposant d'une procuration sur le compte de dépôt d'un parent entré en établissement de vendre son logement et débloquer les capitaux nécessaires au règlement des dépenses d'hébergement. Une fois ces actes autorisés, la mesure pourra être levée ;

– la seconde hypothèse est plus classique puisque, comme sous le régime antérieur de la loi n° 68-5 du 3 janvier 1968, le juge saisi d'une procédure de curatelle ou de tutelle peut placer une personne sous sauvegarde de justice pour la durée de l'instance (C. civ., art. 433, al. 2).

74 **Procédure.** La sauvegarde de justice devenant une mesure de protection autonome, ses conditions d'ouverture sont alignées sur la curatelle et la tutelle et elle est soumise aux dispositions communes prévues par les articles 428 à 432 du Code civil (voir **n°s 40 et s.**).

Plus précisément, une mesure de sauvegarde de justice ne pourra être ouverte que si un certificat a été établi par un médecin inscrit sur la liste du procureur de la République prévue par l'article 431 du Code civil et après l'audition du majeur, sauf si cette audition est de nature à porter préjudice à sa santé ou si ce dernier est hors d'état d'exprimer sa volonté.

Une exception particulière à l'audition est cependant prévue : le juge peut ouvrir une mesure de sauvegarde de justice sans audition en cas d'urgence. Il doit alors procéder à cette audition dans les meilleurs délais (C. civ., art. 433, al. 3).

75 **Publicité de la mesure (C. proc. civ., art. 1251 et 1251-1).** La mesure de sauvegarde de justice, par déclaration médicale ou par décision de justice, est mentionnée par le procureur de la République sur un répertoire spécialement tenu à cet effet. La déclaration aux fins de faire cesser la sauvegarde ainsi que les radiations sont portées en marge de la mention initiale. Les déclarations en renouvellement sont portées à leur date sur le répertoire.

Peuvent obtenir une copie de la déclaration :

– les autorités judiciaires ;

– les personnes qui ont qualité, selon l'article 430 du Code civil, pour demander l'ouverture d'une mesure de protection ;

– les avocats, avoués, notaires et huissiers de justice qui justifient de l'utilité de la déclaration dans le cadre d'un acte relevant de l'exercice de leurs fonctions.

76 **Notification et voies de recours (CPC, art. 1249).** La décision de placement sous sauvegarde de justice rendue par le juge est notifiée au requérant et au majeur protégé et transmise au procureur de la République. Celui-ci en avise, le cas échéant, le procureur de la République du lieu de résidence habituelle de l'intéressé ou du lieu de traitement.

Le placement sous sauvegarde de justice ne peut faire l'objet d'aucune voie de recours.

77 **Durée de la mesure.** L'article 439 du Code civil fixe la durée de la mesure de sauvegarde de justice à un an, renouvelable une fois.

Cependant, la requête aux fins d'ouverture d'une mesure de protection étant caduque au bout du délai d'un an (CPC, art. 1227), il n'apparaît pas possible de renouveler une mesure de sauvegarde de justice prise « pour la durée de l'instance ».

Seule la sauvegarde autonome prononcée indépendamment de l'ouverture d'une mesure de curatelle ou de tutelle pourra, par conséquent, faire l'objet d'un renouvellement.

Pour son renouvellement, le juge, en application de l'article 442 alinéa 4 du Code civil, peut statuer d'office ou à la requête des personnes ayant qualité pour le saisir (C. civ., art. 430), au vu d'un certificat médical[(1)] et après avoir procédé à l'audition de la personne, sauf motif de non-audition.

À défaut de renouvellement ou au terme du délai de deux ans, la mesure est caduque.

Le juge peut en ordonner la mainlevée à tout moment si le besoin de protection temporaire cesse.

La sauvegarde de justice prend fin, dans tous les cas, à l'expiration du délai ou après l'accomplissement des actes pour lesquels elle a été ordonnée.

☞ *Cette disposition est susceptible d'être source d'incertitudes si le juge des tutelles, lorsqu'il autorise le mandataire spécial à accomplir certains actes, ne rappelle pas expressément que la mesure prend fin après leur accomplissement et ne sollicite pas leur justification. Le juge pourrait également prévoir un délai pour la réalisation de ces actes afin d'éviter que la mesure ne devienne caduque avant leur conclusion.*

La mesure de sauvegarde prend également fin par l'ouverture d'une mesure de curatelle ou de tutelle à partir du jour où la nouvelle mesure de protection juridique prend effet, c'est-à-dire au moment où le jugement est devenu définitif.

(1) Le texte n'impose pas le certificat d'un médecin inscrit.

Section 2
Les effets de la sauvegarde de justice

78 **Capacité juridique.** Contrairement à la curatelle et à la tutelle, la personne placée sous sauvegarde de justice conserve l'exercice de ses droits (C. civ., art. 435, al. 1), sous réserve des pouvoirs éventuellement confiés à un mandataire spécial (voir **nos 86 et s.**).

On relèvera une exception tenant au divorce, l'article 249-3 du Code civil imposant, lorsqu'un des époux se trouve placé sous sauvegarde de justice, l'examen de la demande en divorce après l'organisation de la tutelle ou de la curatelle et l'article 249-4 prohibant le divorce par consentement mutuel des majeurs placés sous un régime de protection.

La mesure de sauvegarde de justice a pour objet d'éviter que la personne ne se lèse en passant un acte juridique.

79 **Annulation pour trouble mental.** Le majeur disposant de l'exercice de ses droits, son placement sous sauvegarde de justice ne saurait entraîner automatiquement la nullité des actes qu'il a passés.

Néanmoins, l'article 435 alinéa 2 du Code civil rappelle qu'il est toujours possible de faire annuler un acte si le majeur était atteint d'un trouble mental au moment de sa conclusion, en application de l'article 414-1 du Code civil.

Il conviendra, conformément au droit commun et comme pour une personne non protégée, d'apporter la preuve de l'existence de ce trouble au moment de la conclusion de l'acte litigieux.

Il est évident que l'ouverture d'une mesure de sauvegarde de justice, qui nécessite le certificat d'un médecin agréé, facilitera cette preuve.

En outre, le juge des tutelles peut confier au mandataire spécial la mission d'exercer cette action à la place du majeur (C. civ., art. 437 al. 2).

80 **Rescision pour lésion et réduction pour excès.** La mesure de sauvegarde permet d'attaquer les actes faits par le majeur par une action en rescision pour simple lésion et par une action en réduction en cas d'excès (C. civ., art. 435, al. 2).

La rescision en cas de lésion est une action en nullité relative fondée sur une inégalité en valeur des prestations réciproques des contractants.

La réduction pour excès est une action en nullité partielle qui permet de demander la réduction des engagements excessifs contractés par le majeur sous sauvegarde de justice ou, si la réduction n'est pas possible, d'obtenir la nullité de l'acte.

La rescision et la réduction présentent un caractère facultatif pour les tribunaux qui doivent notamment prendre en considération « l'utilité ou l'inutilité de l'opération, l'importance ou la consistance du patrimoine de la personne protégée et la bonne ou mauvaise foi de ceux avec qui elle a contracté ».

Les tribunaux disposent, par conséquent, d'un large pouvoir d'appréciation et sont incités à ne sanctionner que les abus les plus évidents. La lésion et l'excès ne sauraient en effet avoir un caractère objectif et entraîner automatiquement la nullité de l'acte ou la réduction de l'engagement.

Pour de plus amples développements, il peut être renvoyé à l'ouvrage de J. Massip[1].

(1) Jacques MASSIP, Les incapacités, *Répertoire du notariat Defrénois.*

81 **Exercice de l'action en rescision ou en réduction.** L'action en nullité, en rescision ou en réduction n'appartient qu'à la personne protégée et, après sa mort, à ses héritiers.

Le texte issu de la loi n° 2007-308 du 5 mars 2007 ne permet, par conséquent, plus aux conjoint, ascendants, descendants et frères et sœurs, au curateur ou au ministère public d'exercer cette action.

Le juge peut cependant confier au mandataire spécial la mission d'engager une action en rescision ou en réduction (C. civ., art. 437).

Par ailleurs, compte tenu de leurs pouvoirs respectifs, le tuteur pourra exercer cette action après l'ouverture d'une mesure de tutelle ; il en va de même pour le majeur en curatelle avec l'assistance de son curateur, conformément à l'article 468 alinéa 3 du Code civil, pour les actes accomplis pendant la mesure de sauvegarde.

Le curateur peut également l'exercer en cas de refus ou d'inaction du majeur sur le fondement de l'article 469 alinéa 2 du Code civil qui lui permet, sur autorisation du juge, d'agir à sa place s'il compromet gravement ses intérêts.

82 **Prescription.** L'action en nullité, en rescision ou en réduction s'éteint par le délai de cinq ans prévu à l'article 1304 du Code civil.

S'agissant d'un majeur protégé, le point de départ du délai court à compter du jour où le majeur a eu connaissance de l'acte, alors qu'il était en situation de le refaire valablement, c'est-à-dire après cessation de la mesure de protection (C. civ., art. 1304, al. 3).

Le délai ne court contre les héritiers de la personne en tutelle ou en curatelle que du jour du décès, s'il n'a commencé à courir auparavant.

83 **Les règles particulières au mandat.** Le mandat par lequel la personne protégée a chargé une autre personne de l'administration de ses biens continue à produire ses effets pendant la sauvegarde de justice (C. civ., art. 436).

Il sera soumis aux règles générales des articles 1984 et suivants du Code civil.

Le mandat général ne pourra notamment concerner que les actes d'administration (C. civ., art. 1988).

Le majeur pourra révoquer le mandat à tout moment, y compris si celui-ci a été donné en considération de la période de sauvegarde, la loi n° 2007-308 du 5 mars 2007 n'ayant pas repris, dans ce cas, la nécessité de l'autorisation du juge des tutelles (C. civ., anc. art. 491-3).

Les mesures de protection devant répondre aux principes de nécessité et de subsidiarité, il est logique de maintenir le principe de la validité des mandats donnés par le majeur avant ou pendant la mesure de sauvegarde de justice.

Ainsi qu'il a été vu plus haut, la sauvegarde de justice avec désignation d'un mandataire spécial permettra, par exemple, à un enfant disposant d'une procuration sur le compte de dépôt d'un parent entré en établissement de vendre son logement et débloquer les capitaux nécessaires au règlement des dépenses d'hébergement. Une fois ces actes autorisés, la mesure pourra être levée, la procuration permettant de pourvoir suffisamment aux intérêts du majeur.

Cependant, le juge des tutelles pourra révoquer ou suspendre ce mandat, après avoir entendu ou appelé le mandataire (C. civ., art. 436).

La révocation constituant l'exception, la décision du juge devra être spécialement motivée.

84 **La gestion d'affaires.** En l'absence de mandat, les règles de la gestion d'affaires sont applicables (C. civ., art. 436, al. 2).

L'objectif du législateur est de rappeler que les règles du droit commun continuent à s'appliquer et qu'il est possible de prendre certaines dispositions en attendant l'ouverture d'un régime de curatelle ou de tutelle.

85 **Les actes conservatoires.** En l'absence de proche assumant spontanément le rôle de gérant d'affaires, la loi confie à certaines personnes l'obligation d'accomplir les actes conservatoires indispensables à la protection du patrimoine de la personne protégée dès lors qu'ils ont connaissance tant de leur urgence que de l'ouverture de la mesure de sauvegarde de justice (C. civ., art. 436, al. 3).

Les actes conservatoires[1] sont les actes nécessaires et urgents qui tendent généralement à empêcher un bien de sortir du patrimoine du majeur ou d'éviter un appauvrissement (apposition de scellés, confection d'un inventaire, interruption de la prescription, etc.).

Les personnes concernées sont :

– celles qui ont qualité pour demander l'ouverture d'une curatelle ou d'une tutelle, soit, conformément à l'article 430 du Code civil, le majeur à protéger ou protégé ou, selon le cas, le conjoint du majeur ;

– le partenaire avec qui le majeur a conclu un pacte civil de solidarité ;

– le concubin, à moins que la vie commune ait cessé entre eux ;

– un parent ou un allié du majeur ;

– une personne entretenant avec le majeur des liens étroits et stables ;

– la personne qui exerce à l'égard du majeur une mesure de protection juridique (mandataire spécial, curateur, tuteur, mandataire de protection future) ;

– la personne ou l'établissement qui hébergent le majeur placé sous sauvegarde ;

– l'autorité judiciaire.

Les articles 1252 et 1252-1 du Code de procédure civile précisent le rôle de l'autorité judiciaire.

Ainsi, lorsque les biens d'un majeur placé sous sauvegarde de justice risquent d'être mis en péril, le procureur de la République ou le juge des tutelles peuvent prendre toutes mesures conservatoires et notamment requérir ou ordonner l'apposition des scellés.

Les frais occasionnés par ces mesures sont assimilés aux frais de justice prévus par l'article R. 93, 3° du Code de procédure pénale.

S'il apparaît que la consistance des biens ne justifie pas l'apposition des scellés, le procureur de la République ou le juge des tutelles peuvent requérir du greffier en chef du tribunal d'instance, du commissaire de police, du commandant de la brigade de gendarmerie ou du maire de dresser un état descriptif du mobilier et, si les lieux sont inoccupés, d'en assurer la clôture et d'en conserver les clés.

Les clés sont restituées, contre récépissé, au majeur protégé dès son retour dans les lieux. Elles ne peuvent être remises à d'autres personnes qu'en vertu d'une autorisation du procureur de la République ou du juge des tutelles.

(1) Sur cette notion, de plus larges développements pourront être trouvés dans l'ouvrage de Jacques MASSIP, Les incapacités, *Répertoire du notariat Defrénois, n° 526.*

Section 3
Le mandat spécial

86 **Conditions.** Si les règles de droit commun du mandat et de la gestion d'affaires ou l'obligation d'effectuer des actes conservatoires ne suffisent pas à assurer la protection du majeur sous sauvegarde de justice et que la gestion de son patrimoine nécessite d'agir, tout intéressé doit en informer le juge des tutelles qui peut désigner un mandataire spécial (C. civ., art. 437).

Rien n'interdit également au juge de désigner d'office un mandataire spécial.

Le juge doit motiver spécialement sa décision au regard de ces critères.

Par ailleurs, pour éviter toute difficulté, le juge devrait, lorsqu'il désigne un mandataire spécial, révoquer les mandats conclus par le majeur.

Rien ne s'oppose a priori à ce que le juge soit saisi par le procureur de la République, ou par tout intéressé, d'une demande de désignation d'un mandataire spécial à la suite d'une sauvegarde de justice par déclaration médicale (voir n^{os} **62 et s.**).

87 **Procédure.** La désignation d'un mandataire spécial ou la décision qui modifie ses pouvoirs peut faire l'objet d'un recours de la part des personnes mentionnées aux articles 1230 et 1230-1 du Code de procédure civile.

Il s'agit des personnes auxquelles les décisions du juge des tutelles doivent être notifiées :

– le requérant ;

– la personne chargée de la protection ;

– les personnes dont la décision modifie les droits et obligations résultant de la mesure de protection (par exemple, le titulaire d'un mandat qui aurait été révoqué par le juge) ;

– la personne protégée.

S'agissant des autres conditions procédurales et notamment de la notification des décisions relatives au mandat spécial, de leur exécution et de l'exercice des voies de recours, il convient de se référer aux articles 1230 à 1232 et 1239 à 1247 du Code de procédure civile (voir **n°s 44 et s.**).

88 **Désignation du mandataire spécial.** Le choix du mandataire spécial répond aux mêmes conditions que celui du curateur ou du tuteur (C. civ., art. 445 et 448 à 451) :

– la désignation anticipée d'une ou plusieurs personnes par le majeur placé sous sauvegarde de justice ou par les parents du majeur s'impose au juge (C. civ., art. 448) ;

– à défaut, le juge nomme le conjoint du majeur, le partenaire avec qui il a conclu un pacte civil de solidarité, son concubin (C. civ., art. 449, al. 1) ;

– à défaut, le juge désigne un parent, un allié ou une personne résidant avec le majeur ou entretenant avec lui des liens étroits et stables (C. civ., art. 449, al. 2) ;

– lorsqu'aucun membre de la famille ou aucun proche ne peut assumer le mandat, le juge désigne un mandataire judiciaire à la protection des majeurs (C. civ., art. 450 et 451).

Pour de plus amples développements, voir **n°s 91 et s.**

89 **Mission et pouvoirs du mandataire spécial.** Le mandataire spécial est désigné pour accomplir un ou plusieurs actes déterminés rendus nécessaires par la gestion du patrimoine de la personne protégée (C. civ., art. 437, al. 2).

Comme dans le régime antérieur à la loi n° 2007-308 du 5 mars 2007, le mandat ne peut donc être général.

Cependant, la jurisprudence n'a pas sanctionné des actes définis de manière large, tels que la perception des revenus de l'incapable et l'affectation à ses dépenses courantes, assurer le bon fonctionnement des comptes bancaires (dans ce sens, voir Cass. civ. 1re, 16 juillet 1992, *Bull. civ. I*, n° 233, p. 154).

La loi précise que le mandataire peut, notamment, recevoir mission d'exercer une action en nullité, en rescision pour lésion ou en réduction pour excès pour le compte du majeur (C. civ., art. 437, al. 2).

Par ailleurs, la loi n° 2007-308 du 5 mars 2007 élargit considérablement les actes susceptibles d'être effectués par le mandataire spécial.

Ce dernier peut, en effet, être chargé d'établir des actes de disposition alors que dans le régime antérieur le mandataire ne pouvait être chargé d'accomplir que des actes d'administration (voir **n° 153**).

☞ *La volonté du législateur est ici clairement d'éviter l'ouverture d'une mesure de tutelle uniquement motivée par la nécessité d'accomplir un ou plusieurs actes de disposition ponctuels. Ainsi la sauvegarde de justice avec désignation d'un mandataire spécial permettra, par exemple, à un enfant disposant d'une procuration sur le compte de dépôt d'un parent entré en établissement, de vendre son logement et débloquer les capitaux nécessaires au règlement des dépenses d'hébergement. Une fois ces actes autorisés, la mesure pourra être levée, la procuration permettant suffisamment de pourvoir aux intérêts du majeur.*

En outre, la mission du mandataire pourra être étendue à la protection de la personne du majeur dans le respect des articles 457-1 à 463 (C. civ., art. 438).

Pour plus de détails sur les conditions de la protection de la personne, il sera renvoyé aux **nos 119 et s.** Le juge devra notamment préciser s'il s'agit d'une mission d'assistance ou de représentation.

Compte tenu des conditions de la désignation du mandataire spécial, cette mission ne pourra évidemment être générale et le juge devra spécifier pour quel(s) acte(s) le majeur doit être représenté ou assisté.

Dans le cadre du mandat spécial, le majeur voit ses prérogatives réduites puisqu'il ne peut, à peine de nullité, faire un acte pour lequel le mandataire a été désigné (C. civ., art. 435).

Le mandataire devra rendre compte de sa gestion à la personne protégée et au juge dans les conditions des articles 510 à 515 du Code civil (C. civ., art. 437 al. 3).

Il devra plus particulièrement établir un compte de gestion annuel (voir **n°s 131 et s.**).

En cas de décès du majeur, la mission du mandataire prend fin, mais ce dernier pourra toujours, dans le cadre de la gestion d'affaires (C. civ., art. 418), effectuer les actes d'administration nécessaires à la transmission du patrimoine du majeur aux héritiers ou saisir un notaire.

Plus particulièrement, l'article 1215 du Code de procédure civile permet au mandataire judiciaire à la protection des majeurs, en l'absence d'héritiers connus, de saisir le notaire du défunt en vue du règlement de la succession ou, à défaut, demander au président de la chambre des notaires d'en désigner un.

Si ce notaire ne parvient pas à identifier les héritiers, le mandataire judiciaire, après autorisation du juge des tutelles, ou le notaire peut délivrer un mandat de recherche d'héritier.

Chapitre 4

La curatelle et la tutelle

Section 1
Les dispositions communes aux deux régimes

Sous-section 1
Les conditions d'ouverture

90 **Conditions d'ouverture.** C'est la combinaison des articles 425 et 440 du Code civil qui permet de déterminer les conditions d'ouverture d'une mesure de protection.

La loi n° 2007-308 du 5 mars 2007 ne modifie pas le régime antérieur.

Deux conditions générales doivent être cumulées (C. civ., art. 425) :

– une altération des facultés mentales ou corporelles de nature à empêcher l'expression de la volonté de la personne ;

– mettant cette dernière dans l'impossibilité de pourvoir seule à ses intérêts.

Si ces deux conditions sont réunies, la personne pourra être placée en curatelle si, sans être hors d'état d'agir elle-même, elle a besoin d'être assistée et contrôlée d'une manière continue dans les actes importants de la vie civile (C. civ., art. 440, al. 1).

La personne à protéger pourra être placée en tutelle si elle doit être représentée dans les actes de la vie civile (C. civ., art. 440, al. 3).

La loi n° 2007-308 du 5 mars 2007 abandonne les critères de la prodigalité, de l'intempérance ou de l'oisiveté qui permettaient, sous le régime de la loi de 1968, d'ouvrir une mesure de curatelle.

Dorénavant, les mesures de protection judiciaire restreignant la capacité des majeurs ne pourront être ouvertes que pour des raisons médicales.

91 **Les principes de nécessité et de proportionnalité.** Ces principes ont été traités aux **n°s 40 et s.**

Ils sont rappelés par l'article 440 du Code civil.

Ainsi, même si les conditions d'ouverture d'une mesure de curatelle ou de tutelle sont réunies, le placement sous un de ces deux régimes est une simple possibilité pour le juge et non une obligation.

Le juge des tutelles pourra refuser d'ouvrir une mesure de protection si elle n'apparaît pas nécessaire au regard notamment de la protection assurée par l'environnement du majeur et de la consistance de son patrimoine.

Ces critères ont surtout vocation à s'appliquer lorsqu'une mesure de curatelle est envisagée. Le texte précise en effet que la curatelle doit répondre à un besoin d'assistance et de contrôle « continus ».

Si ce besoin n'est que temporaire, il n'y aura pas lieu d'ouvrir une mesure de curatelle. Une mesure de sauvegarde de justice permettrait dans ce cas d'assurer une protection suffisante.

Par ailleurs, la curatelle n'est ouverte que si la personne ne peut assumer seule les « actes importants ». Si la gestion du patrimoine du majeur se réduit à des actes courants, il n'y aura théoriquement pas lieu d'ouvrir une mesure de curatelle.

En outre, les alinéas 2 et 4 de l'article 440 rappellent la nécessité de respecter le principe de proportionnalité, une mesure de protection ne devant être prononcée que si la sauvegarde de justice ou, si une tutelle est envisagée, la curatelle ne permettent pas d'assurer une protection suffisante.

Sous-section 2
La durée des mesures

92 **L'ouverture de la mesure de protection.** Innovation majeure de la loi n° 2007-308 du 5 mars 2007 en termes de garantie des droits de la personne protégée, les mesures de protection sont désormais ouvertes pour une durée déterminée par le juge qui ne peut excéder cinq ans (C. civ., art. 441).

Quelles que soient la nature et l'importance de l'altération des facultés de la personne, le juge devra donc nécessairement revoir la mesure au plus tard cinq années après son ouverture.

93 **Le renouvellement de la mesure de curatelle ou de tutelle.** Le juge peut renouveler la mesure pour une nouvelle durée maximale de cinq ans.

Aucune limite n'est fixée au nombre de renouvellements.

Afin d'éviter le renouvellement régulier des mesures de protection des majeurs atteints d'une altération permanente de leurs facultés, l'article 442 alinéa 2 du Code civil permet toutefois au juge, par une décision spécialement motivée et sur avis conforme du médecin inscrit mentionné à l'article 431 du Code civil, lorsque l'altération des facultés personnelles de l'intéressé n'apparaît manifestement pas susceptible de connaître une amélioration selon les données acquises de la science, de renouveler la mesure pour une durée plus longue qu'il détermine.

Les durées fixées par le juge des tutelles sont évidemment des durées maximales qui ne font pas obstacle à la possibilité, à tout moment, de mettre fin à la mesure, de la modifier ou de lui en substituer une autre, après avoir recueilli l'avis de la personne chargée de la mesure de protection (C. civ., art. 442 al. 3).

94 **La procédure de renouvellement (C. civ., art. 442).** La procédure de renouvellement d'une mesure de protection est identique à celle prévue pour son ouverture (voir **nos 44 et s.**) à une exception près : le juge peut se saisir d'office (CPC, art. 1217), sauf s'il envisage de renforcer la mesure. Dans cette dernière hypothèse, il devra alors être saisi par une requête présentée par les personnes ayant qualité pour le saisir et accompagnée par le certificat d'un

médecin inscrit, conformément aux articles 430 et 431 du Code civil.

La jurisprudence définira probablement la notion de renforcement de la mesure de protection. La circulaire d'application n° CIV 01/09 considère que toute restriction des droits du majeur par rapport à la mesure antérieure est une aggravation, donnant notamment comme exemples le passage de la curatelle simple à la curatelle renforcée ou la suppression du droit de vote.

Le juge peut également être saisi d'une demande de renouvellement par toute personne ayant qualité pour solliciter l'ouverture d'une mesure. Il s'agit en l'espèce des personnes visées à l'article 430 du Code civil.

On remarquera par ailleurs que le juge n'est pas obligé de se saisir d'office en vue du renouvellement d'une mesure de protection, même si les conditions d'ouverture d'une telle mesure sont toujours réunies.

À défaut de requête ou de saisine d'office, la mesure prendra fin, même si elle est toujours nécessaire.

Le juge doit procéder à l'audition du majeur, sauf si celle-ci est de nature à porter préjudice à sa santé ou si le majeur est hors d'état d'exprimer sa volonté, conformément à l'article 432 alinéa 2 du Code civil.

L'alinéa 4 de l'article 442 prévoit que le juge doit statuer au vu d'un certificat médical.

Le deuxième alinéa de cet article précise que le renouvellement pour une durée supérieure à cinq ans nécessite l'avis du médecin inscrit sur la liste prévue à l'article 431 du Code civil qui devra notamment préciser que l'altération des facultés personnelles de l'intéressé n'apparaît manifestement pas susceptible de connaître une amélioration selon les données acquises de la science.

Sur le contenu de ce certificat, voir **n° 28.**

Comme pour le renouvellement d'une mesure de sauvegarde de justice, le texte ne précise pas, lorsque la mesure est renouvelée pour une durée ne dépassant pas cinq ans, si ce certificat doit être établi par le médecin inscrit visé par l'article 431 du Code civil ou s'il peut être établi par tout médecin. Une lecture littérale du texte permet de se contenter du certificat de tout médecin.

S'agissant des mesures de publicité, ni l'article 444 du Code civil, ni l'article 1233 du Code de procédure civile ne prévoient la publicité du jugement de renouvellement sur le répertoire civil et l'acte de naissance du majeur protégé.

Tant que la décision sera inscrite au répertoire civil, le recouvrement de sa capacité par le majeur ne sera pas opposable aux tiers, ce qui est source de sécurité juridique et permettra d'éviter qu'une mesure de protection qui n'aurait pas été renouvelée par simple omission ou retard n'entraîne des conséquences juridiques immédiates et préjudiciables pour le majeur.

95 **La modification de la mesure de curatelle ou de tutelle.** La modification de la mesure de curatelle ou de tutelle (il s'agira le plus souvent d'un allégement de la mesure) obéit aux règles de procédure fixées par les articles 1220 à 1221, 1225, 1226 et 1230 à 1233 du Code de procédure civile (CPC, art. 1228).

S'agissant des règles relatives à l'instruction du dossier par le juge, à sa communication au ministère public, à l'audience, à la notification et à l'exécution du jugement, voir **n° 44.**

Pour le reste, la procédure applicable est la suivante :

– le juge peut se saisir d'office (C. civ., art. 442 al. 4 ; CPC, art. 1217) ;

– il statue après audition de la personne protégée (sauf motif de non-audition) (C. civ., art. 432) ;

– après avoir recueilli l'avis de la personne chargée de la mesure de protection (C. civ., art. 442, al. 3) ;

– et au vu d'un certificat médical (qui ne sera pas obligatoirement celui d'un médecin inscrit sur la liste du procureur de la République) (C. civ., art. 442, al. 4).

☞ *Un simple changement de curateur ou de tuteur ne devrait pas être considéré comme une modification de la mesure et devrait par conséquent pouvoir être effectué par une simple ordonnance du juge sans certificat médical ou audition obligatoires.*

96 **La fin de la mesure de protection (C. civ., art. 443).** La mesure de protection prend fin :

– en l'absence de renouvellement, à l'expiration du délai fixé ; la mesure prend alors fin de plein droit ;

– en cas de jugement de mainlevée passé en force de chose jugée ;

– en cas de décès de l'intéressé.

En l'absence de renouvellement, la mesure continuera à être inscrite au répertoire civil et en marge de l'acte de naissance du majeur jusqu'à ce que le greffe, saisi par tout intéressé, en avise le greffe du tribunal de grande instance du lieu de naissance du majeur aux fins de radiation, conformément à l'article 1233 alinéa 4 du Code de procédure civile.

En cas de décès du majeur, l'article 1215 du Code de procédure civile permet au mandataire judiciaire à la protection des majeurs, en l'absence d'héritiers connus, de saisir le notaire du défunt en vue du règlement de la succession ou, à défaut, demander au président de la chambre des notaires d'en désigner un.

Si ce notaire ne parvient pas à identifier les héritiers, le mandataire judiciaire, après autorisation du juge des tutelles, ou le notaire peut délivrer un mandat de recherche d'héritier.

Le deuxième alinéa de l'article 443 permet, par ailleurs, au juge de mettre fin à la mesure lorsque la personne protégée réside hors du territoire national, si cet éloignement empêche le suivi et le contrôle de la mesure, sans préjudice des articles 3 et 15 du Code civil.

☞ *Cette disposition est particulièrement surprenante et contestable.*

Elle ne devrait pas concerner les personnes de nationalité française dans la mesure où l'application des dispositions des articles 3 et 15 du Code civil est expressément réservée.

Ces dispositions prévoient en effet que les lois concernant l'état et la capacité des personnes régissent les Français, même résidant en pays étranger, et que les juridictions civiles françaises sont toujours compétentes à l'égard des Français.

La question est plus délicate s'agissant des majeurs protégés de nationalité étrangère.

Théoriquement, en cas de déménagement d'un majeur protégé dans le pays dont il a la nationalité, le dossier devrait être transmis par le juge français, via les services du ministère des Affaires étrangères, à la juridiction étrangère compétente.

La convention de La Haye sur la protection internationale des adultes, conclue le 13 janvier 2000, ratifiée par la France par une loi n° 2008-737 du 28 juillet 2008 et entrée en vigueur le 1er janvier 2009, prévoit d'ailleurs des règles spécifiques de compétence et de coopération entre les États parties.

Ainsi, selon l'article 5 alinéa 2 de la convention, en cas de changement de résidence habituelle de l'adulte dans un autre État contractant, sont compétentes les autorités de l'État de la nouvelle résidence habituelle.

Par ailleurs, l'article 22 pose le principe de la reconnaissance de plein droit des mesures prises par les autorités d'un État contractant dans les autres États contractants.

*En outre, chaque État contractant doit désigner une autorité centrale chargée de satisfaire aux obligations qui lui sont imposées par la Convention, notamment la communication entre les autorités compétentes (**art. 28 et s.**).*

Rien ne devrait, par conséquent, justifier la mainlevée d'une mesure de protection concernant un majeur dont le pays a ratifié cette convention, avec néanmoins un bémol tenant au fait que celle-ci ne s'applique qu'aux mesures prises postérieurement à son entrée en vigueur dans l'État partie, soit s'agissant de la France après le 1er janvier 2009.

Enfin, s'agissant des ressortissants de l'Union européenne, on peut se poser la question de savoir si l'article 443 alinéa 3 du Code civil ne porte pas atteinte au principe de la libre circulation des personnes imposée par l'article 18 du traité instituant la Communauté européenne, applicable directement en droit français.

Cette disposition vise avant tout à éviter que le juge ne reste saisi d'un dossier dans lequel plus aucun suivi ne peut être exercé, risquant ainsi d'engager la responsabilité de l'État.

Il est en tout état de cause opportun, à la suite d'une décision de mainlevée motivée sur ce fondement, de transmettre le dossier à la chancellerie pour qu'elle procède à la saisine des autorités étrangères compétentes.

97 **La procédure de mainlevée de la mesure de curatelle ou de tutelle.** Comme pour la modification, la mainlevée de la mesure

de curatelle ou de tutelle obéit aux règles de procédure fixées par les articles 1220 à 1221, 1225, 1226 et 1230 à 1233 du Code de procédure civile (CPC, art. 1228).

S'agissant des règles relatives à l'instruction du dossier par le juge, à sa communication au ministère public, à l'audience, à la notification et à l'exécution du jugement, il sera renvoyé aux **nos 44 et s.**

Pour le reste, la procédure applicable est la suivante :

– le juge peut se saisir d'office (C. civ., art. 442 al. 4 ; CPC, art. 1217) ;

– il statue après audition de la personne protégée, sauf motif de non-audition (C. civ., art. 432) ;

– après avoir recueilli l'avis de la personne chargée de la mesure de protection (C. civ., art. 442, al. 3) ;

– et au vu d'un certificat médical qui ne sera pas obligatoirement celui d'un médecin inscrit sur la liste du procureur de la République (C. civ., art. 442, al. 4).

98 **Dispositions transitoires.** Ces règles relatives à la durée des mesures s'appliquent également à celles ouvertes antérieurement à l'entrée en vigueur de la loi n° 2007-308 du 5 mars 2007.

Des mesures transitoires spécifiques sont prévues à l'article 45 II de la loi du 5 mars 2007, modifié par la loi n° 2009-526 du 12 mai 2009 de simplification du droit.

La durée de ces mesures est également de cinq ans, le point de départ du délai étant fixé à compter de la date de l'entrée en vigueur de la loi n° 2007-308 du 5 mars 2007.

Les mesures ouvertes antérieurement au 1er janvier 2009 devront, par conséquent, être renouvelées avant le 1er janvier 2014. À défaut, elles prendront fin de plein droit.

Sous-section 3
Les organes de protection

1. Les principes généraux des charges curatélaires et tutélaires

99 **Les interdictions, retraits, remplacements.** L'article 445 du Code civil renvoie, s'agissant du régime des interdictions, du retrait de fonctions et des remplacements, aux articles 395 à 397 applicables aux mineurs.

Ne peuvent ainsi exercer une charge curatélaire ou tutélaire :

- les mineurs non émancipés ;

- les majeurs protégés ;

- les personnes auxquelles l'exercice des charges tutélaires a été interdit en application de l'article 131-26 du Code pénal.

Toute charge peut être retirée en raison de l'inaptitude, de la négligence, de l'inconduite ou de la fraude de celui à qui elle a été confiée. Il en est de même lorsqu'un litige ou une contradiction d'intérêts empêche le titulaire de la charge de l'exercer dans l'intérêt du majeur.

En présence d'un conseil de famille, celui-ci statue sur les empêchements, les retraits et les remplacements qui intéressent le tuteur et le subrogé tuteur.

Le juge des tutelles statue sur ceux qui intéressent les autres membres du conseil de famille.

Il peut, par ailleurs, être procédé au remplacement de toute personne à qui une charge tutélaire a été confiée en cas de changement important dans sa situation.

Une charge tutélaire ne peut être retirée, par celui qui l'a confiée, qu'après avoir entendu ou appelé son titulaire.

Le juge peut prendre, en cas d'urgence, les mesures conservatoires nécessaires à l'intérêt du majeur.

Les interdictions médicales sont élargies par la loi n° 2007-308 du 5 mars 2007 : les membres des professions médicales et de la pharmacie, ainsi que les auxiliaires médicaux ne peuvent exercer une charge curatélaire ou tutélaire à l'égard de leurs patients (C. civ., art. 445, al. 2).

☞ *La notion de tutelle en gérance n'existant plus, l'interdiction prévue par l'ancien article 496-2, alinéa 2 du Code civil s'agissant de l'établissement de traitement est logiquement supprimée.*

100 **Le caractère personnel de la charge.** L'article 452 du Code civil reprend le principe suivant lequel la curatelle et la tutelle sont des charges personnelles qui ne peuvent, par conséquent, être déléguées.

Le curateur ou le tuteur peut toutefois s'adjoindre, sous sa propre responsabilité, le concours de tiers majeurs ne faisant pas l'objet d'une mesure de protection juridique pour l'accomplissement de certains actes.

La liste de ces actes est fixée par un décret n° 2008-1484 du 22 décembre 2008 ; il s'agit :

– des actes conservatoires qui permettent de sauvegarder le patrimoine ou de soustraire un bien à un péril imminent ou à une dépréciation inévitable sans compromettre aucune prérogative du propriétaire ;

– des actes d'administration énumérés dans la colonne 1 des tableaux constituant les annexes 1 et 2 dudit décret (voir **annexe n° 10**), sous réserve qu'ils n'emportent ni paiement ni encaissement de sommes d'argent par ou pour la personne protégée.

101 **La durée de la charge.** Conformément au droit antérieur à la loi n° 2007-308 du 5 mars 2007, nul n'est tenu de conserver la curatelle ou la tutelle d'une personne au-delà de cinq ans, à l'exception du conjoint, du partenaire du pacte civil de solidarité et des enfants de l'intéressé, ainsi que du mandataire judiciaire à la protection des majeurs (C. civ., art. 453).

2. Le choix du curateur ou du tuteur

102 **La prééminence de la volonté individuelle.** Le principe posé par la loi n° 2007-308 du 5 mars 2007 est toujours celui de la tutelle

dative, le juge étant chargé de la désignation du curateur ou du tuteur (C. civ., art. 447).

Néanmoins, le choix antérieur du majeur non encore atteint d'une altération de ses facultés ou celui de ses parents s'impose au juge dans les conditions suivantes (C. civ., art. 448) :

– lorsque le majeur à protéger a désigné à l'avance une ou plusieurs personnes chargées d'exercer les fonctions de curateur ou de tuteur pour le cas où il serait placé en curatelle ou en tutelle ;

– lorsque les parents ou le dernier vivant des père et mère, ne faisant pas l'objet d'une mesure de curatelle ou de tutelle, qui exercent l'autorité parentale sur leur enfant mineur ou assument la charge matérielle et effective de leur enfant majeur désignent une ou plusieurs personnes chargées d'exercer les fonctions de curateur ou de tuteur à compter du jour où eux-mêmes décéderont ou ne pourront plus continuer à prendre soin de l'intéressé. La loi n° 2007-308 du 5 mars 2007 instaure ainsi une forme de tutelle testamentaire.

Cette désignation anticipée doit avoir été faite par déclaration devant notaire ou par un acte écrit en entier, daté et signé de la main du majeur concerné (CPC, art. 1255).

Le juge dispose néanmoins de la possibilité de choisir une autre personne si :

– la personne désignée refuse la mission ;

– la personne désignée est dans l'impossibilité d'exercer la mission ;

– l'intérêt de la personne protégée commande de l'écarter.

D'une manière générale, en cas de difficultés (opposition d'autres membres de la famille, etc.), il appartient au juge de trancher.

103 **Le choix subsidiaire du juge : la désignation d'un proche de la personne protégée.** À défaut de désignation dans les conditions de l'article 448 susvisé, le juge retrouve sa liberté, mais doit choisir selon les priorités suivantes (C. civ., art. 449) :

– le conjoint de la personne à protéger (sa désignation n'est plus de droit comme dans le régime antérieur à la loi n° 2007-308 du 5 mars 2007) ;

– le partenaire avec qui elle a conclu un pacte civil de solidarité ;

– le concubin de la personne à protéger, sauf si la vie commune a cessé entre eux ou qu'une autre cause empêche de lui confier la mesure ;

– un parent, un allié ou une personne résidant avec le majeur protégé *ou* entretenant avec lui des liens étroits et stables à moins qu'une autre cause empêche de lui confier la mesure.

☞ *La loi n° 2009-526 du 12 mai 2009 de simplification et de clarification du droit et d'allégement des procédures a transformé la conjonction de coordination « et », qui résultait de la loi n° 2007-308 du 5 mars 2007, en « ou » de manière à permettre la désignation d'un ami ou d'un proche sans qu'il ne soit nécessaire qu'il réside avec la personne à protéger. Comme sous le régime de la loi de 1968, il est donc possible de désigner toute personne, quelle que soit sa qualité, comme curateur mais également, et c'est une nouveauté par rapport au droit antérieur, comme tuteur.*

Pour cette dernière catégorie, le juge doit prendre en considération les sentiments exprimés par le majeur, ses relations habituelles, l'intérêt porté à son égard et les recommandations éventuelles de ses parents et alliés ainsi que de son entourage.

Les curateurs ou tuteurs familiaux bénéficient d'une information prévue par l'article L. 215-4 du Code de l'action sociale et des familles.

Un décret n° 2008-1507 du 30 décembre 2008 en détermine les modalités (CASF, art. R. 215-14 à R. 215-17).

Les personnes désignées peuvent se rendre au greffe du tribunal d'instance ou du tribunal de grande instance pour obtenir la liste des personnes et des structures délivrant l'information, établie par le procureur de la République après avis du juge des tutelles du ressort.

Cette information est délivrée par un document ou par Internet (on mentionnera à cet égard le site du ministère de la Justice : *www.tutelles.justice.gouv.fr*).

L'article R. 215-15 du Code de l'action sociale et des familles détermine le contenu minimal de cette information.

Outre l'information, les curateurs ou tuteurs familiaux peuvent bénéficier d'un soutien technique de la part des personnes et des structures inscrites sur la liste du procureur de la République consistant en une aide technique à la formalisation des actes transmis à l'autorité judiciaire (inventaire de patrimoine, compte de gestion, requête) et, d'une manière générale, des démarches nécessaires à l'exercice de la mesure de protection.

Les personnes inscrites sur la liste doivent répondre à des conditions de diplôme et de compétences. Dans la pratique, cette liste devrait être celle des mandataires judiciaires à la protection des majeurs.

☞ *Cependant, aucun mode de financement n'étant prévu, ces dispositions risquent de rester lettre morte.*

Pour alléger le propos, notamment quant aux conditions requises pour être inscrit sur la liste susvisée et au contenu de l'information, le décret a été placé en annexe du présent ouvrage (voir **annexe n° 1**).

104 **La désignation d'un mandataire judiciaire à la protection des majeurs.** Ce n'est que lorsqu'aucun membre de la famille ou aucun proche ne peut assumer la curatelle ou la tutelle que le juge désignera un mandataire judiciaire à la protection des majeurs.

Si l'intérêt de la personne hébergée ou soignée dans un établissement de santé ou dans un établissement social ou médico-social le justifie, ce mandataire pourra être une personne ou un service préposé de l'établissement.

Même s'il refuse sa mission, pour cause par exemple de surcharge de travail, le mandataire ainsi désigné ne pourra refuser d'accomplir les actes urgents que commande l'intérêt de la personne protégée, notamment les actes conservatoires indispensables à la préservation de son patrimoine (C. civ., art. 450 et 451).

Par ailleurs, même si la formule est redondante avec le principe posé par l'article 415 du Code civil, l'alinéa 2 de l'article 451 du même code rappelle que la mission confiée au mandataire préposé d'un établissement s'étend à la protection de la personne, sauf décision contraire du juge.

Sur le statut des mandataires judiciaires à la protection des majeurs, voir **n° 229**.

La loi n° 2007-308 du 5 mars 2007 supprime ainsi les notions d'administration légale sous contrôle judiciaire ou de tutelle en gérance.

Pour plus de simplicité, les personnes désignées auront toutes la même qualité de curateur ou de tuteur et, globalement, les mêmes prérogatives.

3. La pluralité de curateurs ou de tuteurs

105 **La désignation de plusieurs curateurs ou tuteurs.** La loi n° 2007-308 du 5 mars 2007 apporte de nouvelles possibilités au juge en lui permettant, en considération de la situation de la personne protégée, des aptitudes des intéressés et de la consistance du patrimoine à administrer, de désigner plusieurs curateurs ou plusieurs tuteurs pour exercer en commun la mesure de protection (C. civ., art. 447, al. 2).

Afin d'éviter de rendre ce régime trop lourd, chaque curateur ou tuteur est réputé, à l'égard des tiers, avoir reçu des autres le pouvoir de faire seul les actes pour lesquels un tuteur n'aurait besoin d'aucune autorisation (C. civ., art. 447, al. 3).

Il s'agit, sauf régime particulier, des actes conservatoires et d'administration, les actes de disposition nécessitant, par conséquent, la signature de l'ensemble des curateurs ou tuteurs. Sur les actes nécessitant une autorisation, voir **n°s 139 et s.** et **147 et s.**

☞ *Cette possibilité était notamment réclamée par les parents de majeurs handicapés. Alors que, pendant la minorité de leur enfant, les deux parents disposaient conjointement de l'autorité parentale, l'un des deux était contraint, à sa majorité, d'abandonner la charge de la tutelle au profit de l'autre et perdait ainsi tout pouvoir de décision.*

106 **La division de la mesure de protection.** Par ailleurs, le juge peut diviser la mesure de protection entre un curateur ou un tuteur chargé de la protection de la personne et un curateur ou un tuteur chargé de la gestion patrimoniale pour tenir compte notamment des compétences de chacun.

Très souvent, les membres de la famille du majeur ne souhaitent pas assumer le rôle de curateur ou de tuteur en raison de la lourdeur de la gestion patrimoniale.

Cette disposition permet ainsi de désigner ce proche en qualité de tuteur et de lui adjoindre un cotuteur, par exemple un mandataire judiciaire à la protection des majeurs, chargé uniquement de la gestion des comptes du majeur.

Le juge peut, en outre, confier la gestion de certains biens à un tuteur ou à un curateur adjoint (C. civ., art. 447, al. 3).

La loi prévoit des dispositions pour éviter les conflits de compétence ; à moins que le juge en ait décidé autrement, les personnes ainsi désignées sont indépendantes et ne sont pas responsables l'une envers l'autre.

Elles doivent toutefois s'informer des décisions qu'elles prennent (C. civ., art. 447, al. 4).

4. Le subrogé curateur ou tuteur

107 **La désignation du subrogé curateur ou tuteur.** Alors que la présence d'un subrogé tuteur n'était, dans le cadre de la loi n° 68-5 du 3 janvier 1968, prévue qu'en cas de constitution d'un conseil de famille, la loi n° 2007-308 du 5 mars 2007 introduit la possibilité de désigner, d'une manière générale, un subrogé curateur ou tuteur (C. civ., art. 454).

Le juge désignera un subrogé curateur ou tuteur s'il l'estime nécessaire et sous réserve des pouvoirs du conseil de famille s'il a été constitué.

☞ *Cette nouvelle possibilité devrait notamment permettre d'éviter la désignation d'un mandataire judiciaire à la protection des majeurs, motivée uniquement par l'existence d'un conflit familial.*

Le choix du subrogé curateur ou tuteur est déterminé selon les critères suivants :

– choix d'un parent, d'un allié ou d'un proche de la personne protégée, le juge devant, dans la mesure du possible, le choisir dans l'autre branche que celle du curateur ou du tuteur[1] ;

– à défaut de membre de la famille ou de proche, désignation d'un mandataire judiciaire à la protection des majeurs.

(1) Le texte apparaît relativement large puisqu'il mentionne seulement le proche, ce qui permettrait au juge de désigner toute personne en qualité de subrogé curateur ou tuteur, sans être limité par la liste de l'article 449 du Code civil.

108 **Le rôle de surveillance et de contrôle des actes passés par le curateur ou par le tuteur.** Le subrogé curateur ou tuteur exerce une mission générale de surveillance et de contrôle des actes passés par le curateur ou par le tuteur.

Il doit informer le juge sans délai s'il constate des fautes dans l'exercice de sa mission.

À défaut d'exercer pleinement son rôle, le subrogé curateur ou tuteur est susceptible d'engager sa responsabilité sur le fondement de la faute simple de l'article 421 du Code civil, sauf en cas de curatelle simple (voir **n°s 10 et s.**).

Par ailleurs, la loi confie des prérogatives spécifiques au subrogé curateur ou tuteur en matière de gestion patrimoniale.

Dans le cadre de la vérification et de l'approbation des comptes de gestion (C. civ., art. 510 et s.), le curateur ou le tuteur doit ainsi lui transmettre une copie du compte qu'il doit établir chaque année et des pièces justificatives.

Le subrogé curateur ou tuteur vérifie alors le compte avant de le transmettre, avec ses observations, au greffier en chef chargé de sa vérification et de son approbation.

Le juge peut même déléguer la mission de vérification et d'approbation du compte au subrogé curateur ou tuteur (voir **n° 132**).

Dans le cadre de la gestion du patrimoine du majeur en tutelle, l'article 497 du Code civil charge le subrogé tuteur d'attester du bon déroulement des opérations que le tuteur a l'obligation d'accomplir : inventaire de patrimoine qui doit être établi en présence du subrogé tuteur (C. civ., art. 503), réception des capitaux revenant au majeur (C. civ., art. 498), proposition de budget (C. civ., art. 500).

L'alinéa 2 de l'article 497 précise que le subrogé tuteur est notamment tenu de vérifier l'emploi et le remploi des capitaux du majeur.

La loi ne prévoit plus, comme sous le régime antérieur (C. civ., anc. art. 453), le contreseing du subrogé tuteur en matière de réception des capitaux. Ce dernier devra néanmoins informer le juge si cette réception n'est pas effectuée conformément aux dispositions légales.

109 **La mission de suppléance du subrogé curateur ou tuteur.** Lorsque les intérêts de la personne protégée sont en opposition avec ceux du curateur ou du tuteur ou lorsque l'un ou l'autre ne peut lui apporter son assistance ou agir pour son compte en raison des limitations de sa mission, le subrogé curateur ou tuteur l'assiste ou la représente, selon le cas.

Le subrogé curateur ou tuteur exercera alors le rôle d'un curateur ou d'un tuteur *ad hoc* (la désignation d'un curateur ou tuteur *ad hoc* est d'ailleurs clairement exclue par l'article 455 en présence d'un subrogé curateur ou tuteur).

Même si la rédaction du texte ne prévoit pas clairement cette hypothèse, on peut considérer que ces dispositions doivent permettre l'intervention du subrogé curateur ou tuteur en cas d'empêchement du curateur ou du tuteur.

110 **L'information du subrogé curateur ou tuteur.** Pour que le subrogé curateur ou tuteur puisse exercer son rôle de protection, le curateur ou le tuteur doit l'informer et le consulter avant tout acte grave[1].

Les décisions rendues par le juge des tutelles sur requête du tuteur doivent être notifiées au subrogé tuteur (CPC, art. 1230, al. 2).

Enfin, d'une manière générale, les jugements rendus à l'égard d'un majeur en tutelle doivent être notifiés au subrogé tuteur conformément aux dispositions de l'article 530 du Code de procédure civile relatif aux voies de recours, qui prévoit que le délai à l'expiration duquel un recours ne peut plus être exercé ne court contre une personne en tutelle que du jour où le jugement est notifié tant à son représentant légal qu'au subrogé tuteur, s'il y a lieu, encore que celui-ci n'ait pas été mis en cause.

(1) La notion d'acte grave n'est pas définie. On peut estimer qu'elle concernera en premier chef les actes touchant à la personne du majeur ainsi que ceux soumis à un régime particulier tels que les actes relatifs au logement, aux comptes bancaires, le mariage, le divorce, le pacte civil de solidarité, etc.

111 **La cessation des fonctions de subrogé curateur ou tuteur.** Outre évidemment l'hypothèse d'une décision du juge, la charge du subrogé curateur ou tuteur cesse en même temps que celle du curateur ou du tuteur (C. civ., art. 454, al. 7).

Par conséquent, en cas de remplacement du curateur ou du tuteur, il convient de désigner un nouveau subrogé curateur ou tuteur, qui pourrait être la même personne.

Même si ses fonctions cessent avec celles du curateur ou du tuteur, le subrogé curateur ou tuteur est alors tenu de provoquer le remplacement du curateur ou du tuteur sous peine d'engager sa responsabilité.

Ainsi, le subrogé curateur ou tuteur a non seulement un rôle de contrôle mais offre également une protection complémentaire au majeur.

5. Le curateur ou tuteur ad hoc

112 **La désignation d'un curateur ou d'un tuteur *ad hoc*.** Suivant l'article 455 du Code civil, en l'absence de subrogé curateur ou tuteur, le curateur ou le tuteur dont les intérêts sont, à l'occasion d'un acte ou d'une série d'actes, en opposition avec ceux de la personne protégée ou qui ne peut lui apporter son assistance ou agir pour son compte en raison des limitations de sa mission, fait nommer par le juge, ou par le conseil de famille s'il a été constitué, un curateur ou un tuteur *ad hoc*.

Cette nomination peut également être faite à la demande du procureur de la République, de tout intéressé ou d'office.

Le juge ou le conseil de famille dispose d'une totale liberté de choix quant à la personne qu'il désigne.

6. Le conseil de famille des majeurs en tutelle

113 **La désignation du conseil de famille.** Avec la création d'un statut juridique propre à la protection des majeurs sans renvoi à la tutelle des mineurs (L. n° 2007-308 du 5 mars 2007), la tutelle complète avec organisation d'un conseil de famille devient l'exception.

Le conseil de famille vient ainsi en dernière position dans la sous-section 3 consacrée aux organes de protection (C. civ., art. 456 et 457).

☞ *Cette nouvelle logique vient entériner la pratique des juges des tutelles qui, en l'absence de famille ou en raison de sa lourdeur, n'organisaient que très rarement une tutelle avec conseil de famille au profit de l'administration légale sous contrôle judiciaire.*

La rédaction de l'article 456 du Code civil marque le caractère subsidiaire du conseil de famille et fixe deux conditions : « Le juge peut organiser la tutelle avec un conseil de famille si les nécessités de la protection de la personne ou la consistance de son patrimoine le justifient et si la composition de sa famille et de son entourage le permet. »

Le juge désigne les membres du conseil de famille pour la durée de la tutelle.

Le conseil de famille est composé d'au moins quatre membres, y compris le tuteur et le subrogé tuteur, mais non le juge. Il n'y a plus de nombre maximum comme sous l'empire de la loi n° 68-5 du 3 janvier 1968.

Les membres du conseil de famille sont désignés en considération des sentiments exprimés par la personne protégée, de ses relations habituelles, de l'intérêt porté à son égard et des recommandations éventuelles de ses parents et alliés, ainsi que de son entourage.

Peuvent être membres du conseil de famille les parents, alliés ainsi que toute personne manifestant un intérêt pour le majeur.

La composition du conseil de famille, comme dans le régime antérieur à la loi n° 2007-308 du 5 mars 2007, relève du pouvoir discrétionnaire du juge des tutelles. Elle peut donc résulter d'une simple convocation du juge.

114 **Le rôle du conseil de famille.** Le conseil de famille désigne le tuteur, le subrogé tuteur et, le cas échéant, le tuteur *ad hoc* conformément aux articles 446 à 455 du Code civil (voir **nos 102 à 112**).

Il statue également sur les empêchements, les retraits et les remplacements qui intéressent le tuteur et le subrogé tuteur (voir **n° 99**).

Le juge des tutelles statue sur ceux qui intéressent les autres membres du conseil de famille.

Conformément aux articles 456 alinéa 4 (et, par renvoi, à l'article 401, alinéa 3) et 459 du Code civil, lorsqu'un conseil de famille est constitué, le rôle du juge des tutelles en matière de gestion du patrimoine et de protection de la personne du majeur en tutelle lui est dévolu.

Le juge intervient néanmoins, même en présence du conseil de famille, dans deux cas prévus par la loi :

– les autorisations du conseil de famille peuvent être suppléées par celle du juge si les actes portent sur des biens dont la valeur en capital n'excède pas la somme de 50 000 € (C. civ., art. 502, al. 2 et D. n° 2008-1484 du 22 déc. 2008, art. 4) ;

– en cas d'urgence, le juge peut, par décision spécialement motivée prise à la requête du tuteur, autoriser, en lieu et place du conseil de famille, la vente d'instruments financiers à charge qu'il en soit rendu compte sans délai au conseil qui décide du remploi (C. civ., art. 505, al. 4) ; c'est évidemment le tuteur et non le juge qui devra rendre compte et solliciter du conseil de famille l'autorisation de remployer les fonds.

Le conseil de famille doit, par ailleurs, apprécier les indemnités qui doivent être allouées au tuteur (C. civ., art. 401, al. 2).

115 **Le fonctionnement du conseil de famille avec le juge des tutelles.** Le conseil de famille est convoqué par le juge des tutelles (CPC, art. 1234 à 1234-2).

Cette convocation est de droit si elle est requise :

– soit par deux de ses membres ;

– soit par le tuteur ou le subrogé tuteur ;

– soit par le majeur protégé.

La convocation est adressée huit jours au moins avant la date de la réunion.

Ses membres sont tenus de s'y rendre en personne. Ceux qui, sans excuse légitime, ne s'y présenteraient pas peuvent voir leur charge tutélaire retirée. La représentation n'est, par conséquent, plus possible.

Les règles relatives aux délibérations du conseil de famille sont régies par les articles 1234-3 à 1235 du Code de procédure civile. Il est ainsi prévu que le conseil de famille ne peut délibérer que si la moitié de ses membres est présente. Si ce nombre n'est pas atteint, le juge peut soit ajourner la réunion, soit prendre lui-même la décision en cas d'urgence.

Le juge des tutelles peut également faire délibérer le conseil de famille sans provoquer sa réunion. Il communique alors à chacun de ses membres le texte de la délibération correspondante en y joignant tous les éclaircissements utiles. Chaque membre émet son vote dans le délai et selon les modalités impartis par le juge ; à défaut, il peut voir sa charge tutélaire retirée.

Le conseil de famille est présidé par le juge des tutelles qui dispose d'une voix prépondérante en cas de partage des voix.

Les délibérations du conseil de famille sont adoptées à la majorité des votes exprimés.

Les réunions du conseil de famille ne sont pas publiques. Ses membres sont tenus au secret à l'égard des tiers.

Le tuteur ou le subrogé tuteur, dans le cas où il remplace le tuteur, ne vote pas.

Le majeur peut assister à la réunion, à titre consultatif, sauf si le juge l'estime contraire à son intérêt.

La délibération du conseil de famille est motivée. Toutes les fois qu'elle n'est pas prise à l'unanimité, l'avis de chacun de ses membres est mentionné dans le procès-verbal.

116 **Le fonctionnement du conseil de famille sans juge des tutelles.** Afin d'alléger, pour les juridictions, le fonctionnement de la tutelle avec conseil de famille, la loi n° 2007-308 du 5 mars 2007 permet au conseil de famille de se réunir et délibérer sans le juge des tutelles.

Pour éviter tout abus, un tel fonctionnement est soumis à deux conditions :

– l'autorisation préalable du juge des tutelles[1] (CPC, art. 1237) ;

– la désignation par le conseil de famille d'un mandataire judiciaire à la protection des majeurs en qualité de tuteur ou de subrogé tuteur.

Le juge des tutelles et le greffier étant absents, le conseil de famille désigne alors un président et un secrétaire parmi ses membres, qui ne peuvent être ni le tuteur, ni le subrogé tuteur.

Le président sera chargé de convoquer, réunir et organiser la délibération du conseil de famille à la place du juge des tutelles.

Ce fonctionnement s'exerce sous le contrôle du juge :

– l'ordre du jour de chaque réunion doit lui être transmis au préalable[2] ;

– les décisions prises par le conseil de famille ne prennent effet qu'à défaut d'opposition formée par le juge ; chaque membre du conseil de famille doit ainsi apposer sa signature sur la délibération prise qui doit être transmise dans les huit jours par son président au greffe en personne ou par lettre recommandée avec demande d'avis de réception (CPC, art. 1237-1) ; l'opposition du juge à la délibération doit être formée dans les quinze jours à compter de cette date par ordonnance non susceptible de recours (CPC, art. 1238) ;

– le juge conserve la possibilité de convoquer à tout moment une réunion du conseil de famille sous sa présidence.

La délégation de la mesure par le juge peut être totale puisque l'article 511, alinéa 6 du Code civil lui permet, dans ce cadre, de confier au conseil de famille la vérification et l'approbation des comptes de gestion en lieu et place du greffier en chef.

Le décret d'application n° 2008-1276 du 5 décembre 2008 a étendu le droit de faire opposition à une délibération à tout membre du conseil de famille. Cette opposition doit être formalisée dans les quinze jours de la délibération par une requête transmise au juge (CPC, art. 1238, al. 2).

En cas d'opposition, le juge, par la même ordonnance, convoque et réunit dans le délai d'un mois le conseil de famille, qui fonctionne alors sous sa présidence, afin qu'il soit de nouveau délibéré sur le même objet.

☞ *Aucune disposition relative aux délibérations du conseil de famille hors la présence du juge des tutelles n'exclut la possibilité d'exercer un recours directement devant le tribunal de grande instance, conformément aux articles 1239 et suivants du Code de procédure civile.*

Le fonctionnement du conseil de famille sans juge est une forme de délégation de la mesure de tutelle à la famille. Le conseil de famille pourrait, sous cette forme, connaître une nouvelle vigueur.

Une question se pose de savoir si l'autorisation du juge pourra être générale ou si elle devra être réitérée pour chaque réunion du conseil de famille.

Rien ne s'oppose, dans la rédaction de l'article 457 du Code civil, à ce que le juge autorise le conseil de famille à se réunir, d'une manière générale, hors de sa présence à partir du moment où des garanties ont été posées :

– transmission préalable des ordres du jour ;

– transmission des décisions ;

– maintien pour le juge de son pouvoir de convocation.

Par ailleurs, la possibilité de confier la vérification des comptes au conseil de famille va plutôt dans le sens d'une délégation générale.

(1) Cette décision est une mesure d'administration judiciaire non susceptible de recours et les membres du conseil de famille doivent en être informés par le greffe.

(2) Aucune disposition particulière n'étant prévue, il apparaît opportun que le juge précise, lors de l'autorisation préalable les modalités et délais de cette transmission.

117 **L'action en nullité contre les délibérations du conseil de famille (C. civ., art. 402).** Les délibérations du conseil de famille peuvent être annulées lorsque :

– elles ont été surprises par le dol ou la fraude ;

– des formalités substantielles ont été omises[(1)].

Le vice affectant la délibération s'étend aux actes accomplis en vertu de celle-ci.

S'agissant d'une nullité relative, elle peut néanmoins être couverte par une nouvelle délibération valant confirmation selon l'article 1338 du Code civil.

L'action en nullité peut être exercée dans les deux années de la délibération par :

– le tuteur ;

– le subrogé tuteur ;

– les autres membres du conseil de famille ;

– le procureur de la République ;

– le majeur dans les deux années à compter du jour où la mesure de protection prend fin.

S'agissant de l'annulation d'un acte juridique, cette action sera exercée conformément au droit commun devant le tribunal d'instance ou le tribunal de grande instance.

Le délai de prescription est suspendu, s'il y a dol ou fraude, tant que le fait qui en est à l'origine n'est pas découvert.

(1) Pour plus de développements sur ces notions, voir Jacques MASSIP, Les incapacités, *n°s 228 et 229.*

118 **Le recours contre les délibérations du conseil de famille.** La notification des délibérations du conseil de famille et les voies de recours obéissent au régime général posé par les articles 1230, 1231 et 1239 à 1247 du Code de procédure civile (voir **n° 64**).

Le recours contre les délibérations du conseil de famille est ouvert à tous ses membres et au juge des tutelles, quel qu'ait été leur avis lors de la délibération.

Le délai de recours court à compter de la délibération, sauf dans le cas d'une délibération sans réunion du conseil de famille où le délai de recours court à compter de sa notification.

Lorsque le recours est formé par le juge des tutelles, celui-ci joint au dossier une note exposant les motifs de son recours.

Sous-section 4
La protection de la personne du majeur

119 **L'affirmation du principe et la définition de la notion.** La protection de la personne du majeur s'étend à de nombreuses situations qui ne relèvent pas complètement du champ de la gestion patrimoniale : logement, relations avec la famille, les tiers, mariage, travail, loisirs, vie privée, santé, citoyenneté, religion, responsabilité pénale, etc.

La notion est cependant difficile à définir et à délimiter, certains actes ayant à la fois un caractère personnel et un caractère patrimonial (travail, logement, mariage, divorce, protection des comptes, etc.).

L'article 415, alinéa 1 du Code civil pose le principe général suivant lequel la protection des majeurs s'étend également à leur personne, principe jusqu'à présent jurisprudentiel (voir **n° 5**).

Ainsi, sauf si le juge, ou le mandant dans le cadre d'un mandat de protection future, en dispose autrement, la mesure de protection (sauvegarde de justice, curatelle, tutelle, mandat de protection future) est destinée à la personne du majeur (C. civ., art. 425, al. 2).

Le principe est décliné suivant deux modalités : la loi n° 2007-308 du 5 mars 2007 prévoit à la fois un dispositif général et des dispositions spéciales.

Une sous-section 4 (C. civ., art. 457-1 à 463) est spécifiquement consacrée aux effets de la curatelle et de la tutelle quant à la protection de la personne.

Des renvois à cette sous-section sont prévus dans les sections consacrées à la sauvegarde de justice et au mandat de protection future.

Ainsi, le juge, dans le cadre d'une mesure de sauvegarde de justice, peut confier au mandataire spécial une mission de protection de la personne dans le respect des articles 457-1 à 463 du Code civil (C. civ., art. 438).

De la même façon, si le mandat de protection future n'est pas limité à la protection des biens, les droits et obligations du mandataire sont définis par les articles 457-1 à 459-2 du Code civil (C. civ., art. 479).

D'autres dispositions spécifiques sont traitées de manière autonome par la loi et ne font pas partie de la sous-section 4 susvisée (divorce, protection du logement, protection en matière pénale, droit de vote, protection des comptes).

Pour une plus grande clarté, ces dispositions, traitées dans d'autres parties de l'ouvrage, ne sont pas reprises dans ce chapitre.

☞ *N'étant pas situées dans la sous-section 4, ces dispositions spéciales devraient logiquement s'appliquer même si le juge des tutelles a limité la protection aux biens du majeur, en application de l'article 425, alinéa 2 du Code civil, d'autant que celles relatives aux comptes, au logement et au divorce concernent également la protection de son patrimoine.*

Il est toutefois probable que la jurisprudence aura à se prononcer sur cette question.

1. Le dispositif de droit commun

120 **Le principe du maintien de la capacité de la personne.** Si la protection s'étend à la personne du majeur, sauf décision contraire du juge des tutelles, la loi n° 2007-308 du 5 mars 2007 a pris soin d'éviter l'instauration d'une tutelle à la personne en prévoyant, en premier lieu, que les actes dont la nature implique un consentement strictement personnel ne peuvent jamais donner lieu à assistance, ni représentation de la personne protégée (C. civ., art. 458).

L'alinéa 2 de l'article 458 du Code civil donne une liste non exhaustive de certains actes réputés strictement personnels :

– la déclaration de naissance d'un enfant ;

– la reconnaissance d'un enfant ;

– les actes de l'autorité parentale relatifs à la personne d'un enfant.

On rappellera cependant l'application des dispositions de l'article 373 du Code civil suivant lesquelles est privé de l'exercice de l'autorité parentale le père ou la mère qui est hors d'état de manifester sa volonté, notamment en raison de son incapacité.

Ainsi, en cas d'ouverture d'une mesure de tutelle, l'autre parent exercera seul l'autorité parentale (C. civ., art. 373-1). Si les deux parents sont placés sous tutelle, une mesure de tutelle pourra être ouverte au profit du mineur.

Néanmoins, si le majeur en tutelle est capable d'exprimer sa volonté pour les actes relatifs à la personne de son enfant mineur, son consentement devra toujours être requis et ne pourra donner lieu à assistance ou représentation pour ;

– la déclaration du choix ou du changement de nom d'un enfant ;

– le consentement donné à sa propre adoption ou à celle de son enfant.

Si le majeur n'est pas capable de consentir à un acte strictement personnel, l'acte ne se fera pas.

S'agissant des autres actes, le principe posé par l'article 459, alinéa 1 du Code civil est que la personne protégée prend seule les décisions relatives à sa personne, dans la mesure où son état le permet. Il n'y a donc en principe pas d'assistance ou de représentation du majeur, même placé sous tutelle, pour les actes relatifs à sa personne, sauf si le juge a expressément prévu, dans le jugement d'ouverture de la mesure de protection ou dans une décision ultérieure, une telle assistance ou représentation.

121 **Son corollaire : l'information de la personne protégée.** Afin de garantir l'exercice effectif de sa liberté individuelle et de ses droits fondamentaux par la personne protégée, la loi n° 2007-308 du 5 mars 2007 lui confère un droit à l'information.

La personne protégée dispose d'un droit général à l'information sur sa situation personnelle, les actes concernés, leur utilité, leur degré d'urgence, leurs effets et les conséquences d'un refus de sa part (C. civ., art. 457-1).

Ce droit est décliné dans plusieurs dispositions spécifiques de la loi.

Ainsi le mandataire judiciaire à la protection des majeurs doit remettre à la personne protégée ou, si son état ne lui permet pas d'en mesurer la portée, à un membre du conseil de famille s'il a été constitué ou, à défaut, à un parent, un allié ou une personne de son entourage, une notice d'information à laquelle est annexée une charte des droits de la personne protégée (CASF, art. L. 471-6, 7 et 8 ; voir **annexe n° 11**).

Si ce mandataire est un service mentionné au 14° du I de l'article L. 312-1 du Code de l'action sociale et des familles, il devra en outre remettre, dans les mêmes conditions, un document individuel de protection des majeurs qui définit les objectifs et la nature de la mesure de protection dans le respect des principes déontologiques et éthiques, des recommandations de bonnes pratiques professionnelles et du projet de service (CASF, art. L. 471-8, al. 3).

Pour des développements plus amples sur ces obligations et le statut des mandataires judiciaires à la protection des majeurs, voir **n° 229.**

122 **Les atteintes à l'autonomie de la personne protégée.** En dehors des actes strictement personnels, le juge ou le conseil de famille s'il a été constitué peut, lorsque l'état de la personne protégée ne lui permet pas de prendre seule une décision personnelle éclairée, aménager la protection du majeur s'agissant des actes relatifs à sa personne (C. civ., art. 459, al. 2).

Il conviendra, à cet effet, même si le texte ne le précise pas, que le médecin inscrit visé à l'article 431 du Code civil ait donné au préalable son avis sur la capacité du majeur à prendre les décisions de cette nature.

Ces décisions doivent répondre aux règles de procédure posées pour l'ouverture ou la modification d'une mesure de protection (voir **n° 44 et s.**).

Le juge devra toujours s'assurer, conformément au principe de proportionnalité, que les modalités de cette protection sont adaptées à l'état de santé du majeur (C. civ., art. 457-1).

Ainsi, une mission d'assistance pourra être confiée au curateur ou au tuteur soit pour l'ensemble des actes, soit pour des actes déterminés. Ce n'est que si l'assistance ne suffit pas que, dans le cadre d'une mesure de tutelle uniquement, le juge peut autoriser le tuteur à représenter le majeur protégé pour les actes relatifs à sa personne.

Le juge des tutelles pourra confier cette mission d'assistance ou de représentation dès l'ouverture de la mesure ou en cours de mesure par une décision ultérieure.

Après l'ouverture de la mesure, le juge ne peut, d'une manière générale, statuer sur une requête relative à la protection de la personne du majeur qu'après l'avoir entendu ou appelé, sauf si son audition est de nature à porter préjudice à sa santé ou si la personne est hors d'état de manifester sa volonté (CPC, art. 1220-3).

Par ailleurs, le juge des tutelles, ou le conseil de famille, doit déterminer les conditions dans lesquelles le curateur ou le tuteur chargé d'une mission de protection de la personne rend compte des diligences qu'il accomplit à ce titre (C. civ., art. 463).

123 **Les actes graves.** Lorsque la personne en charge de la mesure de protection se voit confier une mission d'assistance ou de représentation pour les actes relatifs à la personne du majeur, l'article 459, alinéa 3 du Code civil prévoit une délimitation de ses prérogatives.

Ainsi, sauf urgence, la personne en charge ne peut, sans l'autorisation du juge des tutelles ou du conseil de famille s'il a été constitué, prendre une décision ayant pour effet de porter gravement atteinte à l'intégrité corporelle de la personne protégée ou à l'intimité de sa vie privée.

Outre le contrôle du juge et du conseil de famille, le curateur ou le tuteur doit informer et consulter le subrogé curateur ou tuteur avant tout acte grave (C. civ., art. 454, al. 6).

Par ailleurs, l'article 459-1, alinéa 2 du Code civil donne au juge la possibilité, lorsque la mesure a été confiée au préposé d'un établissement de santé, social ou médico-social accueillant des majeurs protégés et que celui-ci doit prendre une décision nécessitant l'autorisation du juge ou du conseil de famille en application de l'article 459, alinéa 3 du Code civil, s'il estime qu'il existe un conflit d'intérêts, d'en confier la charge au subrogé curateur ou tuteur, et, à défaut, à un curateur ou tuteur *ad hoc* (voir **n° 126**).

☞ *L'autorisation du juge (ou du conseil de famille) n'est pas nécessaire en cas d'urgence, ce qui risque d'engendrer des discussions sur le rôle de la personne chargée de la mesure de protection, notamment pour les actes médicaux, alors que les décisions à prendre en urgence relèvent théoriquement de la responsabilité du médecin, sauf à distinguer deux types d'urgences.*

Par ailleurs, il va de soi que l'autorisation du juge n'est nécessaire que si une mission d'assistance ou de représentation a été confiée au mandataire spécial, au curateur, au tuteur ou au mandataire de protection future. À défaut, et conformément à l'article 459 susvisé, le majeur prend seul les décisions ayant pour effet de porter gravement atteinte à son intégrité corporelle ou à l'intimité de sa vie privée.

Si le curateur ou le tuteur se rend compte que le majeur n'est pas apte à prendre seul une telle décision, il devra saisir le juge des tutelles afin que lui soit confiée une mission d'assistance ou de représentation.

124 **La situation de danger.** L'article 459, alinéa 4 du Code civil permet à la personne chargée de la protection du majeur de prendre à son égard les mesures de protection strictement nécessaires pour mettre fin au danger que, du fait de son comportement, l'intéressé ferait courir à lui-même.

L'autorisation préalable du juge (ou du conseil de famille) n'est pas nécessaire.

☞ *La notion de danger n'étant pas précisée ou limitée, ces nouveaux pouvoirs de la personne en charge de la mesure de protection sont lourds de conséquences en termes de liberté pour le majeur (notamment en curatelle) et de responsabilité pour la personne en charge qui déciderait de ne pas les utiliser, le texte précisant que « la personne chargée de la protection du majeur peut prendre à l'égard de celui-ci les mesures... ».*

Aussi, cette dernière doit-elle en informer sans délai le juge des tutelles ou le conseil de famille, s'il a été constitué.

L'autre question qui se pose est celle de savoir si, en l'absence de mission d'assistance ou de représentation, la personne chargée de la mesure de protection peut utiliser ces prérogatives.

La généralité de la rédaction de cet alinéa plaide en faveur d'une réponse positive, mais son positionnement dans l'article 459 du Code civil pourrait justifier la solution inverse.

Seule la jurisprudence permettra de trancher la difficulté.

2. Les dispositions spéciales

125 **Présentation des dispositions spéciales.** Intégrées à la sous-section 4 du Code civil relative aux effets de la curatelle et de la tutelle quant à la protection de la personne(1), ces dispositions ne devraient théoriquement s'appliquer que si le juge n'a pas expressément limité la mesure à la protection des biens, conformément à l'article 425 alinéa 2 du Code civil.

Néanmoins il n'est pas sûr que cette interprétation corresponde à l'intention du législateur, qui, dans les travaux préparatoires à la loi n° 2007-308 du 5 mars 2007, a notamment entendu maintenir le régime antérieur concernant le mariage du majeur en curatelle, avec l'assistance obligatoire du curateur.

La jurisprudence sera probablement amenée à trancher la question.

En revanche il est certain que, s'agissant de dispositions spéciales, elles s'appliquent même si le juge n'a pas confié une mission d'assistance ou de représentation au curateur ou au tuteur en vertu de l'article 459 alinéa 2 du Code civil.

(1) Sous-section 4 de la section 4 De la curatelle et de la tutelle, chapitre II Des mesures de protection juridique des majeurs, chapitre Ier Des dispositions générales, titre XI De la majorité et des majeurs protégés par la loi.

126 **Les actes médicaux.** Les dispositions générales de l'article 459 susvisées ne peuvent avoir pour effet de déroger aux dispositions particulières du Code de la santé publique et du Code de l'action sociale et des familles prévoyant l'intervention d'un représentant légal (C. civ., art. 459-1, al. 1).

Ainsi, lorsque ces dispositions particulières prévoient l'intervention du représentant légal de la personne protégée, elles doivent s'appliquer, même si aucune mission d'assistance ou de représentation n'a été confiée à la personne chargée de la mesure de protection.

Il existe toutefois une exception (C. civ., art. 459-1, al. 2), illustrant une certaine méfiance à l'égard des personnes ou services préposés d'établissements de santé, sociaux ou médico-sociaux accueillant des majeurs protégés, prévus par l'article 451 du Code civil (voir **n° 237 et s.**).

Ainsi, lorsque la mesure a été confiée à un tel préposé et que celui-ci doit :

– soit prendre une décision nécessitant l'autorisation du juge ou du conseil de famille en application de l'article 459, alinéa 3 du Code civil (voir **n° 123**) ;

– soit accomplir au bénéfice de la personne protégée une diligence ou un acte pour lequel le Code de la santé publique prévoit l'intervention du juge ; ce dernier peut décider, s'il estime qu'il existe un conflit d'intérêts, d'en confier la charge au subrogé curateur ou tuteur, et, à défaut, à un curateur ou tuteur *ad hoc*.

Seules seront évoquées les règles générales applicables en matière d'actes médicaux.

Pour une étude détaillée, reportons-nous au guide élaboré par l'Assistance publique hôpitaux de Paris et l'Union nationale des associations de parents d'enfants inadaptés, *Personnes vulnérables et domaine médical : quels sont leurs droits ?*[1].

Le recueil du consentement du patient, même placé sous protection, à une intervention médicale est d'abord de la responsabilité du médecin. Ainsi :

– aucun acte médical ni aucun traitement ne peut être pratiqué sans le consentement libre et éclairé de la personne (CSP, art. L. 1111-4, al. 3) ;

– le droit à l'information d'un majeur en tutelle sur son état de santé est exercé par le tuteur, mais le majeur dispose d'un droit propre à une information adaptée à ses capacités (CSP, art. L. 1111-2, al. 5) ;

– il n'y a pas lieu de désigner la personne de confiance prévue à l'article L. 1111-6 du Code de la santé publique pour un majeur en tutelle ; si une personne a été préalablement désignée, le juge des tutelles peut confirmer ou révoquer cette désignation (CSP, art. L. 1111-6, al. 3) ;

– le consentement d'un majeur en tutelle doit être systématiquement recherché s'il est apte à exprimer sa volonté et à participer à la décision (CSP, art. L. 1111-4, al. 5) ;

– un médecin appelé à donner des soins à un majeur protégé doit s'efforcer de prévenir son représentant légal et d'obtenir son consentement ; en cas d'urgence, même si celui-ci ne peut être joint, le médecin doit donner les soins nécessaires ; si l'avis de l'intéressé peut être recueilli, le médecin doit en tenir compte dans toute la mesure du possible (CSP, art. R. 4127-42) ;

– dans le cas où le refus d'un traitement par le tuteur risque d'entraîner des conséquences graves pour la santé du majeur, le médecin délivre les soins indispensables (CSP, art. L. 1111-4, al. 5).

Il est possible, au regard des règles générales établies par l'article 459 du Code civil et des dispositions du Code de la santé publique, d'établir un schéma synthétique des règles applicables en matière d'actes médicaux :

– le médecin prend la responsabilité des interventions médicales urgentes et nécessaires s'il ne peut attendre l'avis du tuteur (ou si ce dernier oppose un refus injustifié) et que le majeur ne peut exprimer son consentement ;

– s'il n'y a pas d'urgence, le consentement du majeur doit être recueilli avant toute intervention suivant ses capacités, éventuellement avec l'assistance du curateur ou du tuteur, si une telle mission leur a été confiée par le juge des tutelles en application de l'article 459, alinéa 2 du Code civil ;

– si la personne n'est pas en état de consentir, le tuteur doit prendre la décision à sa place ;

– dans cette hypothèse, si le tuteur doit donner son consentement à un acte ayant pour effet de porter gravement atteinte à l'intégrité corporelle de la personne protégée, il devra, si une mission d'assistance ou de représentation du majeur lui a été confiée par le juge des tutelles, requérir au préalable l'autorisation de ce dernier, conformément à l'article 459, alinéa 4 du Code civil ;

– si une telle mission ne lui a pas été confiée, il devra saisir le juge des tutelles d'une demande d'extension de sa mission, mais pourra toujours prendre les décisions nécessaires en cas d'urgence.

Il existe par ailleurs des dispositions spécifiques dans le Code de la santé publique en matière de recherches biomédicales (C. sant. publ., art. L. 1121-8 et L. 1122-2), de stérilisation à des fins contraceptives (CSP, art. L. 2123-2 et R. 2123-6), de dons d'organes (CSP, art. L. 1231-1 et L. 1231-2), de prélèvements de produits du corps humain (CSP, art. L. 1241-2 et 1221-5) ou concernant les majeurs en fin de vie hors d'état d'exprimer leur volonté (CSP, art. R. 4127-37), l'examen des caractéristiques génétiques ou l'assistance médicale à la procréation (CSP, art. L. 1131-1 et 2141-11) auxquelles il sera simplement renvoyé.

Ces dispositions s'appliquent, conformément à l'article 459-1 susvisé, même si aucune mission d'assistance ou de représentation de la personne protégée n'a été confiée au curateur ou au tuteur.

(1) Personnes vulnérables et domaine médical : quels sont leurs droits ?*, coédité par l'Assistance publique des hôpitaux de Paris et l'UNAPEI, mai 2007.*

127 **La résidence et les relations avec les tiers (C. civ., art. 459-2).** Ces questions n'étaient pas traitées sous l'empire de la loi n° 68-5 du 3 janvier 1968.

Tenant compte des difficultés concrètes auxquelles les juges étaient confrontés s'agissant notamment des relations avec les tiers, la loi n° 2007-308 du 5 mars 2007 pose le principe de l'autonomie du majeur.

Ainsi, la personne protégée choisit le lieu de sa résidence, qui est devenu un des critères de compétence territoriale du juge des tutelles (CPC, art. 1211).

Elle entretient librement des relations personnelles avec tout tiers, parent ou non ; elle a le droit d'être visitée et, le cas échéant, hébergée par ceux-ci.

Le juge ou le conseil de famille s'il a été constitué ne statue qu'en cas de difficulté.

La difficulté pourra notamment résulter d'un désaccord entre la personne protégée ou un autre membre de la famille et la personne chargée de la mesure de protection.

En l'absence de disposition spécifique, si le majeur n'est pas capable d'exprimer sa volonté, le tuteur ne pourra prendre une décision à sa place que si une mission de représentation lui a été confiée en application de l'article 459, alinéa 2 du Code civil.

Par ailleurs, si le choix du lieu de résidence impose de disposer des droits relatifs au logement de la personne protégée, il faudra, en tout état de cause, l'autorisation préalable du juge des tutelles ou du conseil de famille (C. civ., art. 426, al. 3).

128 **Le mariage (C. civ., art. 460).** En curatelle, le régime instauré par la loi n° 2007-308 du 5 mars 2007 n'apporte pas de modification. Le curateur ou, à défaut d'accord du curateur, le juge des tutelles doit donner son accord au mariage du majeur.

En tutelle, le mariage n'est permis qu'avec l'autorisation du juge des tutelles ou du conseil de famille s'il a été constitué.

Trois modifications apportées par la loi n° 2007-308 du 5 mars 2007 doivent être remarquées :

– l'autorisation est donnée par le juge (ou le conseil de famille), alors que la loi de 1968 imposait, en l'absence de conseil de famille, la constitution systématique d'un conseil de famille *ad hoc* pour donner son autorisation ;

– le consentement des père et mère ne permet plus de se passer de cette autorisation ;

– l'avis du médecin traitant n'a plus à être recueilli.

Le juge ou le conseil de famille devront, en outre, procéder à l'audition des futurs conjoints et, le cas échéant, recueillir l'avis des parents et de l'entourage.

129 **Le pacte civil de solidarité (C. civ., art. 461 et 462).** La loi n° 2007-308 du 5 mars 2007 modifie les règles relatives au pacte civil de solidarité.

En curatelle, les modalités d'intervention du curateur sont délimitées.

Ainsi, le curateur doit assister le majeur pour :

– signer la convention par laquelle la personne protégée conclut un pacte civil de solidarité ou lui apporter des modifications ;

– faire procéder à la signification de la rupture unilatérale du pacte civil de solidarité ;

– procéder aux opérations de liquidation des droits et obligations du pacte.

L'intervention du juge des tutelles n'est pas prévue en cas de refus du curateur, comme pour le mariage.

Le majeur peut effectuer seul :

– l'enregistrement de la déclaration conjointe au greffe du tribunal d'instance ;

– la rupture par déclaration unilatérale ou conjointe du pacte civil de solidarité.

En tutelle, l'interdiction pour un majeur d'établir un pacte civil de solidarité est levée.

Parce qu'il s'agit d'actes ayant à la fois un caractère patrimonial et personnel, les règles posées prévoient, selon les cas, l'intervention du majeur seul, l'assistance ou la représentation du tuteur.

Ainsi, la convention peut être établie ou modifiée avec l'assistance du tuteur après autorisation du juge des tutelles ou du conseil de famille s'il a été constitué, après audition des futurs partenaires et recueil, le cas échéant, de l'avis des parents et de l'entourage.

Le tuteur doit représenter le majeur pour :

– faire procéder à la signification de la rupture unilatérale du pacte civil de solidarité ou la recevoir si le partenaire est à l'origine de la rupture ;

– procéder aux opérations de liquidation des droits et obligations du pacte.

En outre, le tuteur peut prendre l'initiative de rompre unilatéralement le pacte civil de solidarité, avec l'autorisation du juge des tutelles, ou du conseil de famille, après audition de l'intéressé et recueil, le cas échéant, de l'avis des parents et de l'entourage.

Comme en curatelle, le majeur peut effectuer seul :

– l'enregistrement de la déclaration conjointe au greffe du tribunal d'instance ;

– la rupture par déclaration unilatérale ou conjointe du pacte civil de solidarité.

Il y aura évidemment lieu de désigner un curateur ou un tuteur *ad hoc* si le curateur ou le tuteur est le partenaire du pacte civil de solidarité.

Sous-section 5
L'inventaire et les comptes de gestion

130 **L'inventaire des biens (C. civ., art. 472, al. 3 et 503 ; CPC, art. 1253).** L'inventaire des biens est une photographie du patrimoine de la personne protégée au moment de l'ouverture de la mesure de protection[1].

Dans les trois mois de l'ouverture d'une mesure de curatelle renforcée ou de tutelle, le curateur ou le tuteur fait procéder, en présence du subrogé curateur ou tuteur s'il a été désigné, à un inventaire des biens de la personne protégée et le transmet au juge.

La loi n° 2007-308 du 5 mars 2007 instaure une obligation nouvelle à ce titre : le curateur ou le tuteur doit assurer l'actualisation de cet inventaire au cours de la mesure.

Elle donne par ailleurs à la personne chargée de la mesure de protection les moyens d'établir cet inventaire. Celle-ci peut ainsi obtenir communication de tous renseignements et documents nécessaires auprès de toute personne publique ou privée, sans que puisse lui être opposé le secret professionnel ou le secret bancaire.

Si l'inventaire n'a pas été établi ou se révèle incomplet ou inexact, la personne protégée et, après son décès, ses héritiers peuvent faire la preuve de la valeur et de la consistance de ses biens par tous moyens.

Le décret d'application n° 2008-1276 du 5 décembre 2008 en précise les modalités et le contenu :

– l'inventaire doit être réalisé en présence de la personne protégée, si son état de santé ou son âge le permet, de son avocat le cas échéant, ainsi que, si l'inventaire n'est pas établi par un officier public ou ministériel, de deux témoins majeurs qui ne sont pas au service de la personne protégée ni de la personne exerçant la mesure de protection ;

– il contient une description des meubles meublants, une estimation des biens immobiliers ainsi que des biens mobiliers ayant une valeur de réalisation supérieure à 1 500 €, la désignation des espèces en numéraire et un état des comptes bancaires, des placements et des autres valeurs mobilières ;

– il est daté et signé par les personnes présentes.

Le décret incite ainsi la personne chargée de la mesure de protection à faire établir l'inventaire par notaire ou huissier de justice.

(1) Pour un exemple d'imprimé d'inventaire, voir ***annexe n° 8****.*

131 **Le compte de gestion annuel.** Le curateur, dans le cadre d'une mesure de curatelle renforcée (voir **n° 141**), et le tuteur ont l'obligation de rendre compte de leur gestion chaque année (C. civ., art. 510 et 472, al. 3).

Ils y annexent toutes les pièces justificatives utiles[1]. À l'instar de l'inventaire de patrimoine, la loi leur permet de solliciter des établissements auprès desquels un ou plusieurs comptes sont ouverts au nom de la personne protégée un relevé annuel de ceux-ci, sans que puisse leur être opposé le secret professionnel ou le secret bancaire.

Ils peuvent, ainsi, en application de ces dispositions, requérir le fichier FICOBA[2].

Ils doivent assurer la confidentialité du compte de gestion.

La loi a néanmoins le souci de permettre une certaine transparence :

– à l'égard du majeur protégé et du subrogé curateur ou tuteur s'il en a été désigné un, auxquels une copie du compte et des pièces justificatives doit être remise chaque année ;

– à l'égard des autres personnes chargées de la protection de l'intéressé (notamment si une personne est chargée exclusivement de la protection de la personne du majeur), le curateur ou le tuteur, s'il l'estime utile, pouvant leur remettre les mêmes éléments ;

– à l'égard des proches, le juge pouvant, après avoir entendu la personne protégée et recueilli son accord, si son état le permet, autoriser le conjoint, le partenaire du pacte civil de solidarité, un parent, un allié ou un proche, s'ils justifient d'un intérêt légitime, à se faire communiquer à leur charge par le curateur ou le tuteur une copie du compte et des pièces justificatives ou une partie de ces documents.

*(1) Pour un exemple d'imprimé de compte de gestion, voir **annexe n° 7**.*

(2) Fichier des comptes bancaires dans lequel l'administration fiscale recense l'ensemble des ouvertures, modifications et clôtures de comptes bancaires.

132 **Le compte de gestion définitif (C. civ., art. 514).** La loi n° 2007-308 du 5 mars 2007 définit et délimite la notion de compte de gestion définitif.

Lorsque la mission du curateur (en curatelle renforcée) ou du tuteur prend fin pour quelque cause que ce soit, ce dernier établit un compte de gestion des opérations intervenues depuis l'établissement du dernier compte annuel.

En outre, dans les trois mois qui suivent la fin de sa mission, la personne chargée de la mesure de protection ou ses héritiers si elle est décédée remettent une copie des cinq derniers comptes de gestion et du compte de gestion définitif, selon le cas, à la personne devenue capable si elle n'en a pas déjà été destinataire, à la personne nouvellement chargée de la mesure ou aux héritiers de la personne protégée.

Enfin, le curateur ou le tuteur doit remettre à ces personnes les pièces nécessaires pour continuer la gestion ou assurer la liquidation de la succession, ainsi que l'inventaire initial et les actualisations auxquelles il a donné lieu.

Cette dernière disposition fait écho à celles relatives à la recherche d'héritier (voir **n° 26**), la loi n° 2007-308 du 5 mars 2007 permettant ainsi à la personne chargée de la mesure d'effectuer les actes nécessaires au règlement de la succession du majeur.

133 **La vérification et l'approbation des comptes.** Le curateur en curatelle renforcée ou le tuteur soumet chaque année le compte de gestion, accompagné des pièces justificatives, au greffier en chef du tribunal d'instance en vue de sa vérification (C. civ., art. 511).

En présence d'un subrogé curateur ou tuteur, ce dernier vérifie le compte avant de le transmettre au greffier en chef avec ses observations.

Le greffier en chef a la charge de contrôler les opérations effectuées dans l'année : recettes, dépenses, transferts de fonds.

Il peut, à cette fin, solliciter des établissements auprès desquels un ou plusieurs comptes sont ouverts au nom de la personne protégée un relevé annuel de ceux-ci, sans que puisse lui être opposé le secret professionnel ou le secret bancaire.

Il peut également solliciter le fichier FICOBA afin d'obtenir la liste des comptes ouverts au nom de la personne protégée.

En l'absence d'anomalie, le greffier en chef approuve le compte.

À défaut d'approbation, il transmet le compte de gestion au juge des tutelles accompagné d'un rapport des difficultés rencontrées.

Le juge doit alors statuer sur la conformité du compte.

S'il n'approuve pas le compte, il pourra, suivant la gravité des anomalies, décharger le curateur ou le tuteur de ses fonctions.

Nouveauté résultant de la loi n° 2007-308 du 5 mars 2007, le compte de gestion définitif établi en fin de mesure (voir **n° 132**) est également soumis à la vérification et l'approbation du greffier en chef (C. civ., art. 514).

La loi n° 2007-308 du 5 mars 2007 a surtout voulu faciliter et alléger le rôle du greffier en chef dans le contrôle de gestion.

Ainsi, la loi prévoit que le greffier en chef peut être assisté dans sa mission de contrôle des comptes dans les conditions fixées par le Code de procédure civile (aucun décret n'est paru au jour de la rédaction de cet ouvrage).

Plusieurs hypothèses permettant de décharger le greffier en chef ont été prévues :

– en présence d'un patrimoine important et complexe, si les revenus de la personne protégée le permettent, la mission de vérification et d'approbation du compte de gestion peut être exercée, aux frais de l'intéressé et selon les modalités qu'il fixe, par un technicien (C. civ., art. 513) ;

☞ *Les décrets d'application ne précisent pas qui peut être le technicien désigné (profession libérale, comptable, huissier) ; par ailleurs, si la vérification du compte est particulièrement complexe, son établissement l'est aussi nécessairement ; or, la loi n'a pas prévu que le tuteur, qui n'est la plupart du temps pas un technicien en matière de comptabilité, puisse déléguer cet établissement à un professionnel.*

– à l'inverse, si la mesure de protection n'a pas été confiée à un mandataire judiciaire à la protection des majeurs, le juge peut, en considération de la modicité des revenus et du patrimoine de la personne protégée, dispenser le curateur ou le tuteur d'établir le compte de gestion et de le soumettre à l'approbation du greffier en chef (C. civ., art. 512) ;

☞ *Cette disposition est importante en pratique car elle répond à des situations courantes. Elle pourra notamment concerner les parents d'un enfant handicapé en foyer qui ne perçoit que l'allocation adulte handicapé et dont les dépenses sont globalisées dans une somme versée au foyer.*

Elle ne dispense pas de l'établissement d'un inventaire de patrimoine, qui permettra d'apprécier si les conditions de l'article 512 sont remplies, et de son actualisation, qui permettra de vérifier si les conditions sont toujours réunies.

– le juge peut décider que la mission de vérification et d'approbation des comptes sera exercée par le subrogé curateur ou tuteur (C. civ., art. 511, al. 5) ;

– lorsque le conseil de famille délibère sans le juge des tutelles et qu'un mandataire judiciaire à la protection des majeurs a été désigné en qualité de tuteur, le juge peut confier la vérification et approbation des comptes au conseil de famille (C. civ., art. 511, al. 6) (voir **n° 116**).

Sous-section 6
La prescription des actions relatives aux faits de la curatelle ou de la tutelle

134 **La durée de la prescription.** Suivant l'article 515 du Code civil, l'action en reddition de comptes, en revendication ou en paie-

ment diligentée par la personne protégée ou ayant été protégée ou par ses héritiers relativement aux faits de la tutelle se prescrit par cinq ans à compter de la fin de la mesure, alors même que la gestion aurait continué au-delà.

Cette disposition, dans un souci de sécurité juridique, détermine ainsi précisément le point de départ du délai, mettant fin à la théorie de la tutelle de fait qui repoussait ce point de départ jusqu'à la fin des actes de gestion du tuteur.

Ces dispositions s'appliquent également à la curatelle, par renvoi de l'article 472, alinéa 3 du Code civil.

Sous-section 7
La sanction des actes irréguliers

1. Les actes accomplis avant l'ouverture d'une mesure de protection

135 **L'action en réduction ou en nullité.** En plus de l'action en nullité pour trouble mental de l'article 414-2 du Code civil, l'article 464 du Code civil prévoit une période suspecte avant le jugement d'ouverture d'une mesure de curatelle ou de tutelle permettant de remettre en cause les actes accomplis par le majeur, soit par l'action en réduction, soit par l'action en nullité.

Ainsi, les obligations résultant des actes accomplis par la personne protégée moins de deux ans avant la publicité du jugement d'ouverture peuvent être réduites sur la seule preuve que son inaptitude à défendre ses intérêts, par suite de l'altération de ses facultés personnelles, était notoire ou connue du cocontractant à l'époque où les actes ont été passés.

L'annulation de ces actes ne sera possible que s'il est justifié d'un préjudice subi par le majeur.

136 **L'exercice de l'action en réduction ou en nullité.** L'action doit être introduite dans les cinq ans de la date du jugement d'ouverture, le principe suivant lequel la prescription ne court pas contre un majeur en tutelle étant écarté.

Même si le texte ne le précise pas, cette action pourra être exercée, compte tenu de leurs pouvoirs, par le tuteur ou le majeur avec l'assistance du curateur.

Le curateur pourra également l'exercer seul en cas de refus ou d'inaction du majeur sur le fondement de l'article 469, alinéa 2 du Code civil qui lui permet, sur autorisation du juge, d'agir à sa place s'il compromet gravement ses intérêts.

2. Les actes accomplis après l'ouverture d'une mesure de protection

137 **L'action en rescision, en réduction ou en nullité.** Les dispositions éparses antérieures à la loi n° 2007-308 du 5 mars 2007 et les solutions jurisprudentielles en la matière sont rassemblées en un seul article (C. civ., art. 465).

Ainsi, à compter de la publicité du jugement d'ouverture, l'irrégularité des actes accomplis par la personne protégée ou par la personne chargée de la mesure de protection est sanctionnée de la façon suivante :

– 1° si la personne protégée a accompli seule un acte qu'elle pouvait faire sans l'assistance ou la représentation de la personne chargée de la protection, l'acte reste sujet aux actions en rescision ou en réduction prévues à l'article 435 du Code civil, comme s'il avait été accompli par une personne placée sous sauvegarde de justice, à moins qu'il ait été expressément autorisé par le juge ou par le conseil de famille s'il a été constitué, en application des articles 471 et 473, alinéa 2 du Code civil ;

– 2° si la personne protégée a accompli seule un acte pour lequel elle aurait dû être assistée, l'acte ne peut être annulé que s'il est établi que celle-ci a subi un préjudice ;

– 3° si la personne protégée a accompli seule un acte pour lequel elle aurait dû être représentée, l'acte est nul de plein droit sans qu'il soit nécessaire de justifier un préjudice ;

– 4° si le tuteur ou le curateur a accompli seul un acte qui aurait dû être fait par la personne protégée soit seule, soit avec son assistance ou qui ne pouvait être accompli qu'avec l'autorisation du juge ou du conseil de famille s'il a été constitué, l'acte est nul de plein droit sans qu'il soit nécessaire de justifier d'un préjudice.

L'article 466 du Code civil précise, par ailleurs, que ces dispositions ne font pas obstacle à l'exercice de l'action en nullité pour trouble mental prévue par les articles 414-1 et 441-2 du Code civil.

138 **L'exercice de l'action en rescision, en réduction ou en nullité.** S'agissant des conditions d'exercice des actions en rescision et en réduction, il sera renvoyé à la sauvegarde de justice (voir **n°s 80 à 82**).

L'article 465 du Code civil prévoit que le juge ou le conseil de famille peut autoriser le tuteur ou le curateur à engager seul l'action en nullité, en rescision ou en réduction des actes prévus aux 1°, 2° et 3° susvisés (voir **n° 137**).

Le texte ne précise pas quels sont les autres titulaires de l'action en nullité.

La nullité des actes passés par un majeur protégé étant une nullité relative, seuls le majeur en curatelle, avec l'assistance de son curateur en application de l'article 468, alinéa 3 du Code civil, et les héritiers de la personne protégée devraient pouvoir, outre le curateur et le tuteur, l'exercer.

L'action en rescision, en réduction ou en nullité ne pourra être engagée que lorsque le jugement d'ouverture de la mesure de protection sera opposable aux tiers, conformément à l'article 444 du Code civil, soit deux mois après sa publication en marge de l'acte de naissance du majeur, sauf si le tiers en a eu personnellement connaissance.

Le délai de prescription de l'action est de cinq ans (C. civ., art. 1304, al. 1).

Le point de départ du délai court à compter du jour où le majeur a eu connaissance de l'acte, alors qu'il était en situation de le refaire valablement (C. civ., art. 1304, al. 3).

Cette expression « alors qu'il était en situation de le refaire valablement » pose une difficulté d'interprétation. Selon J. MASSIP[(1)], le délai pour agir en nullité pour trouble mental court à compter du jour où le majeur a eu connaissance de l'acte après cessation du régime de protection.

Le délai ne court contre les héritiers de la personne en tutelle ou en curatelle que du jour du décès, s'il n'a commencé à courir auparavant.

Pendant le délai de prescription de cinq ans prévu à l'article 1304 du Code civil et tant que la mesure de protection est ouverte, les actes prévus au 4° susvisé (voir **n° 137**) peuvent être confirmés avec l'autorisation du juge des tutelles ou du conseil de famille s'il a été constitué.

(1) Jacques MASSIP, Les incapacités, *Répertoire du notariat Defrénois, n° 764.*

Section 2
Le fonctionnement de la curatelle

Sous-section 1
Les dispositions générales

139 **La répartition des pouvoirs entre le majeur et le curateur.** Les principes de la répartition des pouvoirs entre la personne protégée et le curateur issus du régime de la loi n° 68-5 du 3 janvier 1968 sont globalement repris par celle du 5 mars 2007, mais le curateur dispose de prérogatives plus importantes.

Selon l'article 467, alinéa 1 du Code civil, la personne en curatelle ne peut, sans l'assistance du curateur, faire aucun acte qui, en cas de tutelle, requerrait une autorisation du juge ou du conseil de famille.

Par renvoi à l'article 504 du Code civil, sauf acte soumis à un régime spécial, le majeur peut ainsi accomplir seul les actes conservatoires et les actes d'administration nécessaires à la gestion de son patrimoine.

Les actes de disposition nécessitent, par conséquent, l'assistance du curateur. Sur la distinction entre les actes d'administration et de disposition, voir **n°s 152 et s.**

Lors de la conclusion d'un acte écrit, cette assistance se manifeste par l'apposition de la signature du curateur à côté de celle de la personne protégée (C. civ., art. 467, al. 2).

Par ailleurs, à peine de nullité, toute signification faite à la personne protégée l'est également au curateur (C. civ., art. 467, al. 3).

La personne protégée conservant le pouvoir de prendre les décisions (seule ou avec l'assistance du curateur), le curateur ne peut, sauf exception (voir **n° 140**), s'y substituer pour agir en son nom (C. civ., art. 469, al. 1).

Si le curateur refuse son assistance à un acte pour lequel son concours est requis, la personne en curatelle peut demander au juge des tutelles l'autorisation de l'accomplir seule (C. civ., art. 469, al. 3), le juge des tutelles ne pouvant statuer qu'après avoir entendu ou appelé le curateur (CPC, art. 1257).

Le juge peut à tout moment, conformément à l'article 471 du Code civil, par dérogation à l'article 467, réduire ou accroître les prérogatives du majeur en curatelle en énumérant certains actes qu'il aura la capacité de faire seul ou, à l'inverse, en ajoutant d'autres actes à ceux pour lesquels l'assistance du curateur est exigée.

Sur le plan procédural, la limitation des actes que le majeur peut faire seul constitue une aggravation de la mesure nécessitant le respect de la procédure prévue par l'article 1228 du Code de procédure civile (impossibilité de saisine d'office, certificat d'un médecin inscrit, audition, avis du ministère public, audience et jugement ; voir **nos 44 et s.**).

À l'inverse, l'accroissement des prérogatives de la personne protégée est une simple modification de la mesure de protection qui nécessite seulement, en application de l'article 442, alinéa 4 du Code civil, un avis médical[(1)] et l'audition de la personne protégée, le juge pouvant, par ailleurs, se saisir d'office.

Seuls les actes accomplis en application de l'article 467 du Code civil sont visés. Par conséquent, les actes faisant l'objet de dispositions particulières prévues par d'autres articles ne peuvent faire l'objet d'un tel aménagement sur la liste du procureur de la République.

*(1) Cet avis médical n'est pas nécessairement celui du médecin inscrit (voir **n°s 142 et s.**).*

140 **Les actes que le curateur peut faire seul.** La loi n° 2007-308 du 5 mars 2007 donne de nouvelles possibilités au curateur.

Ainsi, s'il constate que la personne en curatelle compromet gravement ses intérêts, le curateur peut saisir le juge pour être autorisé à accomplir seul un acte déterminé ou provoquer l'ouverture de la tutelle (C. civ., art. 469, al. 2).

☞ *Le texte ne précise rien quant aux actes relatifs à la personne du majeur. Une sous-section spécifique du Code civil lui étant consacrée qui ne permet que l'assistance du majeur en curatelle, l'article 469, alinéa 2 du Code civil ne devra évidemment être appliqué qu'en matière patrimoniale.*

Par ailleurs, en curatelle renforcée, le juge peut autoriser le curateur à conclure seul un bail d'habitation ou une convention d'hébergement assurant le logement de la personne protégée.

Il conviendra toutefois, même si sa signature n'est pas nécessaire, de recueillir à un moment ou un autre l'accord du majeur qui choisit en principe seul le lieu de sa résidence, conformément à l'article 459-2, alinéa 1 du Code civil.

141 **La curatelle renforcée.** Le juge peut confier au curateur, conformément à l'article 472 du Code civil, la gestion des revenus de la personne protégée.

Il peut le faire à tout moment.

S'il le fait après le jugement d'ouverture, il devra, s'agissant d'une aggravation de la mesure de protection, respecter la procédure prévue par l'article 1228 du Code de procédure civile : certificat d'un médecin inscrit, audition, avis du ministère public, audience et jugement (voir **n°s 44 et s.**).

Le curateur perçoit alors seul les revenus du majeur sur un compte ouvert au nom de ce dernier et assure le règlement des dépenses auprès des tiers.

L'excédent des revenus doit être versé sur un compte laissé à la disposition du majeur ou versé entre ses mains.

☞ *La notion d'excédent des revenus doit s'apprécier avec bon sens.*

La loi n° 2007-308 du 5 mars 2007 a abandonné la notion de « gestion en bon père de famille » et parle désormais de « soins prudents, diligents et avisés » (C. civ., art. 496, al. 2). C'est au regard de ces critères que le curateur doit exercer son action.

Il pourra ainsi, dans les dépenses, provisionner mensuellement les dépenses périodiques nécessaires (impôts, assurance, énergie, etc.) ou les dépenses prévisibles (loisirs, vêtements, réparations, etc.).

L'excédent représentera la différence entre les revenus de la personne protégée et l'ensemble de ces dépenses.

L'épargne qui n'est pas absolument nécessaire aux dépenses courantes devrait faire l'objet d'un accord avec la personne protégée, être proportionnelle à ses revenus et ne saurait entraîner une réduction de son train de vie.

*Si l'excédent des revenus est important et qu'il existe des risques quant à son utilisation, le juge pourra toujours réduire les pouvoirs du majeur en appliquant les dispositions de l'article 471 du Code civil (voir **n° 139**).*

*L'article 472 du Code civil prévoit, de manière surprenante, l'ouverture d'un deuxième compte sur lequel sera versé cet excédent (sauf s'il est remis directement au majeur), alors que l'article 427 entendait limiter la modification d'un compte ou l'ouverture de nouveaux comptes (voir **n°s 31 et s.**).*

L'application combinée de ces deux dispositions impose au curateur de solliciter quasi systématiquement du juge l'autorisation d'ouvrir un deuxième compte pour verser les quelques centaines d'euros qui reviendront au majeur avec le risque que ce dernier n'utilise pas ce compte à bon escient.

Cela entraînera, par ailleurs, une multiplication des frais bancaires pour des majeurs qui, dans la majorité des dossiers, disposent de revenus limités et incitera les curateurs, en particulier les mandataires judiciaires à la protection des majeurs, à concentrer les comptes dans les établissements bancaires qui offriront des conditions d'utilisation économiques, pratiques et sûres.

La volonté du législateur était pourtant de limiter les risques d'abus résultant des relations privilégiées que les associations tutélaires pouvaient instaurer avec certains établissements bancaires.

Le curateur doit, dans le cadre de la curatelle renforcée, établir un inventaire de patrimoine et un compte de gestion annuel (voir **n°s 130 et s.**).

Par ailleurs, en curatelle renforcée, le juge peut autoriser le curateur à conclure seul un bail d'habitation ou une convention d'hébergement assurant le logement de la personne protégée.

Il conviendra toutefois, même si sa signature n'est pas nécessaire, de recueillir à un moment ou un autre l'accord du majeur qui choisit en principe seul le lieu de sa résidence, conformément à l'article 459-2, alinéa 1 du Code civil.

Sous-section 2
Les dispositions spécifiques à certains actes

142 **Les actions en justice.** Le majeur en curatelle doit être assisté par son curateur pour introduire une action en justice ou y défendre (C. civ., art. 468, al. 3).

Cependant, s'il s'agit d'une action n'ayant pas un caractère patrimonial, les dispositions relatives à la protection de la personne devraient s'appliquer. S'il s'agit d'une action impliquant un consentement strictement personnel (par exemple, une action en reconnaissance d'enfant naturel) ou si aucune mission d'assistance n'a été confiée au curateur, le majeur devrait pouvoir agir seul.

En revanche, si une mission d'assistance a été confiée au curateur en application de l'article 459, alinéa 1 du Code civil, l'action relative à un droit extrapatrimonial étant, suivant le décret n° 2008-1484 du 22 décembre 2008, un acte de disposition, l'assistance du curateur sera exigée.

143 **La réception et l'emploi des capitaux.** Les capitaux revenant à la personne en curatelle sont versés directement sur un compte ouvert à son seul nom et mentionnant son régime de protection, auprès d'un établissement habilité à recevoir des fonds du public (C. civ., art. 438, al. 1).

Le texte ne le précise pas, mais s'agissant d'un acte d'administration, la réception des capitaux peut être effectuée par le majeur seul. Sur la distinction entre les actes d'administration et de disposition, voir **n° 153**.

Il s'agit en tout état de cause d'une obligation, le curateur pourrait, par conséquent, suppléer la carence du majeur en effectuant lui-même l'opération sur autorisation du juge en application de l'article 469, alinéa 2 du Code civil (voir **n° 140**).

En pratique le curateur devra donc toujours s'assurer que ces capitaux ont bien été versés sur un compte auprès d'un établissement habilité.

Par ailleurs, une fois que les fonds ont été déposés, la personne en curatelle ne peut, sans l'assistance du curateur, faire emploi de ces capitaux (C. civ., art. 468, al. 2).

144 **Les libéralités (C. civ., art. 470).** La personne en curatelle peut librement tester, à condition évidemment que lors de la conclusion de l'acte elle soit saine d'esprit. Dans le cas contraire, l'acte pourrait être annulé sur le fondement de l'article 901 du Code civil.

Elle ne peut faire de donation qu'avec l'assistance du curateur qui est réputé en opposition d'intérêts s'il en est le bénéficiaire.

On rappellera que les mandataires judiciaires à la protection des majeurs et les personnes morales au nom desquelles ils exercent leurs fonctions ne peuvent profiter des dispositions entre vifs ou testamentaires que les personnes dont ils assurent la protection auraient faites en leur faveur, quelle que soit la date de la libéralité (C. civ., art. 909, al. 2).

145 **Les conventions matrimoniales.** Le majeur en curatelle ne peut passer de conventions matrimoniales sans être assisté, dans le contrat, de son curateur (C. civ., art. 1399).

À défaut de cette assistance, l'annulation des conventions peut être poursuivie dans l'année du mariage, soit par la personne protégée, soit par le curateur.

Lorsque l'un ou l'autre des époux fait l'objet d'une mesure de protection juridique, le changement ou la modification du régime matrimonial est soumis à l'autorisation préalable du juge des tutelles ou du conseil de famille s'il a été constitué (C. civ., art. 1397, al. 7).

146 **Le divorce.** La loi n° 2007-308 du 5 mars 2007 n'a pas modifié les conditions relatives au divorce des majeurs protégés résultant de la loi n° 2004-439 du 26 mai 2004 réformant le divorce.

Un majeur en curatelle reste ainsi dans l'impossibilité de divorcer par consentement mutuel ou pour acceptation du principe de la rupture du mariage (C. civ., art. 249-4).

Le majeur exerce l'action lui-même, avec l'assistance du curateur.

Si le majeur est défendeur à l'action en divorce, celle-ci est exercée contre le majeur, assisté de son curateur (C. civ., art. 249-1).

Il conviendra évidemment de désigner un curateur *ad hoc* si l'époux est le curateur du majeur.

☞ *Il aurait été opportun que le législateur, dans le cadre de la loi n° 2007-308 du 5 mars 2007, modifie les conditions du divorce du majeur protégé.*

On peut se demander en effet si celles-ci ne sont pas en contradiction avec les nouvelles dispositions relatives à la protection de la personne.

Le divorce comporte deux aspects : le principe de la rupture qui résulte d'un choix personnel et sentimental et ses conséquences patrimoniales.

Il apparaît difficilement compréhensible qu'un majeur qui ne ferait pas l'objet d'une assistance pour les actes relatifs à sa personne en application de l'article 459, alinéa 2 du Code civil ne puisse pas divorcer par consentement mutuel.

Le schéma aurait pu être comparable à celui de la rupture du pacte civil de solidarité : décision du majeur quant au principe de la rupture et assistance du curateur pour la liquidation du régime matrimonial.

Section 3
Le fonctionnement de la tutelle

Sous-section 1
La capacité du majeur en tutelle

147 **La représentation du tuteur.** Le principe général de la loi n° 68-5 du 3 janvier 1968 est repris par l'article 473, alinéa 1 du Code civil : sous réserve des cas où la loi ou l'usage autorise la personne en tutelle à agir elle-même, le tuteur la représente dans tous les actes de la vie civile.

Il convient toutefois de rappeler que les actes relatifs à la protection de la personne sont exclus de la représentation, en l'absence de disposition spéciale prise par le juge des tutelles en application de l'article 459, alinéa 2 du Code civil (voir **n°s 120 et s.**).

Le juge peut, par ailleurs, à tout moment, conformément à l'article 473, alinéa 2 du Code civil, réduire ou accroître les prérogatives du majeur en tutelle en énumérant certains actes qu'il aura la capacité de faire seul ou avec l'assistance du tuteur.

La loi n° 2007-308 du 5 mars 2007 n'exige plus de requérir au préalable un avis médical.

148 **Les libéralités (C. civ., art. 476).** La loi n° 2007-308 du 5 mars 2007 permet désormais à la personne en tutelle de faire des donations à toute personne de son choix alors que la loi n° 68-5 du 3 janvier 1968 limitait les donations aux descendants, conjoints et frères et sœurs, en avance sur héritage.

Cet acte requiert l'autorisation préalable du juge des tutelles ou du conseil de famille qui, en fonction de la capacité du majeur, confiera au tuteur la mission de l'assister ou de le représenter.

L'article 909 du Code civil prohibe cependant les donations au profit d'un mandataire judiciaire à la protection des majeurs.

Les testaments accomplis effectués après l'ouverture d'une mesure de tutelle ne sont plus interdits dans la loi n° 2007-308 du 5 mars 2007.

Ils nécessitent l'autorisation préalable du juge des tutelles ou du conseil de famille, à peine de nullité, et, s'agissant d'un acte ayant, au moins en partie, un caractère personnel, ne peuvent faire l'objet d'une assistance ou d'une représentation du tuteur.

La personne en tutelle peut, par ailleurs, révoquer seule son testament, qu'il ait été établi antérieurement ou postérieurement à l'ouverture de la tutelle.

Enfin, le testament fait antérieurement à l'ouverture de la tutelle reste valable à moins qu'il ne soit établi que, depuis cette ouverture, la cause qui avait déterminé le testateur à disposer a disparu.

On rappellera que les mandataires judiciaires à la protection des majeurs et les personnes morales au nom desquelles ils exercent leurs fonctions ne peuvent profiter des dispositions entre vifs ou testamentaires que les personnes dont ils assurent la protection auraient faites en leur faveur, quelle que soit la date de la libéralité (C. civ., art. 909, al. 2).

149 **Les conventions matrimoniales.** Comme le majeur en curatelle, le majeur en tutelle ne peut passer de conventions matrimoniales sans être assisté, dans le contrat, de son tuteur (C. civ., art. 1399).

À défaut de cette assistance, l'annulation des conventions peut être poursuivie dans l'année du mariage, soit par la personne protégée, soit par le tuteur.

Lorsque l'un ou l'autre des époux fait l'objet d'une mesure de protection juridique, le changement ou la modification du régime matrimonial est soumis à l'autorisation préalable du juge des tutelles ou du conseil de famille (C. civ., art. 1397, al. 7).

150 **Le droit de vote.** Avant la loi n° 2007-308 du 5 mars 2007, les majeurs en tutelle perdaient automatiquement leur droit de vote et le juge des tutelles pouvait, en application de l'article L. 5 du Code électoral, le leur restituer.

Dorénavant le schéma est inversé : le juge des tutelles doit, en application de l'article L. 5 susvisé, lorsqu'il ouvre ou renouvelle une mesure de tutelle, statuer sur le maintien ou la suppression du droit de vote.

☞ *En cas d'omission de statuer, l'esprit de la loi voudrait que le majeur continue de bénéficier du droit de vote.*

La question pourra éventuellement se poser du droit de vote des majeurs placés en tutelle antérieurement au 1er janvier 2009, date d'entrée en vigueur de la loi n° 2007-308 du 5 mars 2007 et dont la mesure n'aura pas été renouvelée.

La loi étant applicable à ces mesures, il serait possible de considérer que ces majeurs ont recouvré le droit de vote à compter du 1er janvier 2009 (L. n° 2007-308 du 5 mars 2007, art. 45-II).

151 **Le divorce.** La loi n° 2007-308 du 5 mars 2007 n'a pas modifié les conditions relatives au divorce des majeurs protégés résultant de la loi n° 2004-439 du 26 mai 2004 réformant le divorce.

Un majeur en tutelle reste ainsi dans l'impossibilité de divorcer par consentement mutuel ou pour acceptation du principe de la rupture du mariage (C. civ., art. 249-4).

S'il est demandeur à l'action en divorce, le tuteur devra représenter le majeur dans la procédure, après autorisation du juge des tutelles ou du conseil de famille, qui statuera après avis du médecin traitant et, dans la mesure du possible, audition du majeur (C. civ., art. 249, al. 1).

Le juge des tutelles pourra toutefois autoriser la personne protégée à agir seule, en faisant application de l'article 473 alinéa 2.

Si le majeur est défendeur à l'action en divorce, celle-ci est exercée contre le tuteur (C. civ., art. 249-1).

Il conviendra évidemment de désigner un tuteur *ad hoc* si l'époux est le tuteur du majeur.

☞ *Il aurait été opportun que le législateur, dans le cadre de la loi n° 2007-308 du 5 mars 2007, modifie les conditions du divorce.*

On peut se demander en effet si celles-ci ne sont pas en contradiction avec les nouvelles dispositions relatives à la protection de la personne.

Le divorce comporte deux aspects : le principe de la rupture qui résulte d'un choix personnel et sentimental et ses conséquences patrimoniales.

Il apparaît difficilement compréhensible qu'un majeur qui ne ferait pas l'objet d'une assistance ou d'une représentation pour les actes relatifs à sa personne en application de l'article 459, alinéa 2 du Code civil ne puisse pas divorcer par consentement mutuel.

Le schéma aurait pu être comparable à celui de la rupture du pacte civil de solidarité : décision du majeur quant au principe de la rupture et assistance ou représentation du tuteur pour la liquidation du régime matrimonial.

Sous-section 2
La gestion du patrimoine du majeur en tutelle

1. Les dispositions générales

152 **Le rôle du tuteur.** Conformément à l'article 496 du Code civil, le tuteur représente la personne protégée dans les actes nécessaires à la gestion de son patrimoine.

Les critères d'intervention du tuteur sont modernisés : la notion de « gestion en bon père de famille » est remplacée par celle de « soins prudents, diligents et avisés, dans le seul intérêt de la personne protégée ».

153 **La distinction entre les actes d'administration et les actes de disposition.** La loi n° 2007-308 du 5 mars 2007 a entendu définir et énumérer les actes d'administration et les actes de disposition qui délimitent, dans le fonctionnement des régimes de protection, le champ d'intervention du curateur en curatelle et du juge des tutelles ou du conseil de famille en tutelle.

Les actes d'administration peuvent en effet être accomplis par le majeur en curatelle ou le tuteur seuls, tandis que les actes de disposition doivent être accomplis avec l'assistance du curateur en curatelle ou l'autorisation du juge des tutelles, ou du conseil de famille, en tutelle.

La loi contient elle-même des dispositions spécifiques à certains actes.

Pour les autres, elle donne une définition générale et renvoie au décret n° 2008-1484 du 22 décembre 2008 relatif aux actes de gestion du patrimoine des personnes placées en curatelle ou en tutelle, pris en application des articles 452, 469 et 502 du Code civil.

Ainsi, les actes d'administration sont ceux relatifs à la gestion courante du patrimoine et les actes de disposition sont ceux qui engagent celui-ci de manière durable et substantielle (C. civ., art. 496 al. 3).

Le décret définit plus précisément ces deux notions.

Les actes d'administration sont les actes d'exploitation ou de mise en valeur du patrimoine de la personne protégée dénués de risque anormal.

Les actes de disposition sont ceux qui engagent le patrimoine de la personne protégée, pour le présent ou l'avenir, par une modification importante de son contenu, une dépréciation significative de sa valeur en capital ou une altération durable des prérogatives de son titulaire.

Le décret énumère ensuite une liste d'actes qui sont regardés comme des actes d'administration ou de disposition.

Il sera renvoyé au tableau annexé audit décret (voir **annexe n° 10**). Les actes figurant dans la colonne 1 de l'annexe 1 sont considérés comme des actes d'administration.

Les actes de disposition sont énumérés dans la colonne 2 de l'annexe 1.

Une seconde liste non exhaustive d'actes est énumérée dans l'annexe 2 du décret.

En colonne 1 figurent des actes considérés comme des actes d'administration, à moins que les circonstances d'espèce ne permettent pas au tuteur de considérer qu'ils répondent à la définition susvisée en raison de leurs conséquences importantes sur le contenu ou la valeur du patrimoine de la personne protégée, sur les prérogatives de celle-ci ou sur son mode de vie.

En colonne 2 figurent des actes regardés comme des actes de disposition, à moins que les circonstances d'espèce ne permettent pas au tuteur de considérer qu'ils répondent à la définition susvisée en raison de leurs faibles conséquences sur le contenu ou la valeur du patrimoine de la personne protégée, sur les prérogatives de celle-ci ou sur son mode de vie.

☞ *L'importance des prérogatives laissées au tuteur est remarquable dans la mesure où ce dernier appréciera seul, pour ces actes, s'il y a lieu de saisir le juge des tutelles, ou le conseil de famille.*

154 **Le rôle du subrogé tuteur.** Dans le cadre de la gestion du patrimoine du majeur en tutelle, le subrogé tuteur atteste auprès du juge du bon déroulement des opérations que le tuteur a l'obligation d'accomplir, et notamment de l'emploi ou du remploi des capitaux opéré conformément aux prescriptions du conseil de famille ou du juge des tutelles (C. civ., art. 497).

155 **Le rôle des tiers.** L'article 499 du Code civil donne un rôle nouveau aux tiers dans le cadre de la surveillance des mesures de tutelle, ces derniers pouvant informer le juge des actes ou omissions qui leur paraissent de nature à porter préjudice aux intérêts de la personne protégée.

Les risques en termes de responsabilité sont cependant limités, s'agissant d'une simple possibilité et non d'une obligation.

Conformément à la jurisprudence antérieure reprise par la loi n° 2007-308 du 5 mars 2007, les tiers ne sont pas garants de l'emploi des capitaux par le tuteur (voir note sous Cass. civ. 1re, 20 mars 1989, *Bull. civ. I*,1989, n° 126, p. 82).

Toutefois, si à l'occasion de cet emploi ils ont connaissance d'actes ou d'omissions qui compromettent manifestement l'intérêt de la personne protégée, ils en avisent le juge.

Dans ce cas, il ne s'agit plus d'une simple possibilité, mais d'une obligation.

Une nouvelle responsabilité pèse, par conséquent, sur les établissements bancaires qui ne pourront ignorer les abus manifestes.

Enfin, la tierce opposition contre les autorisations du conseil de famille ou du juge ne peut être exercée que par les créanciers de la personne protégée et en cas de fraude à leurs droits.

156 **Le rôle du juge et du conseil de famille.** Conformément à son rôle traditionnel, le juge (ou le conseil de famille) statue sur les autori-

sations que le tuteur sollicite pour les actes qu'il ne peut accomplir seul (C. civ., art. 502 al. 1).

Les autorisations du conseil de famille peuvent toutefois être suppléées par celle du juge si les actes portent sur des biens dont la valeur en capital n'excède pas la somme de 50 000 € (C. civ., art. 502, al. 2 et D. n° 2008-1484 du 22 déc. 2008, art. 4).

Le juge n'a pas le pouvoir d'initiative, il dispose seulement d'une sorte de droit de veto contre les actes envisagés par le tuteur qui ne lui apparaîtraient pas conformes à l'intérêt du majeur.

On relèvera toutefois une exception à cette répartition des pouvoirs. Le juge peut enjoindre au tuteur de faire valoir un droit extrapatrimonial de la personne protégée, de se désister de l'instance ou de l'action en justice ou de transiger (C. civ., art. 475 al. 2).

Le juge des tutelles doit statuer sur les requêtes qui lui sont présentées dans le délai de trois mois à compter de leur réception à moins qu'elles ne nécessitent le recueil d'éléments d'information, la production de pièces complémentaires, le recours à une mesure d'instruction ou toute autre investigation. Dans ce cas, le juge en avertit le requérant et l'informe de la date prévisible à laquelle la décision sera rendue (CPC, art. 1229).

Cette obligation n'est toutefois assortie d'aucune sanction.

L'article 500 du Code civil donne une nouvelle tâche au juge des tutelles, ou au conseil de famille, qui devra, sur proposition du tuteur, arrêter le budget de la tutelle en déterminant, en fonction de l'importance des biens de la personne protégée et des opérations qu'implique leur gestion, les sommes annuellement nécessaires à l'entretien de celle-ci et au remboursement des frais d'administration de ses biens.

☞ *Compte tenu du nombre de mesures et de la charge des mandataires judiciaires et des juges des tutelles, ces dispositions seront extrêmement difficiles à mettre systématiquement en application.*

La mise en place d'un budget est néanmoins intéressante pour les budgets importants ou complexes notamment parce qu'elle permet d'éviter la multiplication des autorisations ponctuelles postérieures à l'ouverture de la mesure de protection.

Le juge ou le conseil de famille, dans ce cadre, peut autoriser le tuteur à inclure dans les frais de gestion la rémunération des administrateurs particuliers dont il demande le concours sous sa propre responsabilité.

Il peut, par ailleurs, autoriser le tuteur à conclure un contrat pour la gestion de valeurs mobilières et instruments financiers de la personne protégée.

Le tiers contractant est choisi en considération de son expérience professionnelle et de sa solvabilité.

Le contrat peut, à tout moment et nonobstant toute stipulation contraire, être résilié au nom de la personne protégée.

Le juge, ou le conseil de famille, détermine la somme à partir de laquelle commence, pour le tuteur, l'obligation d'employer les capitaux liquides et l'excédent des revenus du majeur (C. civ., art. 501) (voir **n° 3**).

Il prescrit, à cet effet, toutes les mesures qu'il juge utiles quant à l'emploi ou au remploi des fonds soit par avance, soit à l'occasion de chaque opération. L'emploi ou le remploi est réalisé par le tuteur dans le délai fixé par la décision qui l'ordonne et de la manière qu'elle prescrit. Passé ce délai, le tuteur peut être déclaré débiteur des intérêts.

Il peut, en outre, ordonner que certains fonds soient déposés sur un compte indisponible.

Enfin, le juge, ou le conseil de famille, peut, s'il l'estime nécessaire, compte tenu de la situation de la personne protégée, ouvrir les comptes de gestion du patrimoine de la personne protégée exclusivement auprès de la Caisse des dépôts et consignations.

☞ *Afin d'éviter la multiplication des requêtes, l'établissement du budget du majeur pourra être l'occasion de déterminer à l'avance les modalités de l'emploi de l'excédent des revenus et des capitaux en autorisant des placements permanents, en bloquant certains comptes ou, à l'inverse, en laissant certains comptes à la libre disposition du tuteur qui pourra les utiliser pour régler certaines dépenses courantes sans solliciter l'autorisation du juge ; on peut ainsi imaginer laisser un livret A à disposition du tuteur pour régler des travaux d'entretien courants, des loisirs, etc., dans une limite annuelle déterminée à l'avance par le juge.*

Le budget prévisionnel permettra également d'autoriser à l'avance des prélèvements réguliers sur certains comptes de placement pour faire face par exemple à des dépenses d'hébergement lorsque les revenus de la personne protégée ne suffiront pas.

2. Les actes que le tuteur peut accomplir seul

157 **Les actes d'administration et les actes conservatoires.** Conformément à l'article 504, alinéa 1 du Code civil, le tuteur accomplit seul les actes conservatoires et les actes d'administration nécessaires à la gestion du patrimoine de la personne protégée, sauf évidemment si le juge a prévu que la personne protégée pourrait accomplir des actes seule en application de l'article 473 alinéa 2. Sur la distinction entre les actes d'administration et de disposition, voir **n° 153.**

158 **Les actions en justice relatives à un droit patrimonial.** Conformément à l'article 475 du Code civil, la personne en tutelle est représentée en justice, pour les actions à caractère patrimonial, par le tuteur qui peut, conformément à l'article 504, alinéa 2, agir seul, sauf s'il envisage de transiger (C. civ., art. 506) ou d'accomplir un acte de procédure emportant perte du droit d'action, l'autorisation du juge des tutelles ou du conseil de famille étant alors nécessaire (D. n° 2008-1484 du 22 déc. 2008).

159 **Les baux des biens du majeur.** Le tuteur peut donner à bail les biens du majeur mais, dans un souci notamment de protection de son logement, lorsque la personne protégée est devenue capable, le preneur n'a aucun droit de renouvellement et aucun droit à se maintenir dans les lieux à l'expiration du bail, quand bien même il existerait des dispositions légales contraires.

Ces dispositions ne sont toutefois pas applicables aux baux consentis par le majeur avant l'ouverture de la tutelle et renouvelés par le tuteur.

L'objectif est d'éviter notamment qu'un majeur placé sous tutelle et hébergé provisoirement dans un établissement (psychiatrique, hospitalier) ne se voie privé, du fait du tuteur, de son logement après sa rémission.

160 **L'acceptation d'une succession à concurrence de l'actif net.** L'article 507-1 alinéa 1 du Code civil pose désormais comme principe que le tuteur ne peut accepter une succession au nom d'un majeur en tutelle qu'à concurrence de l'actif net selon la nouvelle procédure instaurée par la loi n° 2006-728 du 23 juin 2006 portant réforme des successions et des libéralités, qui remplace l'acceptation sous bénéfice d'inventaire.

Cette nouvelle procédure sera probablement peu utilisée, l'acceptation pure et simple avec l'autorisation du juge des tutelles étant moins contraignante (voir **n° 167**).

161 **La réception des capitaux.** Il appartient au tuteur de verser les capitaux revenant au majeur directement sur un compte ouvert à son seul nom et mentionnant la mesure de tutelle, auprès d'un établissement habilité à recevoir des fonds du public (C. civ., art. 498).

Les modalités d'emploi de ces fonds sont déterminées par le juge, ou le conseil de famille, suivant une ordonnance rendue soit à l'avance, soit après la réception des fonds.

3. Les actes que le tuteur ne peut accomplir qu'avec l'autorisation du juge des tutelles ou du conseil de famille

162 **Les actes de disposition.** Hors le cas des actes soumis à un régime spécial prévu par la loi, le tuteur ne peut, d'une manière générale, sans autorisation du juge des tutelles ou du conseil de famille, faire des actes de disposition au nom de la personne protégée (C. civ., art. 505). Sur la distinction entre les actes d'administration et de disposition, voir **n° 153**.

L'autorisation détermine les stipulations et, le cas échéant, le prix ou la mise à prix pour lequel l'acte est passé.

Elle n'est pas exigée en cas de vente forcée sur décision judiciaire ou en cas de vente amiable sur autorisation judiciaire.

163 **L'emploi des capitaux et de l'excédent des revenus du majeur.** Le juge des tutelles, ou le conseil de famille, détermine la somme à partir de laquelle commence, pour le tuteur, l'obligation

d'employer les capitaux liquides et l'excédent des revenus du majeur protégé (C. civ., art. 501).

Il prescrit toutes les mesures qu'il juge utiles quant à l'emploi ou au remploi des fonds soit par avance, soit à l'occasion de chaque opération.

L'emploi ou le remploi est réalisé par le tuteur dans le délai fixé par la décision qui l'ordonne et de la manière qu'elle prescrit.

Passé ce délai, le tuteur peut être déclaré débiteur des intérêts.

Le juge peut, par ailleurs, ordonner que certains fonds soient déposés sur un compte indisponible.

Le subrogé tuteur, s'il a été désigné, atteste de la conformité de ces opérations aux prescriptions du juge (C. civ., art. 497, al. 2).

Les tiers, s'ils ne sont pas garants de l'emploi des capitaux, doivent aviser le juge des actes ou omissions qui compromettent manifestement l'intérêt de la personne protégée (C. civ., art. 499, al. 2).

164 **La vente d'immeubles, de fonds de commerce ou d'instruments financiers.** La loi n° 2007-308 du 5 mars 2007 (C. civ., art. 505, al. 3) soumet la vente ou l'apport en société d'un immeuble, d'un fonds de commerce ou d'instruments financiers non admis à la négociation sur un marché réglementé à un régime spécial.

Outre l'autorisation préalable du juge des tutelles, ou du conseil de famille, ces actes nécessitent la réalisation d'une mesure d'instruction exécutée par un technicien ou le recueil de l'avis d'au moins deux professionnels qualifiés.

Les instruments financiers non admis à la négociation sur un marché réglementé sont ceux qui sont vendus directement de gré à gré entre deux opérateurs économiques et qui ne sont pas échangés sur les marchés actions, obligataires ou monétaires.

Par ailleurs, en cas d'urgence, le juge des tutelles peut, par décision spécialement motivée prise à la requête du tuteur, autoriser, en lieu et place du conseil de famille, la vente d'instruments financiers à charge qu'il en soit rendu compte sans délai au conseil qui décide du remploi.

C'est évidemment le tuteur et non le juge qui devra rendre compte et solliciter du conseil de famille l'autorisation de remployer les fonds.

165 **Les actions en justice relatives à un droit extrapatrimonial.** Le tuteur ne peut agir à la place du majeur, en demande ou en défense, pour faire valoir les droits extrapatrimoniaux de la personne protégée qu'après autorisation ou sur injonction du juge des tutelles ou du conseil de famille. Ce dernier peut également enjoindre au tuteur de se désister de l'instance ou de l'action ou de transiger (C. civ., art. 475, al. 2).

La jurisprudence aura à se prononcer sur l'application, à ces actions, des dispositions des articles 457-1 et suivants du Code civil relatifs à la protection de la personne du majeur.

Il est certain, par exemple, qu'une action en reconnaissance d'enfant naturel ne pourra pas faire l'objet d'une représentation du tuteur, s'agissant d'un acte dont la nature implique un consentement strictement personnel (C. civ., art. 458).

Mais, d'une manière générale, si le juge n'a pas confié une mission de représentation du majeur en application de l'article 459, alinéa 2, le majeur devrait logiquement, puisque le juge a estimé qu'il était capable d'exprimer sa volonté pour les actes personnels, exercer seul (ou le cas échéant avec l'assistance du tuteur) les actions relatives à un droit extrapatrimonial.

166 **La transaction et le compromis.** Le tuteur ne peut transiger ou compromettre au nom de la personne protégée qu'après avoir fait approuver par le juge des tutelles, ou le conseil de famille, les clauses de la transaction ou du compromis et, le cas échéant, la clause compromissoire (C. civ., art. 506).

167 **L'acceptation pure et simple et la renonciation à une succession.** Si le tuteur ne souhaite pas accepter une succession à concurrence de l'actif net selon la nouvelle procédure instaurée par la loi n° 2006-728 du 23 juin 2006 portant réforme des successions et des libéralités, qui remplace l'acceptation sous bénéfice d'inventaire, il pourra solliciter du juge des tutelles, ou du conseil de famille, l'autorisation de l'accepter purement et simplement si l'actif dépasse manifestement le passif (C. civ., art. 507-1).

L'acceptation pure et simple avec l'autorisation du juge des tutelles étant moins contraignante que l'acceptation à concurrence de l'actif net sera probablement majoritairement utilisée.

Par ailleurs, la renonciation à une succession nécessite toujours l'autorisation du juge ou du conseil de famille.

168 **Le partage.** L'article 507 du Code civil reprend les nouvelles dispositions issues de la loi n° 2006-728 du 23 juin 2006 portant réforme des successions et des libéralités.

Le principe du partage judiciaire est abandonné au profit du partage amiable qui doit être établi après autorisation du juge des tutelles ou du conseil de famille, qui désigne, s'il y a lieu, un notaire pour y procéder.

Le partage peut n'être que partiel.

Outre le tuteur et les membres du conseil de famille, toutes les autres parties intéressées au partage peuvent contester la décision du juge, ou du conseil de famille (C. proc. civ., art. 1239-1).

L'homologation du partage par le tribunal de grande instance est supprimée.

Dorénavant, l'état liquidatif est soumis à l'approbation du juge ou du conseil de famille.

Le partage judiciaire devient subsidiaire et il y sera procédé conformément aux articles 840 et 842 du Code civil.

À défaut de partage amiable dans les conditions susvisées ou de partage judiciaire, tout autre partage sera considéré comme provisionnel.

5. Les actes interdits au tuteur

L'article 509 du Code civil établit une liste d'actes que le tuteur ne peut accomplir, même avec une autorisation. Cette liste reprend, à quelques exceptions, les interdictions déjà existantes sous l'empire des lois n° 64-1230 du 14 décembre 1964 et n° 68-5 du 3 janvier 1968.

169 **Les actes à titre gratuit.** L'alinéa 1 de l'article 509 interdit les actes qui emportent une aliénation gratuite des biens ou des droits de la personne protégée, sauf ce qui est dit à propos des donations.

Une liste non limitative d'actes interdits est établie par la loi :

- la remise de dette ;

- la renonciation gratuite à un droit acquis ;

- la renonciation anticipée à l'action en réduction visée aux articles 929 à 930-5 du Code civil ;

- la mainlevée d'hypothèque ou de sûreté sans paiement ;

- la constitution gratuite d'une servitude ou d'une sûreté pour garantir la dette d'un tiers.

170 **L'acquisition d'une créance contre la personne protégée.** L'article 509, alinéa 2 interdit au tuteur d'acquérir d'un tiers un droit ou une créance que ce dernier détient contre la personne protégée.

171 **L'exercice d'un commerce.** Le tuteur ne peut exercer le commerce ou une profession libérale au nom de la personne protégée (C. civ., art. 509, al. 3).

172 **L'acquisition ou la location des biens de la personne protégée.** Le tuteur ne peut acheter les biens de la personne protégée ainsi que les prendre à bail ou à ferme.

Toutefois, il peut, s'il n'est pas mandataire judiciaire à la protection des majeurs, sur autorisation du juge ou du conseil de famille, acheter les biens de la personne protégée ou les prendre à bail ou à ferme, à titre exceptionnel et dans l'intérêt de celle-ci (C. civ., art. 508).

Dans ce cas, le tuteur étant réputé être en opposition d'intérêts avec la personne protégée, un tuteur *ad hoc* devra être désigné pour effectuer l'opération.

173 **La souscription d'un contrat d'assurance décès.** Conformément à l'article L. 132-3 du Code des assurances, il est interdit de contracter une assurance en cas de décès sur la tête d'un majeur en

tutelle et, plus généralement, d'une personne placée dans un établissement psychiatrique d'hospitalisation.

Le tuteur ne peut donc contracter une assurance décès pour le compte d'une personne en tutelle ou autoriser, en application de l'article L. 132-2, la souscription d'une assurance par un tiers sur la tête de la personne protégée.

Toute assurance contractée en violation de cette prohibition est nulle et sanctionnée pénalement d'une amende d'un montant de 4 500 €.

La nullité est prononcée sur demande de l'assureur, du souscripteur ou du tuteur.

Chapitre 5

Le mandat de protection future

174 **Définition.** Le mandat de protection future[1] est l'une des principales innovations de la loi n° 2007-308 du 5 mars 2007. L'objectif est de permettre la contractualisation de la protection des majeurs et de déjudiciariser une partie des mesures de protection afin, notamment, d'anticiper le vieillissement de la population et l'augmentation corrélative du nombre de mesures.

Il s'agit d'un contrat permettant à une personne encore capable, appelée le « mandant », de désigner à l'avance une autre personne, le mandataire, qui sera chargée de sa protection si elle n'est plus apte à pourvoir seule à ses intérêts en raison d'une altération de ses facultés personnelles. La protection s'exercera sans l'intervention du juge des tutelles et suivant les modalités prévues par le mandat.

La loi crée, par ailleurs, un mandat de protection pour autrui.

(1) Voir doctrine de Jacques MASSIP, « Le mandat de protection future », Gaz. Pal., *13, 14, 15 et 17 juin 2008, p. 5.*

Section 1
Les conditions de formation du mandat de protection future

Sous-section 1
Les conditions tenant au mandant

175 **Le mandat de protection future pour soi-même.** Aux termes de l'article 477, alinéas 1 et 2 du Code civil, toute personne majeure

ou mineure émancipée ne faisant pas l'objet d'une mesure de tutelle peut établir un mandat de protection future.

Le mandant peut charger une ou plusieurs personnes, par un même mandat, de le représenter pour le cas où il ne pourrait plus pourvoir seul à ses intérêts en raison d'une altération de ses facultés mentales ou de ses facultés corporelles de nature à empêcher l'expression de sa volonté.

La personne en curatelle ne peut conclure un tel mandat qu'avec l'assistance de son curateur.

Cette disposition permet d'étendre les hypothèses dans lesquelles un mandat de protection future est envisageable. Un majeur qui aurait, par exemple, été placé en curatelle antérieurement à l'entrée en vigueur de la loi n° 2007-308 du 5 mars 2007 pourrait ainsi anticiper la dégradation de son état de santé et éviter l'ouverture d'une mesure de tutelle.

176 **Le mandat de protection future pour autrui.** L'article 477, alinéa 3 du Code civil permet aux parents qui exercent l'autorité parentale sur un enfant mineur ou assument la charge matérielle et affective de leur enfant majeur, pour le cas où cet enfant ne pourrait plus pourvoir seul à ses intérêts en raison d'une altération de ses facultés mentales ou de ses facultés corporelles de nature à empêcher l'expression de sa volonté, d'établir un mandat désignant une ou plusieurs personnes qui seront chargées de sa protection le jour où le mandant décède ou ne peut plus prendre soin de l'intéressé.

S'agissant d'un enfant mineur, le mandat ne pourra évidemment prendre effet qu'après la majorité de l'enfant, les règles de l'autorité parentale s'appliquant pendant la minorité.

Peuvent avoir la qualité de mandant : les parents ou le dernier vivant des père et mère ne faisant pas l'objet d'une mesure de curatelle ou de tutelle.

Ce mandat ne peut être établi que par acte notarié (C. civ., art. 477, al. 4).

Ces nouvelles dispositions visent clairement à permettre aux parents d'un enfant handicapé de préparer son avenir le jour où ils ne pourront plus assumer sa protection, sans être obligés d'anticiper en sollicitant l'ouverture d'une mesure de protection judiciaire.

Le mandat de protection future pourrait également être établi par le parent d'un enfant majeur placé sous un régime de protection judiciaire antérieurement à l'entrée en vigueur de la loi n° 2007-308 du 5 mars 2007. À son décès ou s'il n'est plus capable, le mandat pourrait prendre effet à condition que le juge des tutelles ordonne, conformément au principe de subsidiarité, la mainlevée de la mesure de protection judiciaire.

Le mandat pourrait, dans cette hypothèse, être source de conflits s'il a été par exemple établi par un parent assumant la charge affective et matérielle de son enfant mais qui n'avait pas été désigné comme curateur ou tuteur lors de l'ouverture de la mesure par le juge.

Dans tous les cas de conflit, le juge des tutelles aurait, en tout état de cause, vocation à trancher sur saisine de tout intéressé (C. civ., art. 484) ou d'office (C. civ., art. 485 et CPC, art. 1217).

Sous-section 2
Les conditions tenant au mandataire

177 **La qualité du mandataire.** Selon l'article 480 du Code civil, peuvent être mandataires :

– toute personne physique choisie par le mandant ;

– toute personne morale inscrite sur la liste des mandataires judiciaires à la protection des majeurs (voir **n°s 229 et s.**).

Le mandataire doit, pendant toute l'exécution du mandat, jouir de la capacité civile et remplir les conditions prévues pour les charges tutélaires (voir **n°s 99 et s.**).

Ainsi, rien n'interdit la désignation d'un notaire ou d'un avocat, à condition que le notaire désigné ne soit pas celui qui a rédigé l'acte, ce dernier étant chargé de recevoir les comptes du mandataire en vertu de l'article 491 du Code civil.

Le mandataire ne peut, pendant l'exécution du mandat, être déchargé de ses fonctions qu'avec l'autorisation du juge des tutelles.

178 **La désignation d'un ou plusieurs mandataires**. L'article 477 du Code civil permet la désignation d'un ou plusieurs mandataires.

Le mandant pourrait ainsi répartir les rôles en confiant par exemple à l'un des mandataires la protection de sa personne et à l'autre la gestion de ses biens ou en distinguant suivant la nature des biens à gérer.

Sous-section 3
Les conditions tenant au mandat

1. Les conditions de forme

L'article 477, alinéa 4 du Code civil soumet le mandat de protection future à des conditions de forme particulières et prévoit l'existence de deux types de mandat : le mandat notarié et le mandat sous seing privé.

179 **Le mandat notarié**. Le mandat de protection future peut être établi par un acte authentique reçu par un notaire choisi par le mandant (C. civ., art. 489).

Le mandat pour autrui ne peut d'ailleurs être établi que par acte notarié (C. civ., art. 477, al. 4).

L'acceptation du mandataire est soumise aux mêmes formes. Ce dernier peut y renoncer en notifiant sa renonciation au mandant et au notaire.

Tant que le mandat n'a pas pris effet, le mandant peut le modifier dans les mêmes formes ou le révoquer en notifiant sa révocation au mandataire et au notaire.

La modification nécessite, par conséquent, un acte notarié, tandis que la révocation n'est soumise à aucune forme autre que la notification.

Le texte ne le précise pas, mais il serait logique que la modification soit également acceptée par le mandataire. En cas d'oubli et si le mandataire met à exécution le mandat, il serait toutefois possible de considérer que le mandataire a accepté la modification de manière tacite, en application des règles de droit commun du mandat.

En cas de révocation du mandataire, il faudra à la fois un nouveau mandat notarié et une notification au mandataire[1].

Un décret n° 2008-296 du 31 mars 2008 fixe la rémunération du notaire pour l'établissement d'un mandat de protection future à 30 unités de valeur (UV), soit 30 x 3,65 € = 109,50 €.

Si l'acceptation est effectuée par acte séparé, ce nouvel acte donne lieu à une rémunération à hauteur de 15 UV.

(1) Voir doctrine de Jacques MASSIP, « Le mandat de protection future », Gaz. Pal., *13, 14, 15 et 17 juin 2008, p. 5.*

180 **Le mandat sous seing privé.** Le mandat de protection future peut être également établi par acte sous seing privé (C. civ., art. 492).

Il est alors soit contresigné par un avocat, soit établi selon un modèle défini par décret.

Il est daté et signé de la main du mandant.

Ce dernier peut, tant qu'il n'a pas reçu exécution, le modifier ou le révoquer dans les mêmes formes.

Le mandataire accepte le mandat en y apposant sa signature. Il peut y renoncer en notifiant sa renonciation au mandant.

Suivant l'article 492-1 du Code civil, le mandat n'acquiert date certaine à l'égard des tiers que dans les conditions de l'article 1328 du Code civil, soit le jour de son enregistrement, le jour de la mort du ou des signataires ou le jour où sa substance est constatée par un acte dressé par un officier public tel qu'un procès-verbal de scellé ou d'inventaire.

Le mandant aura intérêt à faire enregistrer le mandat auprès de l'administration fiscale pour qu'il ait date certaine à l'égard des tiers.

Le mandat qui n'est pas contresigné par un avocat est soumis à des conditions particulièrement rigoureuses.

Il doit être établi conformément à un modèle type figurant en annexe du décret n° 2007-1702 du 30 novembre 2007[1]. L'arrêté du 30 novembre 2007 relatif à la notice d'information jointe au modèle de mandat de protection future sous seing privé délivre une notice d'information destinée à faciliter l'établissement du mandat(2).

(1) Ce modèle est disponible sur le site : www.tutelles.justice.gouv.fr.

(2) Cette notice est disponible sur le site : www.tutelles.justice.gouv.fr.

2. Le contenu du mandat

181 **La gestion du patrimoine du mandant.** Les parties déterminent le contenu du mandat.

Le mandant peut, par conséquent, prévoir librement les modalités de gestion de ses biens par le mandataire le jour où le mandat sera mis à exécution, conformément au droit commun du mandat.

Le mandat de protection future est, en effet, suivant l'article 478 du Code civil, soumis aux règles du droit commun des articles 1984 à 2010 qui ne sont pas incompatibles avec les conditions particulières prévues par les articles 477 à 494.

Le mandat sous seing privé fait néanmoins l'objet d'une certaine méfiance de la part du législateur puisqu'il est limité, quant à la gestion du patrimoine, aux actes qu'un tuteur peut faire sans autorisation (C. civ., art. 493), c'est-à-dire, d'une manière générale, sous réserve de dispositions particulières, aux actes d'administration et conservatoires. Sur la notion d'acte conservatoire et la distinction entre les actes d'administration et de disposition, voir **nos 85 et 153**.

Si le mandataire envisage l'accomplissement d'un acte nécessitant une telle autorisation (par exemple, un acte de disposition ou un acte soumis à un régime spécial) ou l'accomplissement d'un acte qui n'a pas été prévu par le mandat, il devra saisir le juge des tutelles pour le voir ordonner.

À l'inverse, le mandat notarié, même conçu en termes généraux, par dérogation à l'article 1988 du Code civil suivant lequel un tel mandat est limité aux actes d'administration, inclut tous les actes patrimoniaux que le tuteur a le pouvoir d'accomplir seul ou avec une autorisation (C. civ., art. 490, al. 1).

Ces pouvoirs ne connaissent qu'une seule limite : un acte de disposition à titre gratuit ne peut être accompli qu'avec l'autorisation du juge des tutelles (C. civ., art. 490, al. 2).

Pour des raisons de sécurité juridique, il sera opportun que le mandat révoque les mandats accordés antérieurement[1] et que cette révocation soit notifiée au mandataire révoqué.

(1) C'est d'ailleurs ce qu'a prévu le modèle de mandat sous seing privé établi par décret.

182 **La protection de la personne du mandant.** Le mandat peut être limité par les parties à la gestion du patrimoine du mandant, mais peut également être étendu à la protection de sa personne (C. civ., art. 479, al. 1).

Si le mandant veut étendre la protection aux actes relatifs à sa personne ou à celle de l'enfant bénéficiaire, il devra donc l'avoir explicitement mentionné dans le mandat.

Dans ce cas, le mandat doit fixer les modalités de contrôle de son exécution (C. civ., art. 479, al. 3).

À défaut, le greffe ne pourra pas viser le mandat et permettre sa mise à exécution (CPC, art. 1258-2, al. 2).

Le mandat peut également prévoir que le mandataire exercera les missions que le Code de la santé publique et le Code de l'action sociale et des familles confient au représentant de la personne en tutelle ou à la personne de confiance (C. civ., art. 479, al. 2 ; voir **nos 126 et s.**).

Si le mandat s'étend à la protection de la personne, quelle que soit sa forme, la liberté contractuelle est limitée.

En effet, les droits et obligations du mandataire sont alors définis par les articles 457-1 à 459-2 du Code civil (voir **nos 119 et s.**), toute stipulation contraire étant réputée non écrite (C. civ., art. 479, al. 1).

Par conséquent, si le mandant ne peut accomplir seul un acte relatif à sa personne, le mandataire doit saisir le juge des tutelles afin qu'il lui confie une mission d'assistance ou de représentation de la personne protégée pour l'ensemble des actes relatifs à sa personne ou ceux d'entre eux qu'il énumère, conformément aux dispositions de l'article 459, alinéa 2 du Code civil.

À défaut, le mandant prend seul les décisions relatives à sa personne dans la mesure où son état le permet (C. civ., art. 459, al. 1).

Il résulte en outre des articles 457-1 à 459-2 du Code civil que :

– la personne protégée doit être informée par le mandataire sur sa situation personnelle ;

– les actes dont la nature implique un consentement strictement personnel ne pourront jamais donner lieu à assistance ou représentation ;

– si une mission générale d'assistance ou de représentation lui a été confiée par le juge des tutelles, le mandataire ne peut, sauf urgence, prendre une décision ayant pour effet de porter gravement atteinte à l'intégrité corporelle ou à l'intimité de la vie privée de la personne protégée sans autorisation du juge ;

– le mandataire peut prendre à l'égard de la personne protégée les mesures de protection strictement nécessaires pour mettre fin au danger que, du fait de son comportement, l'intéressé ferait courir à lui-même et en informe alors sans délai le juge des tutelles ;

– la personne protégée choisit librement le lieu de sa résidence et entretient librement des relations avec les tiers, le juge des tutelles devant être saisi en cas de difficulté.

☞ *Aucun renvoi n'est fait s'agissant du mariage et du pacte civil de solidarité.*

Ces actes nécessitant le consentement de la personne, le mandataire ne pourrait évidemment pas représenter le mandant pour les accomplir.

Par conséquent, on peut considérer que le mandant est libre, après la mise en œuvre d'un mandat de protection future, de se marier ou de conclure un pacte civil de solidarité, à condition que son état de santé le permette.

183 **La rémunération du mandataire.** Le mandat de protection future s'exerce à titre gratuit, sauf stipulations contraires (C. civ., art. 419).

Si le mandat prévoit la rémunération du mandataire, ce sont les règles de droit commun du mandat qui s'appliquent.

Le modèle type prévu par le décret n° 2007-1702 du 30 novembre 2007 pour le mandat sous seing privé non contresigné par un avocat contient des dispositions précises sur ce point.

Par ailleurs, les honoraires dus au notaire chargé du contrôle d'un mandat notarié sont fixés par un décret n° 2008-296 du 31 mars 2008 et varient en fonction de l'importance du patrimoine à gérer : 30 UV lorsque le chapitre le plus élevé en recettes ou en dépenses est inférieur ou égal à 25 000 €, 50 UV de 25 000 à 60 000 €, 90 UV au-delà.

Section 2
La prise d'effet du mandat

Sous-section 1
Les conditions de fond

184 **Le mandat pour soi-même.** Le mandat prend effet lorsqu'il est établi que le mandant ne peut plus pourvoir seul à ses intérêts en raison d'une altération, médicalement constatée, de ses facultés mentales ou de ses facultés corporelles de nature à empêcher l'expression de sa volonté (C. civ., art. 477, al. 1 et 481).

Le mandataire doit faire constater cette altération par un médecin inscrit sur la liste prévue par l'article 431 du Code civil (voir **n° 49**).

Le texte ne le précise pas, mais ce certificat devrait logiquement répondre aux conditions fixées par l'article 431 du Code civil et son décret d'application (CPC, art. 1219).

185 **Le mandat pour autrui.** La mise en œuvre du mandat pour autrui répond à des conditions propres au bénéficiaire du mandat.

Conformément à l'article 477, alinéa 3 du Code civil, le mandataire pourra mettre en œuvre le mandat si :

– l'enfant est, ou est devenu, majeur ;

– l'enfant ne peut plus pourvoir seul à ses intérêts en raison d'une altération, médicalement constatée, de ses facultés mentales ou de ses facultés corporelles de nature à empêcher l'expression de sa volonté ; le mandataire devra présenter le certificat médical susvisé (voir **n° 184**) ;

– le mandant est décédé ou ne peut plus prendre soin de son enfant ; si les deux parents ont établi le mandat, ces conditions devront évidemment être remplies à l'égard des deux mandants.

Pour la mise en œuvre du mandat, la capacité du mandant à prendre soin de l'enfant relève théoriquement de la seule appréciation du mandataire.

Néanmoins, dans le souci d'éviter les litiges sur cette question, le décret d'application n° 2008-1276 du 5 décembre 2008 impose, lors de la présentation du mandat au greffe du tribunal d'instance, un certificat médical établi par un médecin inscrit sur la liste prévue par l'article 431 du Code civil démontrant que le mandant ne peut plus pourvoir seul à ses intérêts en raison d'une altération, médicalement constatée, de ses facultés mentales ou de ses facultés corporelles de nature à empêcher l'expression de sa volonté (CPC, art. 1258-1, al. 2).

☞ *Alors que la loi ne visait que la relation du mandant et de son enfant, le décret impose une condition plus restrictive tenant exclusivement à la capacité du mandant.*

Ce choix est surprenant dans la mesure où il arrive fréquemment qu'un parent, en raison de son âge ou de la maladie, ne puisse plus prendre soin de son enfant, sans pour autant être atteint d'une altération de ses facultés de nature à empêcher l'expression de sa volonté.

Dans un sens contraire, ces dispositions peuvent être considérées comme une garantie pour le mandant âgé contre l'arbitraire du mandataire.

Il aurait été possible d'éviter cet écueil en prévoyant, pour la mise en œuvre du mandat, l'accord du mandant encore en vie ou la présentation d'un certificat médical établissant qu'il n'est plus en mesure d'exprimer sa volonté.

Sous-section 2
La procédure

186 **Le mandat pour soi-même.** Lorsqu'il estime que les conditions nécessaires à la mise en œuvre du mandant sont réunies, le mandataire se présente au greffe du tribunal d'instance dans le ressort duquel réside le mandant, accompagné de ce dernier, sauf s'il est établi, par certificat médical, que sa présence au tribunal est incompatible avec son état de santé (CPC, art. 1258).

Il doit présenter au greffier les pièces suivantes :

– l'original du mandat ou sa copie authentique, signé du mandant et du mandataire ;

– un certificat médical datant de deux mois au plus, émanant d'un médecin inscrit sur la liste mentionnée à l'article 431 du Code civil ;

– une pièce d'identité relative respectivement au mandataire et au mandant ;

– un justificatif de la résidence habituelle du mandant.

Le mandant qui n'a pas comparu est informé par le mandataire de la prise d'effet du mandat par lettre recommandée avec demande d'avis de réception (C. civ., art. 1258-4).

187 **Le mandat pour autrui.** Dans le cas d'un mandant pour autrui, le mandataire se présente au greffe du tribunal d'instance dans le ressort duquel réside le bénéficiaire du mandat, accompagné de ce dernier, sauf s'il est établi, par certificat médical, que sa présence au tribunal est incompatible avec son état de santé (CPC, art. 1258-1).

Il doit présenter au greffier les pièces suivantes :

– la copie authentique du mandat, signée du mandant et du mandataire ;

– un certificat de décès du mandant ou un certificat médical datant de deux mois au plus établi par un médecin inscrit sur la liste prévue par l'article 431 du Code civil établissant que le mandant ne peut plus pourvoir seul à ses intérêts en raison d'une altération, médicalement constatée, de ses facultés mentales ou de ses facultés corporelles de nature à empêcher l'expression de sa volonté ;

– un certificat médical datant de deux mois au plus, émanant d'un médecin inscrit sur la liste mentionnée à l'article 431 du Code civil établissant que l'enfant majeur du mandant désigné comme le bénéficiaire du mandat ne peut plus pourvoir seul à ses intérêts en raison d'une altération, médicalement constatée, de ses facultés mentales ou de ses facultés corporelles de nature à empêcher l'expression de sa volonté ;

– une pièce d'identité relative respectivement au mandataire et au bénéficiaire du mandat ;

– un justificatif de la résidence habituelle du bénéficiaire du mandat.

Le bénéficiaire du mandat qui n'a pas comparu est informé par le mandataire de la prise d'effet du mandat par lettre recommandée avec demande d'avis de réception (CPC, art. 1258-4).

188 **Le rôle du greffier.** Le greffier du tribunal d'instance exerce un contrôle formel de vérification et n'a pas pour mission d'instruire le dossier, ni de vérifier les conditions de fond de mise en œuvre du mandat de protection future.

S'il estime qu'il existe une difficulté ne relevant pas de son contrôle, il pourra toujours saisir le procureur de la République ou le juge des tutelles.

Il doit ainsi vérifier la présentation des pièces exigées par le décret d'application.

Il vérifie, en outre, au vu des pièces produites, et conformément à l'article 1258-2 du Code de procédure civile, que :

– le mandant et le mandataire étaient majeurs ou mineurs émancipés à la date d'établissement du mandat ;

– les modalités de contrôle de l'activité du mandataire sont formellement prévues dans le mandat ; ces modalités sont exigées lorsque le mandat s'étend à la protection de la personne (C. civ., art. 479, al. 3), ainsi que pour le contrôle du compte de gestion annuel (C. civ., art. 486, al. 2[(1)]) ;

– l'avocat a contresigné le mandat lorsqu'il a établi celui-ci en application de l'article 492 du Code civil ;

– le curateur a contresigné le mandat, si le mandant a indiqué dans celui-ci être sous curatelle ;

– le mandataire, s'il est une personne morale, est bien un mandataire judiciaire à la protection des majeurs inscrit sur la liste prévue à l'article L. 471-2 du Code de l'action sociale et des familles.

Si l'ensemble des conditions sont réunies, le greffier, après avoir paraphé chaque page du mandat, mentionne, en fin d'acte, que celui-ci prend effet à compter de la date de sa présentation au greffe, y appose son visa et le restitue au mandataire, accompagné des pièces produites (CPC, art. 1258-3).

Le greffe n'a pas à enregistrer, autrement qu'à des fins statistiques, et à conserver une copie du mandat et des pièces justificatives. Il n'y a donc aucune possibilité pour le tribunal de retrouver sur un fichier informatique un mandat de protection future mis en œuvre.

Par ailleurs, s'agissant d'un mandat et non d'un régime d'incapacité, le mandat n'est soumis à aucune publicité.

Si le greffier estime que les conditions ne sont pas remplies, il restitue, sans le viser, le mandat au mandataire, ainsi que les pièces qui l'accompagnent.

Dans ce cas, le mandataire peut saisir le juge des tutelles par requête. Celui-ci peut se prononcer sans débat et sa décision n'est pas susceptible d'appel. Si le juge estime les conditions requises remplies, le greffier, à la demande du mandataire, y appose son visa dans les conditions susvisées (CPC, art. 1258-3). À défaut, le juge rend une ordonnance de rejet.

(1) Cette exigence n'apparaît cependant pas nécessaire pour le mandat notarié dans la mesure où l'article 491 du Code civil prévoit expressément le contrôle des comptes de gestion par le notaire.

Section 3
L'exécution du mandat

Sous-section 1
Les effets du mandat sur la capacité de la personne protégée

189 **La gestion du patrimoine.** Le mandat de protection future n'instaure pas un régime d'incapacité contrairement à la curatelle et à la tutelle puisqu'un acte passé par la personne protégée ne sera pas nécessairement annulé, même s'il relève du champ du mandat.

C'est d'ailleurs la raison pour laquelle le mandat mis en œuvre n'est pas soumis à un régime de publicité le rendant opposable aux tiers.

Conformément à l'article 488 du Code civil, les actes passés et les engagements contractés par une personne faisant l'objet d'un mandat de protection future mis à exécution, pendant la durée du mandat, peuvent seulement, dans les mêmes conditions que pour un majeur placé sous sauvegarde de justice, sous curatelle ou sous tutelle, être rescindés pour simple lésion ou réduits en cas d'excès. Sur les actions en rescision et en réduction, voir **n°s 80, 137 et 138.**

L'annulation pourra, dans le cadre d'une action en rescision ou en réduction, être prononcée par le juge qui appréciera cependant l'utilité ou l'inutilité de l'opération, l'importance ou la consistance du patrimoine de la personne protégée et la bonne ou mauvaise foi de ceux avec qui elle a contracté.

Il sera toujours possible d'introduire une action en nullité sur le fondement du droit commun (C. civ., art. 414-1), mais à condition de démontrer l'existence d'un trouble mental. Sur cette action, voir **n°s 1 à 3**.

L'action en rescision, en réduction ou en nullité n'appartient qu'à la personne protégée et, après sa mort, à ses héritiers.

☞ *Le texte ne le prévoit pas, mais, compte tenu de ses pouvoirs, le mandataire, dans le cadre d'un mandat général, pourrait certainement exercer cette action. S'il s'agit d'un mandat spécial n'ayant pas prévu cette possibilité, le mandataire pourra toujours saisir le juge aux fins de l'y autoriser, conformément à l'article 493, alinéa 2 du Code civil.*

190 **La protection de la personne.** Si le mandat de protection future a prévu qu'il s'étendait à la protection de la personne, les règles concernant la capacité de la personne faisant l'objet du mandat sont les mêmes que pour un majeur en curatelle ou en tutelle (C. civ., art. 479).

Ainsi, la personne protégée prend seule les décisions relatives à sa personne dans la mesure où son état le permet (C. civ., art. 459).

Le juge des tutelles peut, conformément à l'article 459 alinéa 2 du Code civil, prévoir que la personne bénéficiera de l'assistance ou de la représentation du mandataire pour les actes relatifs à sa personne.

Par ailleurs, la personne protégée ne pourra jamais être assistée ou représentée pour les actes dont la nature implique un consentement strictement personnel.

Elle choisit librement le lieu de sa résidence et entretient librement des relations avec les tiers, le juge des tutelles devant être saisi en cas de difficultés.

Pour de plus amples développements, il sera renvoyé sur ce point au paragraphe **n° 182**.

191 **La révocation du mandat mis à exécution.** Si le mandant n'est pas privé de sa capacité, il ne peut néanmoins librement révoquer le mandat une fois qu'il a été mis à exécution.

En effet, le mandat, une fois mis à exécution au greffe du tribunal d'instance, ne peut prendre fin que dans les cas limitativement énumérés par l'article 483 du Code civil (voir **n°s 200 et s.**).

Il pourrait néanmoins y avoir difficulté si le mandant établissait des actes entrant dans le champ de compétence du mandataire.

En cas de conflit entre le mandant et le mandataire, la seule solution serait de saisir le juge des tutelles afin qu'il ouvre éventuellement une mesure de protection judiciaire.

192 **Les conventions matrimoniales.** L'alinéa 7 de l'article 1397 du Code civil ajouté par la loi n° 2007-308 du 5 mars 2007 soumet le changement ou la modification du régime matrimonial d'un époux faisant l'objet d'une mesure de protection juridique (dont le mandat de protection future) à l'autorisation préalable du juge des tutelles.

193 **Le divorce.** L'article 249-4 du Code civil a été modifié par la loi n° 2007-308 du 5 mars 2007 pour tenir compte de l'institution du mandat de protection future.

La personne faisant l'objet d'un mandat de protection future ne peut, à l'instar du majeur placé sous sauvegarde de justice, du majeur en curatelle ou en tutelle, divorcer par consentement mutuel ou pour acceptation du principe de la rupture du mariage.

La loi ne prévoit pas la représentation du majeur faisant l'objet d'un mandat de protection future, comme pour le majeur en tutelle.

Ce mandat n'entraînant pas d'incapacité, il faut considérer que le majeur agira seul dans le cadre d'une procédure en divorce, soit comme demandeur, soit comme défendeur et ne pourra pas être représenté par son mandataire, sauf si le mandat a prévu une telle mission.

À défaut de prévision contractuelle, il conviendra de saisir le juge des tutelles sur le fondement de l'article 485 alinéa 2 du Code civil afin qu'il étende la mission du mandataire.

Sous-section 2
Les obligations et la responsabilité du mandataire

194 **L'exécution personnelle du mandat par le mandataire.** Conformément à l'article 482 du Code civil, le mandataire doit exécuter personnellement le mandat.

Il peut toutefois se substituer un mandataire pour les actes de gestion du patrimoine, mais seulement à titre spécial.

Le mandataire ne peut, par conséquent, pas déléguer ses pouvoirs d'une manière générale, échappant ainsi à ses obligations.

Il répond de la personne à laquelle il s'est substitué dans les conditions du droit commun du mandat (C. civ., art. 1994).

195 **L'inventaire et les comptes de gestion.** D'une manière générale, le mandataire est tenu, en application du droit commun du mandat (C. civ., art. 1993), de rendre compte de sa gestion.

Dans le cadre des dispositions spécifiques au mandat de protection future, le mandataire chargé de l'administration des biens de la personne protégée doit faire procéder à leur inventaire lors de l'ouverture de la mesure dans les conditions de l'article 1253 du Code de procédure civile (voir **n° 130**).

Il assure son actualisation au cours du mandat afin de maintenir à jour l'état du patrimoine (C. civ., art. 486, al. 1 et CPC, art. 1260).

Il établit annuellement le compte de gestion qui est vérifié selon les modalités définies par le mandat (C. civ., art. 486, al. 2).

À défaut de détermination des modalités de contrôle, le greffier ne pourra pas viser le mandat et permettre sa mise en œuvre (CPC, art. 1258-2, al. 2).

S'il s'agit d'un mandat notarié, le mandataire rend compte au notaire qui a établi le mandat en lui adressant ses comptes, auxquels sont annexées toutes les pièces justificatives utiles. Celui-ci en assure la conservation ainsi que celle de l'inventaire des biens et de ses actualisations (C. civ., art. 491, al. 1).

S'il s'agit d'un mandat sous seing privé, le mandataire conserve l'inventaire des biens et ses actualisations, les cinq derniers comptes de gestion, les pièces justificatives ainsi que celles nécessaires à la continuation de celui-ci (C. civ., art. 494, al. 1).

S'il s'agit d'un mandat sous seing privé non contresigné par un avocat, le modèle type prévu par le décret n° 2007-1702 du 30 novembre 2007 impose, en outre, de confier le contrôle de l'activité du mandataire à une tierce personne, physique ou morale, désignée dans le mandat.

Le mandataire désigné dans un mandat sous seing privé doit être en mesure de présenter l'inventaire et les cinq derniers comptes de gestion au juge des tutelles ou au procureur de la République (C. civ., art. 494, al. 2).

À la fin du mandat et dans les cinq ans qui suivent, le mandataire tient à la disposition de la personne qui est amenée à poursuivre la gestion, de la personne protégée si elle a recouvré ses facultés ou de ses héritiers l'inventaire des biens et ses actualisations, ainsi que les cinq derniers comptes de gestion et les pièces nécessaires pour continuer celui-ci ou assurer la liquidation de la succession de la personne protégée (C. civ., art. 487).

196 **La responsabilité du mandataire.** Conformément à l'article 424 du Code civil, les conditions de la responsabilité du mandataire sont soumises au droit commun du mandat (C. civ., art. 1992).

Le délai de prescription est, par conséquent, celui du droit commun, soit cinq ans selon l'article 2224 du Code civil.

Sous-section 3
Le contrôle de l'exécution du mandat

197 **Les modalités de contrôle fixées par le mandat.** S'agissant de la gestion du patrimoine de la personne protégée, le mandat doit prévoir les modalités du contrôle des comptes de gestion (C. civ., art. 486, al. 2).

Ces modalités sont nécessaires à la mise en œuvre du mandat car il appartient au greffier, lors de sa présentation au greffe, de vérifier que les modalités du contrôle de l'activité du mandataire sont formellement prévues (CPC, art. 1258-2, al. 2).

À défaut, le greffier devra refuser d'y apposer son visa et le mandat ne pourra être mis en œuvre (CPC, art. 1258-3).

Cette exigence formelle n'apparaît cependant pas nécessaire pour le mandat notarié dans la mesure où l'article 491 du Code civil prévoit expressément le contrôle des comptes de gestion par le notaire.

Le mandat, lorsqu'il s'étend à la protection de la personne, doit, conformément à l'article 479, alinéa 3 du Code civil, fixer les modalités du contrôle de son exécution.

Pour les raisons susvisées, à défaut, le greffier devra refuser d'y apposer son visa et le mandat ne pourra être mis en œuvre.

198 **L'exercice du contrôle.** Le juge des tutelles, dans sa mission générale de surveillance des mesures de protection (C. civ., art. 416), peut toujours faire vérifier le compte de gestion établi par le mandataire par le greffier en chef (C. civ., art. 486, al. 2 ; voir **n° 131**).

Le mandataire désigné dans un mandat sous seing privé doit d'ailleurs être en mesure de présenter l'inventaire et les cinq derniers comptes de gestion au juge des tutelles ou au procureur de la République (C. civ., art. 494, al. 2).

Par ailleurs, dans le cadre d'un mandat notarié, le notaire est chargé du contrôle du compte de gestion.

Il doit en effet saisir le juge des tutelles de tout mouvement de fonds et de tout acte non justifiés ou n'apparaissant pas conformes aux stipulations du mandat (C. civ., art. 491, al. 2).

La reddition des comptes au notaire est obligatoire. Ce dernier doit, par conséquent, s'assurer que le compte de gestion lui est bien remis tous les ans.

199 **La contestation de la mise en œuvre du mandat.** L'article 484 du Code civil permet à tout intéressé de saisir le juge des tutelles aux fins de contester la mise en œuvre du mandat ou de voir statuer sur les conditions et modalités de son exécution.

Les conditions de saisine du juge des tutelles sont fixées par l'article 1259-3 du Code de procédure civile et seront examinées plus loin (voir **n°s 204 et s.**).

Le juge pourra, par conséquent, être saisi pour trancher tout type de difficulté, notamment concernant l'interprétation du mandat.

Il pourrait, dans le cadre de ses prérogatives générales (C. civ., art. 417), prononcer des injonctions, condamner à une amende civile, dessaisir le mandataire de sa mission et, conformément à l'article 483, alinéa 4 du Code civil, suspendre ou révoquer le mandat.

Section 4
La fin du mandat de protection future

L'article 483 du Code civil énumère les cas dans lesquels le mandat de protection future mis à exécution prend fin.

200 **Le rétablissement des facultés personnelles du mandant.** Le rétablissement des facultés personnelles du mandant entraîne logiquement la fin du mandat de protection future.

La fin du mandat pour ce motif est cependant soumise à certaines conditions.

Comme pour sa mise en œuvre, le rétablissement doit être constaté par le certificat d'un médecin inscrit sur la liste du procureur de la République datant de deux mois au plus.

Le mandataire, le mandant ou le bénéficiaire du mandat peut se présenter à tout moment au greffe du tribunal d'instance pour faire constater la fin du mandat au vu de ce certificat (CPC, art. 1259).

Le greffier vérifie l'existence et le contenu de ce certificat lequel doit mentionner qu'il n'existe plus d'altération des facultés mentales ou des facultés corporelles du mandant, de nature à empêcher l'expression de sa volonté, ainsi que la qualité du requérant.

Si ces conditions sont remplies, le greffier mentionne sur le mandat que celui-ci prend fin à compter de la date de sa présentation au greffe, y appose son visa et le restitue au comparant avec le certificat produit.

S'il estime les conditions non remplies, le greffier restitue le mandat sans le viser au comparant ainsi que le certificat produit.

Dans ce cas, le mandataire, le mandant ou le bénéficiaire du mandat peut saisir le juge des tutelles par requête.

Celui-ci peut se prononcer sans débat et sa décision n'est pas susceptible d'appel.

Si le juge estime les conditions requises remplies, le greffier, à la demande du mandataire, du mandant ou du bénéficiaire du mandat, appose son visa, conformément aux conditions susvisées.

Le mandataire, le mandant ou le bénéficiaire du mandat qui n'a pas comparu devant le greffier est informé par le comparant de la fin de l'exécution du mandat par lettre recommandée avec demande d'avis de réception (CPC, art. 1259-1).

201 **Le décès de la personne protégée ou son placement en curatelle ou en tutelle.** Le décès de la personne protégée met évidemment fin au mandat de protection future.

En cas de placement de la personne en curatelle ou en tutelle, le mandat prend également fin.

Toutefois le juge peut décider, dans le jugement d'ouverture de la mesure de protection, qu'il ne sera pas mis fin au mandat.

Cette hypothèse devrait être exceptionnelle, dans la mesure où les limites du mandat peuvent toujours être suppléées par l'autorisation du juge ou le mandat complété par ce dernier (C. civ., art. 485, al. 2).

202 **Le décès du mandataire, son placement sous protection ou sa déconfiture.** Le mandat ayant un caractère *intuitu personae*, le décès du mandataire ainsi que son placement sous protection ou sa déconfiture provoquent la fin du mandat.

Il sera, par conséquent, opportun que le mandat prévoie le remplacement du mandataire, au moins dans l'hypothèse du décès, le remplaçant devant avoir accepté sa désignation.

203 **La révocation du mandat par le juge des tutelles.** Le juge des tutelles peut, à la demande de tout intéressé, révoquer le mandat de protection future mis en œuvre dans trois hypothèses :

– lorsque la personne ne présente pas d'altération de ses facultés mentales ou de ses facultés corporelles de nature à empêcher l'expression de sa volonté ;

– lorsque les règles du droit commun de la représentation ou celles relatives aux droits et devoirs respectifs des époux et aux régimes matrimoniaux apparaissent suffisantes pour qu'il soit pourvu aux intérêts de la personne par son conjoint avec qui la communauté de vie n'a pas cessé ; il s'agit de l'application du principe de subsidiarité posé par l'article 428 du Code civil (voir **n° 41**) ;

– lorsque l'exécution du mandat est de nature à porter atteinte aux intérêts du mandant.

Section 5
Le rôle du juge des tutelles

Le mandat de protection future étant un mode conventionnel de protection, le juge des tutelles devrait théoriquement avoir un rôle très subsidiaire.

Pourtant, les hypothèses d'intervention du juge sont très nombreuses et il est nécessaire d'en faire une synthèse, même si la plupart ont déjà été examinées dans les développements antérieurs.

204 **Les hypothèses dans lesquelles le juge des tutelles peut être saisi.** Les hypothèses de saisine du juge des tutelles sont très nombreuses, si bien que l'on pourrait presque parler, pour le mandat de protection future, de dispositif conventionnel de protection sous contrôle judiciaire.

205 **Les interventions ponctuelles du juge pour pallier les limites du mandat.** Les hypothèses d'intervention du juge lorsque le mandat n'est pas suffisant pour prendre les mesures nécessaires à la protection du mandant sont diverses et nombreuses.

Ainsi, le mandataire ne peut, pendant l'exécution du mandat, être déchargé qu'avec l'autorisation du juge des tutelles (C. civ., art. 480, al. 3).

Dans le cadre d'un mandat notarié, le mandataire doit saisir le juge pour être autorisé à accomplir un acte de disposition à titre gratuit (C. civ., art. 490, al. 2 ; voir **n° 181**).

Dans le cadre d'un mandat sous seing privé, le mandataire doit solliciter l'autorisation du juge pour accomplir un acte soumis à autorisation ou qui n'est pas prévu dans le mandat (C. civ., art. 493 ; voir **n° 181**).

En application de l'article 484 du Code civil, tout intéressé peut saisir le juge aux fins de voir statuer sur les conditions et modalités d'exécution du mandat (voir **n° 199**).

Le juge peut alors, lorsque la mise en œuvre du mandat ne permet pas, en raison de son champ d'application, de protéger suffisamment les intérêts personnels ou patrimoniaux de la personne, ouvrir une mesure de protection juridique complémentaire confiée, le cas échéant, au mandataire de protection future. Il peut aussi autoriser ce dernier ou un mandataire *ad hoc* à accomplir un ou plusieurs actes déterminés non couverts par le mandat (C. civ., art. 485, al. 2).

Le mandataire de protection future et les personnes désignées par le juge sont indépendants et ne sont pas responsables l'un envers l'autre ; ils doivent s'informer des décisions qu'ils prennent (C. civ., art. 485, al. 3).

Lorsque le mandat s'étend à la protection de la personne, le mandataire doit, en application de l'article 459 alinéa 2 du Code civil, lorsque l'état de la personne protégée ne lui permet plus de prendre seule les décisions relatives à sa personne, solliciter du juge une mission d'assistance ou de représentation du mandant (voir **n° 182**).

Dans ce cas, toute décision ayant pour effet de porter gravement atteinte à l'intégrité corporelle ou à l'intimité de la vie privée de la personne protégée doit, sauf urgence, être soumise à l'autorisation du juge (C. civ., art. 459, al. 4).

Le mandataire doit, par ailleurs, informer sans délai le juge des tutelles lorsqu'il prend à l'égard du majeur protégé les mesures de protection strictement nécessaires pour mettre fin au danger que, du fait de son comportement, l'intéressé fait courir à lui-même (C. civ., art. 459, al. 3)

Il lui échet, en outre, de saisir le juge des tutelles pour trancher toute difficulté relative au lieu de résidence de la personne protégée et à ses relations avec les tiers (C. civ., art. 459-2).

206 **Le contrôle de l'exécution du mandat par le juge.** D'une manière générale, tout intéressé peut saisir le juge aux fins de contester la mise en œuvre du mandat de protection future (C. civ., art. 484) et notamment solliciter sa révocation (C. civ., art. 483, al. 4).

Le juge peut alors révoquer le mandat si les conditions de l'article 483, alinéa 4 sont réunies (voir **n° 203**).

Il peut également, lorsqu'il met fin au mandat, ouvrir d'office une mesure de protection juridique (sauvegarde de justice, curatelle, tutelle) (C. civ., art. 485, al. 1), ce sera notamment le cas si le mandataire sollicite sa décharge et que le mandat ne prévoit pas son remplacement.

Le juge peut être également amené à contrôler la gestion des comptes par le mandataire puisque le notaire, chargé du contrôle de gestion dans le cadre d'un mandat notarié, doit saisir le juge de tout mouvement de fonds et de tout acte non justifiés ou n'apparaissant pas conformes aux stipulations du mandat (C. civ., art. 491, al. 2).

Ce contrôle s'exerce également lorsque le juge des tutelles est saisi d'une demande de placement sous protection juridique.

En effet, le juge peut suspendre les effets du mandat pour le temps d'une mesure de sauvegarde de justice (C. civ., art. 483, al. 4).

Il peut le faire dans la décision d'ouverture de la mesure de sauvegarde ou, si l'existence du mandat est portée à sa connaissance postérieurement à cette ouverture, par une décision prise en cours de déroulement de la mesure (CPC, art. 1259-2).

Le greffier doit alors aviser le mandataire et la personne placée sous sauvegarde de justice de cette suspension par lettre simple.

Lorsque la mesure de sauvegarde de justice prend fin, le mandat de protection future reprend effet de plein droit à moins que le juge ne révoque le mandat ou ouvre une mesure de protection juridique (curatelle ou tutelle). Le greffier en avise par tout moyen le mandataire et la personne dont le placement sous sauvegarde de justice a pris fin.

L'objectif est de permettre au juge saisi de l'ouverture d'une mesure de protection de vérifier la bonne exécution du mandat. Si le mandat permet de protéger la personne, il n'y aura pas lieu d'ouvrir une mesure judiciaire.

207 **La procédure applicable (CPC, art. 1259-3 à 1259-5).** La saisine du juge des tutelles sur le fondement des articles 479, 480, 484 et 493 du Code civil s'effectue par requête remise ou adressée au greffe.

La requête indique les nom, prénom et adresse du mandant et du mandataire.

Le juge territorialement compétent est celui de la résidence habituelle du mandant[1]. Dans les quinze jours de la requête, le greffe adresse une convocation à l'audience au mandant et au mandataire par lettre recommandée avec demande d'avis de réception, à laquelle est jointe une copie de la requête.

S'il résulte de la requête que seule la dernière adresse du mandant ou du mandataire est connue, le greffe invite le requérant à procéder par voie de signification.

Le greffe convoque également le requérant par lettre simple ou verbalement, contre émargement.

La procédure est orale et l'avocat n'est pas obligatoire.

Les règles concernant la notification des décisions du juge, l'exécution provisoire et les voies de recours sont celles applicables à toute décision du juge des tutelles (voir **n°s 64 et s.**) sous réserve des dispositions particulières suivantes :

– lorsque le juge met fin au mandat de protection future, sa décision est notifiée au mandataire et au mandant ou au bénéficiaire du mandat par lettre recommandée avec demande d'avis de réception ;

– la décision du juge autorisant, en application des articles 485 et 493 du Code civil, le mandataire de protection future ou un mandataire *ad hoc* à accomplir des actes non couverts par le mandat n'est susceptible de recours que par le mandant, le mandataire, la personne chargée du contrôle de l'exécution du mandat et ceux dont elle modifie les droits ou les charges.

(1) S'il s'agit d'un mandat pour autrui, la logique voudrait que cela soit le domicile de la personne protégée, conformément aux dispositions générales de l'article 1211 du Code de procédure civile.

III

L'ACCOMPAGNEMENT EN MATIÈRE SOCIALE ET BUDGÉTAIRE

208 **Définition et dispositions transitoires** Certaines personnes peuvent, sans être atteintes d'une altération de leurs facultés, avoir besoin d'une aide provisoire pour la gestion de leurs revenus, parce qu'elles sont confrontées à des difficultés économiques.

La loi n° 2007-308 du 5 mars 2007 instaure deux nouveaux dispositifs de protection des majeurs à caractère social : l'un, contractuel, relevant du secteur social et de la compétence du conseil général, la mesure d'accompagnement social personnalisé, l'autre, contraint, relevant de l'autorité judiciaire, la mesure d'accompagnement judiciaire.

Ils sont intégrés dans le livre II du Code de l'action sociale et des familles au titre VII.

Ces deux mesures se distinguent de l'accompagnement social déjà existant, la gestion des revenus de la personne protégée étant prise en charge par les services du conseil général (ou son délégué) ou le mandataire désigné par le juge.

Contrairement aux mesures de protection judiciaire (mandat de protection future, sauvegarde de justice, curatelle, tutelle), elles n'entraînent aucune incapacité juridique pour la personne concernée.

Elles sont, par ailleurs, cantonnées aux personnes qui perçoivent des prestations sociales.

La mesure d'accompagnement social personnalisé et la mesure d'accompagnement judiciaire remplacent la tutelle aux prestations sociales adultes (CSS, anc. art. L. 167-1 et s.) qui relevait exclusivement de la compétence du juge des tutelles, l'objectif étant de déjudiciariser partiellement les mesures de protection qui ne résultent pas d'une altération des facultés de la personne.

Par conséquent, à compter du 1er janvier 2009, date d'entrée en vigueur de la loi, il n'est plus possible d'ouvrir de tutelle aux prestations sociales.

Les mesures de tutelle aux prestations sociales ouvertes antérieurement sont caduques de plein droit au 1er janvier 2012, à moins que le juge n'en prononce la caducité avant cette date lors d'un réexamen de la mesure, d'office ou sur demande de la personne protégée ou ne la transforme en mesure d'accompagnement judiciaire (L. n° 2007-308 du 5 mars 2007, art. 45-II, al. 2).

Chapitre 1

La mesure d'accompagnement social personnalisé

Section 1
Les conditions d'ouverture de la mesure

209 **Les conditions tenant à la personne.** Selon l'article L. 271-1, alinéa 1 du Code de l'action sociale et des familles, une personne majeure peut bénéficier d'une mesure d'accompagnement social personnalisé si sa santé ou sa sécurité est menacée par les difficultés qu'elle éprouve à gérer ses ressources.

Cette mesure peut également être ouverte à l'issue d'une mesure d'accompagnement judiciaire arrivée à échéance si ces conditions sont réunies (CASF, art. L. 271-1, al. 3).

210 **Les conditions tenant aux ressources et le financement de la mesure.** Seule une personne percevant des prestations sociales peut faire l'objet d'une mesure d'accompagnement social personnalisé.

La liste de ces prestations est fixée par le décret n° 2008-1498 du 22 décembre 2008 codifié à l'article D. 271-2 du Code de l'action sociale et des familles.

Cette liste est annexée au présent ouvrage (voir **annexe n° 9**)

Sont concernées aussi bien les prestations sociales versées pour les adultes (CASF, art. D. 271-2, al. 1 à 17) que celles versées pour les enfants telles que les allocations familiales (CASF, art. D. 271-2, al. 18 à 29).

La personne bénéficiaire d'une mesure d'accompagnement social personnalisé peut donc déléguer la gestion de l'ensemble de ses prestations sociales, sauf si une mesure judiciaire d'aide à la gestion du budget familial a été mise en œuvre en application de l'article 375-9-1 du Code civil (CASF, art. R. 271-3).

Cette mesure relève de la compétence du juge des enfants lorsque les prestations familiales ne sont pas employées pour les besoins liés au logement, à l'entretien, à la santé et à l'éducation des enfants et que l'accompagnement en économie sociale et familiale prévu à l'article L. 222-3 du Code de l'action sociale et des familles n'apparaît pas suffisant. Le juge des enfants peut alors ordonner que les prestations familiales soient versées à un délégué aux prestations familiales qui les gérera dans l'intérêt du ou des mineur(s).

La mesure judiciaire d'aide à la gestion du budget familial ayant un caractère judiciaire et relevant de services spécialisés dans la protection de l'enfance, il est logique qu'elle prime sur la mesure d'accompagnement social personnalisé.

Si la mesure d'accompagnement social personnalisé est normalement à la charge financière du conseil général, une contribution peut être demandée à la personne dont le montant est arrêté par le président du conseil général en fonction de ses ressources (CASF, art. L. 271-4) dans la limite d'un plafond fixé par l'article D. 271-5 du Code de l'action sociale et des familles qui renvoie à celui prévu par l'article R. 471-5-2 du même code pour chaque tranche de revenu des bénéficiaires de mesures de protection des majeurs (voir **n° 257**).

Section 2
Forme et mise en œuvre de la mesure d'accompagnement social personnalisé

211 **Le contrat d'accompagnement social personnalisé.** La mesure d'accompagnement social personnalisé est une mesure conventionnelle qui repose sur l'accord de la personne à protéger.

Elle prend la forme d'un contrat conclu entre l'intéressé et le département, représenté par le président du conseil général (CASF, art. L. 271-1, al. 2 ; R. 271-1 et R. 271-3).

Le bénéficiaire du contrat peut autoriser le département à percevoir et à gérer pour son compte tout ou partie des prestations sociales qu'il perçoit (CASF, art. L. 271-2, al. 2).

Il s'agit des prestations listées dans l'article D. 271-2 alinéas 1 à 17 susvisés (voir **n° 210**).

Si la situation de la personne le justifie, cette autorisation peut être étendue, sauf si une mesure judiciaire d'aide à la gestion du budget familial a été mise en œuvre en application de l'article 375-9-1 du Code civil, à une ou plusieurs des prestations familiales mentionnées aux alinéas 18 à 29 de l'article D. 271-2 du Code de l'action sociale et des familles.

Le contrat repose sur des engagements réciproques (CASF, art. L. 271-1, al. 2).

Il peut être modifié par avenant en cours de mesure (CASF, art. L. 271-2, al. 3).

Il prévoit des actions en faveur de l'insertion sociale. Les services sociaux qui sont chargés de ces actions s'assurent de leur coordination avec les mesures d'action sociale qui pourraient être déjà mises en œuvre (CASF, art. L. 271-2, al. 1).

La mesure d'accompagnement social personnalisé doit, par conséquent, permettre la coordination des différents services intervenant pour aider la personne. C'est la raison pour laquelle elle a été confiée au conseil général.

212 **La mise en œuvre du contrat d'accompagnement social personnalisé.** La mesure d'accompagnement social personnalisé est mise en œuvre soit directement par les services du conseil général, soit par un service qu'il a délégué (CASF, art. L. 271-3).

Cette mise en œuvre peut être déléguée par convention à :

– une autre collectivité territoriale, un établissement public de coopération intercommunale ou un centre communal ou intercommunal d'action sociale ;

– une association ou un organisme à but non lucratif ;

– un organisme débiteur des prestations sociales.

La mesure a, d'une manière générale, pour objectif de rétablir les conditions d'une gestion autonome des prestations sociales (CASF, art. L. 271-2, al. 1).

Si elle doit répondre à un objectif général, les modalités de la gestion des revenus de la personne protégée sont cependant soumises à quelques conditions particulières.

Ainsi, les prestations sociales doivent être affectées en priorité au paiement des loyers et des charges locatives en cours (CASF, art. L. 271-2, al. 2).

Par ailleurs, suivant l'article R. 271-4 du Code de l'action sociale et des familles, certaines prestations spécifiques doivent être affectées conformément à l'objet pour lequel elles ont été attribuées.

Il s'agit de :

– l'aide personnalisée au logement ;

– l'allocation sociale de logement ;

– l'allocation personnalisée d'autonomie (aide d'un tiers pour les personnes âgées dépendantes) ;

– l'allocation compensatrice destinée à une personne handicapée dont l'état nécessite l'aide d'une tierce personne ou dont l'activité professionnelle impose des frais supplémentaires ;

– la prestation de compensation du handicap créée par la loi n° 2005-102 du 11 février 2005 pour l'égalité des droits et des chances et la citoyenneté des personnes handicapées qui remplace l'allocation compensatrice ;

– l'allocation représentative de services ménagers (aide à domicile pour les personnes âgées ou handicapées).

S'agissant des autres modalités de gestion des prestations, elles sont déterminées par le contrat.

Section 3
Durée et fin de la mesure

213 **La durée de la mesure d'accompagnement social personnalisé.** Le contrat établi entre l'intéressé et le président du conseil géné-

ral est conclu pour une durée de six mois à deux ans (CASF, art. L. 271-2, al. 3).

Il peut être renouvelé, après avoir fait l'objet d'une évaluation préalable, sans que la durée totale de la mesure d'accompagnement social personnalisé puisse excéder quatre ans.

Au terme de ce délai, la signature d'un nouveau contrat est exclue. Soit la mesure a permis de réaliser l'objectif poursuivi, soit le président du conseil général saisit le procureur de la République (voir **n° 214**).

Toutefois, il est possible d'ouvrir une nouvelle mesure d'accompagnement social personnalisé à l'issue d'une mesure d'accompagnement judiciaire arrivée à échéance (CASF, art. L. 271-1, al. 3).

214 **La fin de la mesure d'accompagnement social personnalisé.** À son terme, si la mesure d'accompagnement social personnalisé n'a pas permis à son bénéficiaire de surmonter ses difficultés à gérer ses prestations sociales qui en ont fait l'objet et que sa santé et sa sécurité en sont compromises, le président du conseil général transmet au procureur de la République un rapport comportant une évaluation de la situation sociale et pécuniaire de la personne ainsi qu'un bilan des actions personnalisées menées auprès d'elle.

Il joint à ce rapport, sous pli cacheté, les informations dont il dispose sur la situation médicale du bénéficiaire (CASF, art. L. 271-6).

C'est le procureur de la République qui décidera de l'orientation du dossier.

Il pourra notamment saisir le juge des tutelles d'une demande d'ouverture d'une mesure de protection judiciaire, si les éléments médicaux transmis par le conseil général le justifient, après avoir sollicité l'avis d'un médecin inscrit sur la liste de l'article 431 du Code civil.

Il pourra surtout le saisir d'une mesure d'accompagnement judiciaire.

Quelle que soit sa décision, il devra en informer le président du conseil général par tout moyen.

☞ *S'agissant d'un contrat, rien n'empêche les parties, d'un commun accord, de mettre un terme à la mesure de manière anticipée.*

Section 4
Le versement direct des prestations sociales

215 **Le versement direct des prestations sociales, une mesure sociale complémentaire.** La loi n° 2007-308 du 5 mars 2007 crée une procédure particulière accessoire à la mesure d'accompagnement social personnalisé, mais présentant un caractère contraignant et judiciaire : la procédure de versement direct des prestations sociales au bailleur.

216 **Les conditions de la mise en œuvre de la procédure de versement direct des prestations sociales au bailleur.** Selon l'article L. 271-5 du Code de l'action sociale et des familles, en cas de refus par l'intéressé du contrat d'accompagnement social personnalisé ou de non-respect de ses clauses, le président du conseil général peut demander au juge d'instance que soit procédé au versement direct, chaque mois, au bailleur, des prestations sociales dont l'intéressé est bénéficiaire à hauteur du montant du loyer et des charges locatives dont il est redevable.

Cette procédure ne peut être mise en œuvre que si l'intéressé ne s'est pas acquitté de ses obligations locatives depuis au moins deux mois.

217 **La procédure d'autorisation de versement direct (CASF, art. R. 271-7 à R. 271-16).** Le juge d'instance compétent est celui du lieu où demeure le bénéficiaire des prestations sociales.

Il ne s'agit pas d'une compétence exclusive du juge des tutelles, si bien que tout juge du tribunal d'instance peut être saisi.

Le président du conseil général adresse une requête au greffe du tribunal d'instance qui doit contenir, à peine de nullité :

– l'indication des nom, prénoms et domicile du bénéficiaire des prestations sociales ;

– l'indication des nom et adresse des organismes débiteurs des prestations sociales ;

– l'indication des nom, prénom et adresse du bailleur, ou, s'il s'agit d'une personne morale, de sa dénomination et de son siège social ;

– un exposé sommaire des motifs de la demande.

Sous la même sanction, la requête doit être datée et signée.

Le président du conseil général doit joindre les pièces invoquées à l'appui de la requête.

Il doit en outre communiquer les motifs et pièces invoqués au bénéficiaire des prestations sociales par lettre recommandée avec demande d'avis de réception.

L'affaire est instruite et jugée comme en matière gracieuse, conformément aux dispositions des articles 25 et suivants du Code de procédure civile.

Toutefois, les dispositions réglementaires prévoient la tenue d'une audience.

En effet, le juge statue après que le bénéficiaire des prestations sociales a été entendu ou appelé.

Le président du conseil général peut ne pas se présenter à l'audience s'il justifie que le bénéficiaire des prestations sociales a eu connaissance des motifs et pièces communiqués. Dans ce cas, il est réputé avoir comparu.

Le juge se prononce dans le mois de l'audience.

Le greffe adresse copie du jugement par lettre simple au bailleur et à l'organisme débiteur des prestations.

Le jugement est susceptible d'appel dans les quinze jours de sa notification.

En l'absence de disposition spécifique sur la notification du jugement et les personnes ayant qualité pour faire appel, le droit commun devrait s'appliquer.

Ainsi toute partie ayant intérêt pourra faire appel (CPC, art. 546, al. 1), de même que les tiers auxquels le jugement a été notifié (CPC, art. 546, al. 2).

Le jugement devra être notifié par le greffe au président du conseil général et au bénéficiaire des prestations sociales, parties à l'instance, par lettre recommandée avec demande d'avis de réception, conformément aux dispositions des articles 675 et suivants du Code de procédure civile.

218 **La décision du juge d'instance.** Le juge d'instance détermine les prestations sociales qui seront versées directement au bailleur (CASF, art. R. 271-6). Il peut s'agir de :

– 1° l'aide personnalisée au logement ;

– 2° l'allocation de logement social ;

– 3° l'allocation de solidarité aux personnes âgées ;

– 4° l'allocation aux vieux travailleurs salariés ;

– 5° l'allocation aux vieux travailleurs non salariés ;

– 6° l'allocation aux mères de famille mentionnée au même article que l'allocation aux vieux travailleurs salariés ;

– 7° l'allocation spéciale de vieillesse ;

– 8° l'allocation viagère dont peuvent bénéficier les rapatriés ;

– 9° l'allocation de vieillesse agricole ;

– 10° l'allocation supplémentaire de l'article L. 815-2 du Code de la sécurité sociale ;

– 11° l'allocation supplémentaire d'invalidité ;

– 12° l'allocation aux adultes handicapés ;

– 13° l'allocation de revenu minimum d'insertion, la prime forfaitaire ou le revenu de solidarité active ;

– 14° l'allocation de parent isolé.

Pour plus de précisions, reportons-nous à la liste des prestations en annexe 9.

Si le montant de ces prestations est insuffisant, le juge peut autoriser le prélèvement des prestations familiales visées par l'article R. 271-6, alinéa 2 du Code de l'action sociale et des familles à condition qu'une mesure judiciaire d'aide à la gestion du budget familial n'ait pas été mise en œuvre en application de l'article 375-9-1 du Code civil ; il s'agit des prestations mentionnées aux 18 à 26 et au 28 de l'article D. 271-2 du même code (voir **annexe n° 9**).

Le juge doit également déterminer le montant des prestations versées directement au bailleur puisqu'il doit s'assurer que la procédure de versement direct n'a pas pour effet de priver la personne des ressources nécessaires à sa subsistance et à celle des personnes dont elle assume la charge effective et permanente (CASF, art. L. 271-5, al. 3).

219 **La durée et la fin de la procédure de versement direct.** Le juge fixe la durée du prélèvement dans la limite de deux ans renouvelables sans que la durée totale puisse excéder quatre ans (CASF, art. L. 271-5, al. 4).

Le bénéficiaire des prestations sociales peut saisir le juge d'instance par requête aux fins d'obtenir la mainlevée de la mesure (CASF, art. R. 271-15).

Le président du conseil général peut également saisir à tout moment le juge pour y mettre fin (CASF, art. L. 271-5, al. 4).

La procédure de renouvellement ou de mainlevée de la mesure obéit aux règles des articles R. 271-7 à R. 271-16 susvisés (CASF, art. R. 271-14) (voir **n° 217**).

Chapitre 2

La mesure d'accompagnement judiciaire

Section 1

Les conditions d'ouverture de la mesure d'accompagnement judiciaire

220 **Les conditions de fond.** La mesure d'accompagnement judiciaire est prévue par les articles 495 et suivants du Code civil.

Elle est, sauf cas d'une transformation d'une tutelle aux prestations sociales adultes en mesure d'accompagnement judiciaire (voir **n° 208**), subsidiaire par rapport à la mesure d'accompagnement social personnalisé.

En effet, le juge des tutelles ne peut ordonner une mesure d'accompagnement judiciaire que si les mesures mises en œuvre dans le cadre de la mesure d'accompagnement social personnalisé n'ont pas permis une gestion satisfaisante par la personne protégée de ses prestations sociales et que sa santé ou sa sécurité en est compromise (C. civ., art. 495).

La mesure d'accompagnement judiciaire ne peut, par ailleurs, pas être prononcée :

– à l'égard d'une personne mariée lorsque l'application des règles relatives aux droits et devoirs respectifs des époux et aux régimes matrimoniaux permet une gestion satisfaisante des prestations sociales de l'intéressé par son conjoint (C. civ., art. 495, al. 2[1]) ;

– si la personne bénéficie d'une mesure de protection juridique (sauvegarde de justice, curatelle, tutelle, mandat de protection future) (C. civ., art. 495-1) ; le prononcé d'une telle mesure met d'ailleurs fin de plein droit à la mesure d'accompagnement judiciaire[2].

(1) Il s'agit d'une hypothèse peu probable car une personne dont le conjoint assurera correctement la gestion des prestations sociales ne devrait pas faire l'objet d'une mesure d'accompagnement social personnalisé.

(2) Rien n'empêche, en revanche, le cumul d'une mesure de protection juridique avec une mesure d'accompagnement social personnalisé.

221 **La procédure d'accompagnement judiciaire.** Le juge des tutelles ne peut pas se saisir d'office de l'ouverture d'une mesure d'accompagnement judiciaire, sauf s'il transforme une tutelle aux prestations sociales adultes ouverte antérieurement au 1er janvier 2009 et arrivée à échéance en mesure d'accompagnement judiciaire (voir **n° 208**).

Le juge est saisi sur requête du procureur de la République qui apprécie l'opportunité de la suite à donner au rapport social qui lui a été transmis à la fin de la mesure d'accompagnement social personnalisé par le président du conseil général (voir **n° 214**).

Ce rapport doit être annexé à la requête du procureur de la République.

La procédure est prévue par les articles 1262 et 1263 du Code de procédure civile :

– le juge des tutelles territorialement compétent est celui de la résidence habituelle de la personne qui perçoit les prestations sociales ;

– le procureur de la République informe le président du conseil général de sa décision (même s'il décide de ne pas saisir le juge des tutelles) par tout moyen ;

– le juge recueille toutes les informations utiles ;

– le juge ne pouvant statuer sans que la personne ne soit entendue ou appelée (C. civ., art. 495-2, al. 2), le greffier convoque à l'audience, par lettre recommandée avec demande d'avis de réception, la personne qui perçoit les prestations, ainsi que celles dont le juge estime l'audition utile ;

– le dossier peut être consulté au greffe, jusqu'à ce que le juge ait statué, par la personne qui perçoit les prestations, sur demande écrite de sa part et sans autre restriction que les nécessités du service ;

– l'audience n'est pas publique ;

– les tiers ne peuvent obtenir copie des décisions rendues que sur autorisation du juge des tutelles et s'ils justifient d'un intérêt légitime ;

– le juge statue dans le mois qui suit le dépôt de la requête ;

– la décision n'est pas susceptible d'opposition ;

– le jugement est notifié à la personne qui perçoit les prestations et, le cas échéant, au mandataire judiciaire à la protection des majeurs désigné ; avis en est donné au procureur de la République, au président du conseil général et, le cas échéant, à l'organisme payeur ;

– l'appel est ouvert à la personne qui reçoit les prestations et au procureur de la République ; il est formé, instruit et jugé selon la procédure sans représentation obligatoire ; le délai d'appel est de quinze jours ; il est porté devant la cour d'appel ; l'arrêt de la cour est notifié à la personne qui perçoit les prestations et, le cas échéant, au mandataire judiciaire à la protection des majeurs désigné ; avis en est donné au procureur de la République, au président du conseil général et, le cas échéant, à l'organisme payeur ;

– lorsque le juge prononce une mesure de protection juridique (sauvegarde de justice, curatelle ou tutelle), il en informe par tout moyen le mandataire judiciaire à la protection des majeurs exerçant la mesure d'accompagnement judiciaire.

222 **La décision du juge des tutelles.** Le juge ne peut désigner, pour exercer la mesure d'accompagnement judiciaire, qu'un mandataire judiciaire à la protection des majeurs inscrit sur la liste prévue à l'article L. 471-2 du Code de l'action sociale et des familles (C. civ., art. 495-6) (voir **nos 229 et s.**).

Le jugement doit déterminer les prestations sociales sur lesquelles porte la mesure (C. civ., art. 495-4) à partir de la liste de l'article D. 271-2 du Code de l'action sociale et des familles (voir **annexe n° 9**).

Le juge peut notamment, si la situation de l'intéressé le justifie, étendre la mesure aux prestations familiales versées pour les enfants de la personne protégée, sauf si une mesure judiciaire d'aide à la gestion du budget familial a été mise en œuvre par le juge des enfants en application de l'article 375-9-1 du Code civil (C. civ., art. 495-5) (voir **n° 210**).

Dans ce cas, les personnes chargées de la mesure d'accompagnement judiciaire et de la mesure judiciaire d'aide à la gestion du budget familial pour un même foyer doivent s'informer mutuellement des décisions qu'elles prennent.

Le juge fixe la durée de la mesure qui ne peut excéder deux ans.

Il peut, à la demande de la personne protégée, du mandataire ou du procureur de la République, la renouveler par décision spécialement motivée sans que la durée totale puisse excéder quatre ans (C. civ., art. 495-8).

Section 2
Effets et mise en œuvre de la mesure d'accompagnement judiciaire

223 **Une mesure limitée à la gestion des prestations sociales de la personne protégée.** Contrairement aux mesures de protection juridique, la mesure d'accompagnement judiciaire n'entraîne aucune incapacité (C. civ., art. 495-3).

Il s'agit d'une mesure limitée à la gestion des revenus de la personne.

Seule similitude avec les mesures de protection juridique : les revenus de la personne sont gérés comme dans le cadre d'une curatelle renforcée (voir **n° 141**).

Ainsi, selon l'article 495-7 du Code civil, le mandataire judiciaire à la protection des majeurs perçoit les prestations incluses dans la mesure d'accompagnement judiciaire sur un compte ouvert au nom de la personne auprès d'un établissement habilité à recevoir des fonds du public.

Il assure lui-même le règlement des dépenses auprès des tiers et dépose l'excédent des revenus sur un compte laissé à la disposition de la personne protégée ou le verse entre ses mains.

Si le mandataire désigné est un préposé ou un service d'un établissement de santé, social ou médico-social soumis aux règles de la comptabilité publique, la gestion des revenus est effectuée sur le compte de la trésorerie de l'établissement, conformément aux dispositions spécifiques à la comptabilité publique.

Le mandataire doit limiter sa gestion aux prestations visées dans la décision du juge.

Il gère ces prestations dans l'intérêt de la personne en tenant compte de son avis et de sa situation familiale (C. civ., art. 495-7, al. 2).

Par ailleurs, suivant l'article R. 272-2 du Code de l'action sociale et des familles, certaines prestations spécifiques doivent être affectées conformément à l'objet pour lequel elles ont été attribuées.

Il s'agit de :

– l'aide personnalisée au logement ;

– l'allocation sociale de logement ;

– l'allocation personnalisée d'autonomie (aide d'un tiers pour les personnes âgées dépendantes) ;

– l'allocation compensatrice destinée à une personne handicapée dont l'état nécessite l'aide d'une tierce personne ou dont l'activité professionnelle impose des frais supplémentaires ;

– la prestation de compensation du handicap créée par la loi n° 2005-102 du 11 février 2005 pour l'égalité des droits et des chances et la citoyenneté des personnes handicapées qui remplace l'allocation compensatrice ;

– l'allocation représentative de services ménagers (aide à domicile pour les personnes âgées ou handicapées).

224 **Une mesure d'accompagnement à caractère social.** L'objectif de la mesure d'accompagnement judiciaire, comme pour la mesure d'accompagnement social personnalisé, est non seulement de permettre la bonne gestion des prestations sociales de la personne, mais également, s'agissant d'une mesure provisoire, de rétablir les conditions de leur gestion autonome (C. civ., art. 495-7, al. 3).

Le mandataire doit donc exercer auprès de la personne protégée une action éducative.

225 **La reddition de comptes.** Comme pour une mesure de protection juridique, le mandataire est tenu de rendre compte de sa gestion au greffier en chef du tribunal d'instance dans les conditions prévues par les articles 510 à 515 du Code civil (C. civ., art. 495-9).

Il sera donc renvoyé aux **n°s 131 et s.**, étant précisé que les dispositions relatives à l'établissement, la vérification et l'approbation des comptes qui ne sont pas compatibles avec celles relatives à la mesure d'accompagnement judiciaire ne s'appliquent pas.

226 **Difficultés menant à la modification de la mesure.** Le juge statue sur les difficultés qui pourraient survenir dans la mise en œuvre de la mesure d'accompagnement judiciaire.

À tout moment, il peut, d'office ou à la demande de la personne protégée, du mandataire judiciaire à la protection des majeurs ou du procureur de la République, en modifier l'étendue, après avoir entendu ou appelé la personne (C. civ., art. 495-4, al. 2).

Le juge statue alors conformément à la procédure prévue par les articles 1262-3 à 1262-5 du Code de procédure civile (CPC, art. 1262-6) (voir **n° 221**).

Section 3
La fin de la mesure d'accompagnement judiciaire

227 **La fin de la mesure.** La mesure d'accompagnement judiciaire prend fin au terme de la durée fixée par le jugement d'ouverture ou de renouvellement, la durée totale ne pouvant excéder quatre ans (C. civ., art. 495-8).

Elle prend également fin de plein droit, conformément à l'article 495-1, alinéa 2, lors de l'ouverture d'une mesure de protection juridique (mandat de protection future, sauvegarde de justice, curatelle, tutelle).

Elle prend évidemment fin en cas de décès du majeur.

À tout moment, le juge peut, d'office ou à la demande de la personne protégée, du mandataire judiciaire à la protection des majeurs ou du procureur de la République, mettre fin à la mesure d'accompagnement judiciaire, après avoir entendu ou appelé la personne (C. civ., art. 495-4, al. 2).

Le juge statue alors conformément à la procédure prévue par les articles 1262-3 à 1262-5 du Code de procédure civile (CPC, art. 1262-6) (voir **n° 221**).

228 **Le rôle du mandataire judiciaire à la protection des majeurs.** À la fin de la mesure, conformément à l'article 514 du Code civil, le mandataire judiciaire à la protection des majeurs établit un compte de gestion des opérations intervenues depuis l'établissement du dernier compte annuel.

Dans les trois mois qui suivent la fin de sa mission, il remet une copie des comptes de gestion, selon le cas, à la personne ayant fait l'objet de la mesure si elle n'en a pas déjà été destinataire, à la personne nouvellement chargée de la mesure ou aux héritiers de la personne protégée.

Il doit, par ailleurs, remettre à ces personnes les pièces nécessaires pour continuer la gestion ou assurer la liquidation de la succession.

Il remet en outre le compte de gestion définitif au greffier en chef du tribunal d'instance qui procède à sa vérification.

Comme dans le cadre d'une mesure de protection juridique, le mandataire peut, en cas de décès de la personne protégée, en l'absence d'héritiers connus, saisir le notaire du défunt en vue du règlement de la succession ou, à défaut, demander au président de la chambre départementale des notaires d'en désigner un.

Si le notaire chargé du règlement de la succession ne parvient pas à identifier les héritiers de la personne protégée, le mandataire, autorisé par le juge des tutelles, ou le notaire, dans les conditions de l'article 36 de la loi n° 2006-728 du 23 juin 2006 portant réforme des successions et des libéralités, peut délivrer un mandat de recherche des héritiers (CPC, art. 1263 et 1215).

IV

LE STATUT DES MANDATAIRES JUDICIAIRES À LA PROTECTION DES PERSONNES

229 **La création d'un nouveau statut**. La loi n° 2007-308 du 5 mars 2007 a entendu unifier le statut juridique des tiers, personnes physiques ou morales, pouvant, conformément aux articles 450 et 451 du Code civil, être désignés par le juge des tutelles pour exercer une mesure de protection lorsqu'aucun proche n'est susceptible de prendre en charge la personne protégée, ainsi qu'encadrer et professionnaliser leur activité.

L'ensemble des intervenants tutélaires (gérants de tutelles privés, hospitaliers, associations tutélaires) sont ainsi soumis au statut unique des mandataires judiciaires à la protection des majeurs prévu par les articles L. 471-1 et suivants du Code de l'action sociale et des familles.

Chapitre 1

Les conditions d'aptitude à la profession de mandataire judiciaire à la protection des majeurs

Section 1
Rôle et conditions générales d'inscription communes à tous les mandataires judiciaires à la protection des majeurs

230 **Le rôle des mandataires judiciaires à la protection des majeurs.** Conformément à l'article L. 471-1 du Code de l'action sociale et des familles, les mandataires judiciaires à la protection des majeurs exercent à titre habituel les mesures de protection des majeurs que le juge des tutelles leur confie (mandat spécial dans le cadre d'une mesure de sauvegarde de justice, curatelle, tutelle, mesure d'accompagnement judiciaire).

Même si elles ne sont pas mentionnées par l'article L. 471-1 du Code de l'action sociale et des familles, il s'agit également des mesures pouvant être confiées aux mandataires judiciaires par le conseil de famille (C. civ., art. 456, al. 31) ou par le mandant dans le cadre de la mise en œuvre d'un mandat de protection future (C. civ., art. 480).

231 **L'inscription sur une liste tenue par le préfet.** Les mandataires judiciaires à la protection des majeurs sont inscrits sur une liste dressée et tenue à jour par le représentant de l'État dans le département (CASF, art. L. 471-2).

Cette liste comprend les services mentionnés au 14° du I de l'article L. 312-1 du Code de l'action sociale et des familles. Il s'agit :

– des anciennes associations tutélaires qui sont désormais intégrées dans les établissements et services sociaux et médico-sociaux réglementés par le Code de l'action sociale et des familles ;

– des personnes physiques exerçant l'activité de mandataire judiciaire à titre individuel, correspondant aux anciens tuteurs privés exerçant à titre bénévole ou libéral ;

– des préposés d'établissements de santé, sociaux ou médico-sociaux hébergeant des majeurs pouvant être désignés par le juge des tutelles en application de l'article 451 du Code civil (voir **n° 104**) ; il s'agit des anciens gérants de tutelles des établissements hospitaliers ou des maisons de retraite accueillant des personnes protégées.

Le préfet notifie sans délai cette liste aux juridictions intéressées en mentionnant notamment la catégorie de mesures de protection que les mandataires sont habilités à exercer (CASF, art. D. 471-1).

Les personnes inscrites sur cette liste doivent prêter serment dans le mois de leur inscription devant le tribunal d'instance du chef-lieu de département (CASF, art. R. 471-2).

La formule du serment est la suivante : « Je jure et promets de bien et loyalement exercer le mandat qui m'est confié par le juge et d'observer, en tout, les devoirs que mes fonctions m'imposent. Je jure également de ne rien révéler ou utiliser de ce qui sera porté à ma connaissance à l'occasion de l'exercice du mandat judiciaire. »

Les personnes physiques d'un service assurant, sur délégation, la mise en œuvre des mesures de protection doivent prêter serment individuellement.

232 **Le certificat national de compétence : les critères communs d'exercice de la profession de mandataire.** Les mandataires judiciaires à la protection des majeurs doivent satisfaire à des conditions de moralité, d'âge, de formation certifiée par l'État et d'expérience professionnelle (CASF, art. L. 471-4).

Ces conditions sont déterminées par les articles D. 471-3 et D. 471-4 du Code de l'action sociale et des familles.

Les personnes candidates doivent avoir suivi avec succès une formation complémentaire attestant des compétences nécessaires à l'exercice des fonctions de mandataire judiciaire.

Pour pouvoir accéder à cette formation, elles doivent :

– être titulaires d'un diplôme ou titre enregistré au niveau III du répertoire national des certifications professionnelles ou, pour les ressortissants d'un autre État membre de la Communauté européenne ou d'un autre État partie à l'accord sur l'espace économique européen, d'un titre équivalent ;

– ou, le cas échéant, justifier d'une ancienneté d'au moins trois ans dans un emploi exigeant normalement un diplôme ou titre de ce niveau ; les personnes qui exerçaient avant le 1er janvier 2009 la tutelle d'État aux majeurs protégés, la tutelle aux prestations sociales ou la gérance de tutelle et qui justifient d'une expérience professionnelle d'au moins trois ans dans la fonction n'ont pas non plus besoin de répondre aux conditions de diplôme (D. n° 2008-1508 du 30 déc. 2008, art. 3).

Les conditions d'âge et d'expérience professionnelle sont différentes selon les mandataires (voir **nos 235, 238 et 240**) et sont un préalable à l'entrée en formation.

La durée et le contenu de la formation complémentaire sont fonction des qualifications des intéressés et de leur expérience professionnelle pertinente.

Pour attester de cette formation, un certificat national de compétence de mandataire judiciaire est créé.

Ce certificat comporte deux mentions permettant l'exercice :

– d'une part, des mesures de protection des majeurs au titre du mandat spécial auquel il peut être recouru dans le cadre de la sauvegarde de justice ou au titre de la curatelle ou de la tutelle ;

– d'autre part, de la mesure d'accompagnement judiciaire.

Un arrêté du 2 janvier 2009 du ministre du Travail, des Relations sociales, de la Famille et de la Solidarité détermine le contenu, les conditions et les modalités de délivrance du certificat national, ainsi que les conditions devant être remplies par l'établissement de formation[1].

Pour synthétiser, les formations complémentaires relatives aux deux mentions du certificat national comportent des enseignements théoriques et un stage pratique.

L'enseignement théorique est organisé sous forme de modules de formation.

La mention permettant l'exercice des mesures de protection juridique comprend les modules suivants : une formation juridique, une formation en gestion, une formation sur la protection de la personne et une formation sur le mandataire judiciaire à la protection des majeurs.

La mention permettant l'exercice de la mesure d'accompagnement judiciaire comprend les modules suivants : la mesure d'accompagnement judiciaire et le mandataire en charge de la mesure d'accompagnement judiciaire.

La formation pratique se déroule sous forme d'un stage d'une durée de dix semaines consécutives réalisé auprès d'une personne physique ou d'un service inscrit sur les listes départementales pour l'exercice des mesures correspondant à la formation complémentaire suivie.

Des dispenses et allégements de formation peuvent être accordés par le directeur de l'établissement de formation aux candidats au vu de leurs qualifications et expériences professionnelles.

La dispense d'un module de formation entraîne la validation de celui-ci.

Pour obtenir une dispense, le candidat doit justifier d'un diplôme dont le programme correspond au programme du module concerné.

Les personnes qui justifient, lors de leur entrée en formation, d'une expérience professionnelle d'au moins six mois dans le cadre d'une activité tutélaire sont dispensées du stage pratique.

Des allégements de formation peuvent aussi être accordés aux candidats qui justifient d'une expérience professionnelle d'au moins trois ans acquise dans le cadre d'une activité en lien direct avec le contenu de formation concerné. L'allégement n'entraîne pas la validation du module.

Le certificat national de compétence est validé par le responsable de l'établissement qui a dispensé la formation et délivré par le directeur régional des affaires sanitaires et sociales.

(1) Afin de ne pas alourdir le propos, l'arrêté du 2 janvier 2009 relatif à la formation complémentaire préparant aux certificats nationaux de compétence de mandataire judiciaire à la protection des majeurs et de délégué aux prestations familiales n'est pas reproduit et il sera renvoyé au Journal officiel *du 15 janvier 2009.*

233 **Dispositions transitoires.** Les personnes physiques et morales habilitées à exercer des mesures de protection juridique et les préposés d'établissements de santé, sociaux ou médico-sociaux désignés en qualité de gérants de tutelles antérieurement à l'entrée en vigueur de la loi n° 2007-308 du 5 mars 2007 disposent d'un délai de trois ans pour répondre aux nouvelles conditions posées par la loi.

L'article 44 de la loi n° 2007-308 du 5 mars 2007, modifié par la loi du 12 mai 2009 de simplification du droit, prévoit en effet que ces personnes se conforment aux nouvelles dispositions dans un délai de trois ans à compter de son entrée en vigueur, soit avant le 1er janvier 2012.

Ainsi, les personnes qui exerçaient avant le 1er janvier 2009 la tutelle ou curatelle d'État aux majeurs protégés, la tutelle aux prestations sociales ou la gérance de tutelle sont, dès le 1er janvier 2009, inscrites par le préfet sur une liste provisoire à charge pour elles de se conformer aux conditions fixées pour leur inscription sur la liste des mandataires judiciaires à la protection des majeurs avant le 1er janvier 2012 (D. n° 2008-1512 du 30 déc. 2008, art. 3).

Le préfet notifie sans délai aux juridictions intéressées le nom et les coordonnées des personnes inscrites en mentionnant :

– la catégorie de mesures de protection des majeurs qu'elles sont habilitées à exercer ;

– les tribunaux d'instance dans les ressorts desquels elles sont habilitées à exercer les mesures de protection ;

– la date d'échéance de leur inscription sur la liste.

Section 2
L'activité exercée à titre individuel

234 **L'agrément en qualité de mandataire judiciaire à la protection des majeurs.** Selon l'article L. 472-1 du Code de l'action sociale et des familles, les personnes physiques qui exercent à titre individuel et habituel les mesures de protection des majeurs ordonnées par l'autorité judiciaire au titre du mandat spécial auquel il peut être recouru dans le cadre de la sauvegarde de justice ou au titre de la curatelle, de la tutelle ou de la mesure d'accompagnement judiciaire font l'objet, préalablement à leur inscription sur la liste établie par le préfet (voir **n° 231**), d'un agrément en qualité de mandataire judiciaire à la protection des majeurs.

L'agrément est délivré par le représentant de l'État dans le département dans les conditions suivantes :

– la demande d'agrément doit être compatible avec les objectifs et répondre aux besoins sociaux et médico-sociaux fixés par le schéma régional des mandataires judiciaires à la protection des majeurs (voir **n° 241**) ;

– la personne doit satisfaire aux conditions de moralité, d'âge, de formation et d'expérience professionnelle posées par l'article L. 471-4 (obtention du certificat national de compétence) ;

– la personne doit justifier de garanties des conséquences pécuniaires de sa responsabilité civile en raison des dommages subis par les personnes qu'il prend en charge (CASF, art. L. 472-2) ;

– après avis conforme du procureur de la République.

L'agrément vaut inscription sur la liste des mandataires judiciaires à la protection des majeurs (CASF, art. D. 471-1).

Les modalités administratives de la demande d'agrément sont précisées par les articles R. 472-1 à R. 472-6 du Code de l'action sociale et des familles auxquels il convient de se reporter.

Il sera simplement indiqué que la décision d'agrément comporte une mention permettant l'exercice des mesures de protection des majeurs :

– au titre du mandat spécial auquel il peut être recouru dans le cadre de la sauvegarde de justice ou au titre de la curatelle ou de la tutelle ;

– au titre de la mesure d'accompagnement judiciaire (CASF, art. R. 472-3).

Par ailleurs, en cas de refus ou de retrait d'agrément, le candidat doit attendre une année avant de déposer une nouvelle candidature (CASF, art. R. 472-5).

235 **Les conditions particulières d'âge et d'expérience professionnelle.** Comme tout candidat aux fonctions de mandataire judiciaire, les personnes physiques souhaitant exercer cette activité à titre individuel doivent obtenir le certificat national de compétence (voir **n° 232**).

Elles sont toutefois soumises à des conditions d'âge et d'expérience professionnelle particulières.

Elles doivent en effet justifier, avant leur entrée en formation, d'une expérience professionnelle d'une durée minimale de trois ans dans un des domaines nécessaires à l'exercice des fonctions de mandataire judiciaire et être âgées d'au moins 25 ans (CASF, art. D. 471-3, al. 4).

236 **La cessation de fonctions.** Le mandataire judiciaire à la protection des majeurs qui désire cesser ses fonctions en informe, avec un préavis de deux mois, le préfet ainsi que les juridictions qui lui ont confié des mesures de protection.

Il lui en est donné acte par le préfet, l'agrément lui est retiré et il est radié de la liste des mandataires judiciaires. Le retrait de l'agrément est notifié au procureur de la République et aux juridictions intéressées (CASF, art. R. 472-7).

Section 3
L'activité exercée en qualité de préposé d'un établissement hébergeant des personnes protégées

237 **Une activité soumise à déclaration.** Conformément à l'article 451 du Code civil, le juge des tutelles peut désigner, en qualité de mandataire spécial dans le cadre d'une mesure de sauvegarde de

justice (CASF, art. 437, al. 2), d'une curatelle ou d'une tutelle, une personne ou un service préposé d'un établissement de santé, social ou médico-social inscrit sur la liste des mandataires judiciaires à la protection des majeurs.

L'article L. 472-5 du Code de l'action sociale et des familles, et par renvoi l'article L. 6111-4 du Code de la santé publique, impose aux établissements publics qui accueillent des personnes âgées ou des adultes handicapés, aux établissements de santé publics, privés sous dotation globale ou participant au service public hospitalier qui dispensent des soins psychiatriques ou des soins de longue durée et aux hôpitaux locaux, lorsque leur capacité d'accueil est supérieure à un seuil fixé par décret[1], la désignation d'un ou plusieurs agents comme mandataires judiciaires à la protection des majeurs.

L'établissement peut toutefois choisir de ne pas désigner directement d'agent dans son service.

Dans ce cas, l'exercice des mesures de protection peut être confié :

– à un service mentionné au 14 ° du I de l'article L. 312-1 du Code de l'action sociale et des familles, géré par l'établissement ou par un syndicat interhospitalier, un groupement d'intérêts public, un groupement de coopération sanitaire ou un groupement de coopération sociale ou médico-sociale dont il est membre (sur les conditions d'habilitation de ces services, voir **n°s 239 et 240**) ; le regroupement dans un service autonome chargé de la protection des majeurs aura le mérite d'offrir davantage de garanties d'indépendance ;

– par convention, à un autre établissement disposant d'un service mentionné au 14 ° du I de l'article L. 312-1 du Code de l'action sociale ou d'un ou plusieurs agents ayant fait l'objet d'une déclaration au préfet.

La désignation d'un agent est soumise à déclaration préalable auprès du préfet qui en informe sans délai le procureur de la République (CASF, art. L. 472-6, al. 3).

Suivant l'article L. 472-8 du Code de l'action sociale et des familles, cette désignation prend effet deux mois après la déclaration, sauf opposition du préfet sur avis conforme du procureur de la République ou à sa demande.

En cas d'opposition à la déclaration, le préfet en informe l'auteur et le trésorier-payeur-général (CASF, art. D. 472-18).

Le procureur de la République et le préfet doivent en effet vérifier que les préposés répondent aux conditions de moralité, d'âge, de formation, d'expérience professionnelle et d'indépendance prévues par les articles L. 471-4 et L. 472-6 du Code de l'action sociale et des familles.

Ils doivent, d'une manière générale, s'opposer à la déclaration si les conditions d'exercice du mandat ne permettent pas de garantir que le respect de la santé, de la sécurité et du bien-être physique et moral de la personne protégée sera assuré.

La prise d'effet de la désignation vaut inscription sur la liste des mandataires judiciaires à la protection des majeurs (CASF, art. D. 471-1).

Tout changement affectant les conditions de moralité, d'âge, de formation et d'expérience professionnelle prévues par l'article L. 471-4 du Code de l'action sociale et des familles, la nature des mesures exercées ainsi que l'identité des préposés désignés justifie une nouvelle déclaration (CASF, art. L. 472-7).

(1) En l'occurrence, l'article D. 472-13 du Code de l'action sociale et des familles fixe le seuil à 80 places autorisées au titre de l'hébergement permanent.

238 **Les conditions de la désignation d'un agent.** Les conditions de la désignation d'un agent d'un établissement hébergeant des majeurs sont fixées par l'article L. 472-6 du Code de l'action sociale et des familles.

L'établissement ne peut désigner un de ses agents en qualité de mandataire judiciaire à la protection des majeurs que si un exercice indépendant des mesures de protection qui lui sont confiées par le juge peut être assuré de manière effective.

L'agent doit satisfaire aux conditions de moralité, d'âge, de formation et d'expérience professionnelle posées par l'article L. 471-4 et avoir plus particulièrement obtenu le certificat national de compétence (voir **n° 232**).

Toutefois, les personnels des corps, grades et emplois des fonctions publiques territoriale et hospitalière, figurant sur une liste fixée par arrêté ministériel, peuvent être dispensés des conditions de formation fixées par l'article D. 471-3 du Code de l'action sociale et des familles (CASF, art. D. 471-3 al. 3).

Pour pouvoir se présenter à la formation permettant d'obtenir le certificat national de compétence, l'agent doit justifier d'une expérience professionnelle d'une durée minimale d'un an dans un des domaines nécessaires à l'exercice des fonctions de mandataire judiciaire et être âgé d'au moins 21 ans (CASF, art. D. 471-3, al. 5).

Section 4
L'activité exercée par les services assimilés aux services sociaux et médico-sociaux

239 **L'autorisation d'exercer en qualité de mandataire judiciaire à la protection des majeurs.** Les associations tutélaires (type UDAF, etc.) et, d'une manière générale, les services mettant en œuvre les mesures de protection des majeurs ordonnées par l'autorité judiciaire sont désormais assimilés aux établissements et services sociaux et médico-sociaux visés par l'article L. 312-1 du Code de l'action sociale et des familles.

Comme tout établissement social ou médico-social, ces services relèvent désormais de la procédure d'autorisation préalable prévue par les articles L. 313-1 et suivants du Code de l'action sociale et des familles.

L'autorisation de créer un service est délivrée par le préfet du département, après avis conforme du procureur de la République (CASF, art. L. 313-3 b).

L'autorisation sera accordée si le projet :

– est compatible avec les objectifs et répond aux besoins fixés par le schéma régional des mandataires judiciaires à la protection des majeurs (voir **n° 241**) ;

– satisfait aux règles d'organisation et de fonctionnement prévues par la Code de l'action sociale et des familles :

- les salariés du service exerçant les mesures de protection devront notamment répondre aux conditions posées par l'article L. 471-4 du Code de l'action sociale et des familles pour l'exercice de l'activité de mandataire judiciaire à la protection des majeurs (voir **n° 240**),

- le service doit informer le préfet des méthodes de recrutement suivies pour se conformer à ces conditions et des règles internes qu'il s'est fixées pour le contrôle de ses agents dans l'exercice de leur mission (CASF, art. L. 471-4, al. 2) ;

– présente un coût de fonctionnement qui n'est pas hors de proportion avec le service rendu ou les coûts des établissements et services fournissant des prestations comparables.

L'autorisation est valable quinze ans sous réserve d'une visite de conformité permettant de vérifier que le service peut fonctionner dès son ouverture conformément aux conditions techniques minimales d'organisation et de fonctionnement définies par le Code de l'action sociale et des familles.

L'ouverture d'un service vaut inscription sur la liste des mandataires judiciaires à la protection des majeurs (CASF, art. D. 471-1).

240 **Les conditions tenant aux salariés du service**. Les personnes physiques qui ont reçu délégation d'un service mentionné au 14° du I de l'article L. 312-1 du Code de l'action sociale et des familles pour assurer la mise en œuvre d'une mesure de protection doivent répondre aux conditions de moralité, d'âge, de formation et d'expérience professionnelle posées par l'article L. 471-4 et avoir plus particulièrement obtenu le certificat national de compétence (voir **n° 232**).

Elles doivent être âgées d'au moins 21 ans à leur entrée en fonction. Elles disposent d'un délai de deux ans à compter de leur entrée en fonction au sein du service pour satisfaire aux conditions de formation prévues par l'article D. 471-3 du Code de l'action sociale et des familles (CASF, art. D. 471-3, al. 6).

Chapitre 2

Le contrôle, les obligations et la responsabilité des mandataires judiciaires à la protection des majeurs

Section 1
Le contrôle de l'activité des mandataires judiciaires à la protection des majeurs

241 **Le schéma régional des mandataires judiciaires à la protection des majeurs.** La loi n° 2007-308 du 5 mars 2007 prévoit la création d'un schéma régional des mandataires judiciaires à la protection des majeurs (CASF, art. L. 312-5).

Ce schéma, arrêté par le préfet de région pour une période de cinq ans renouvelables, répond aux objectifs suivants :

– apprécier la nature et le niveau de l'ensemble des besoins de la population en matière de protection des majeurs et leur évolution ;

– évaluer l'offre proposée en matière de protection des majeurs (nombre de mesures de protection en cours, répartition des mesures entre les familles, les mandataires judiciaires, les services sociaux des départements) ;

– fixer des objectifs sur l'évolution de l'activité des mandataires et de leur organisation ;

– prévoir des critères d'évaluation des actions prévues.

La DDASS devra ainsi consulter ce schéma avant toute création, transformation ou extension d'un service mandataire judiciaire à la protection des majeurs ou tout agrément d'une personne physique, l'incompatibilité de cette création ou de cet agrément pouvant motiver un refus.

242 **L'évaluation et le contrôle de l'activité des mandataires judiciaires à la protection des majeurs par les autorités judiciaires.** Le juge des tutelles et le procureur de la République, conformément à leur rôle de surveillance générale des mesures de protection (C. civ., art. 416), contrôlent l'activité des mandataires judiciaires à la protection des majeurs.

Le juge des tutelles peut notamment prononcer des injonctions contre les personnes chargées de la protection et les condamner à l'amende civile prévue par le Code de procédure civile si elles n'y ont pas déféré (C. civ., art. 417).

Il peut, après les avoir entendues ou appelées, les dessaisir de leur mission en cas de manquement caractérisé à l'exercice de celle-ci et demander au procureur de la République de solliciter auprès du préfet leur radiation de la liste des mandataires judiciaires.

Les mandataires judiciaires à la protection des majeurs exerçant à titre individuel (voir **n°s 234 à 236**) adressent chaque semestre aux juges concernés une déclaration indiquant le nombre total et la nature des mesures de protection qu'ils exercent, ainsi que le nombre de personnes exerçant auprès d'eux la fonction de secrétaire spécialisé. Une copie est adressée au préfet (CASF, art. R. 472-10).

243 **Le contrôle administratif de l'activité des mandataires judiciaires à la protection des majeurs.** Les établissements accueillant des personnes protégées et les services mentionnés au 14° du I de l'article L. 312-1 du Code de l'action sociale et des familles sont soumis aux règles générales de contrôle, prévues par les articles L. 313-13 et suivants du Code de l'action sociale et des familles pour l'ensemble des établissements et services sociaux et médico-sociaux, qui permettent notamment au préfet, le cas échéant sur demande du procureur de la République, de donner des injonctions et de fermer les services qui ne respectent pas les conditions légales et réglementaires de gestion et d'organisation[(1)].

Les services mentionnés au 14° du I de l'article L. 312-1 du Code de l'action sociale et des familles sont ainsi soumis au contrôle du préfet du département, exercé par les inspecteurs de la DDASS.

Ces services font l'objet d'une double évaluation communiquée à la DDASS (CASF, art. L. 312-8) :

– une évaluation interne établie tous les cinq ans ;

– une évaluation effectuée tous les sept ans par un organisme extérieur habilité.

Ils doivent, par ailleurs, informer le préfet des méthodes de recrutement suivies pour se conformer à ces conditions et des règles internes qu'ils se sont fixées pour le contrôle de leurs agents dans l'exercice de leur mission (CASF, art. L. 471-4, al. 2).

L'article L. 472-10 du Code de l'action sociale et des familles prévoit, en outre, un contrôle spécifique applicable à l'ensemble des mandataires judiciaires à la protection des majeurs.

Ainsi, en cas de violation des lois et règlements, de dysfonctionnements pouvant affecter la prise en charge des personnes protégées, lorsque leur santé, leur sécurité ou leur bien-être physique ou moral sont menacés ou compromis, ou lorsque l'indépendance du préposé d'un établissement n'est pas effective (voir **n° 238**) le préfet peut, d'office ou à la demande du procureur de la République, après avoir entendu l'intéressé, adresser au mandataire judiciaire à la protection des majeurs une injonction assortie d'un délai circonstancié qu'il fixe.

S'il n'est pas satisfait à l'injonction dans le délai fixé, le préfet, sur avis conforme du procureur de la République ou à la demande de celui-ci, retire l'agrément prévu par l'article L. 472-1 ou annule les effets de la déclaration prévue à l'article L. 472-6.

Comme tout service social ou médico-social, le préfet peut, par ailleurs, fermer un service mentionné au 14° du I de l'article L. 312-1 du Code de l'action sociale et des familles, cette fermeture entraînant le retrait de l'autorisation (CASF, art. L. 313-18).

Le préfet informe le procureur de la République du retrait ou de l'annulation.

En cas d'urgence, l'agrément ou la déclaration peut être suspendu sans injonction préalable et au besoin d'office.

Cette suspension intervient pour une période maximale de huit jours, durant laquelle le mandataire judiciaire est appelé ou entendu.

Cette suspension vaut évidemment suspension de l'inscription sur la liste des mandataires judiciaires ; elle est notifiée sans délai au procureur de la République, aux juridictions intéressées et au mandataire.

À l'issue de la période de suspension, en l'absence de décision de retrait d'agrément, le préfet notifie la fin de la suspension et le retrait de la liste prévue à l'article L. 471-3 (voir **n° 243**) au procureur de la République et au mandataire judiciaire (CASF, art. R. 472-25).

(1) Ne s'agissant pas de dispositions nouvelles spécifiques à la loi n° 2007-308 du 5 mars 2007, elles ne seront pas développées et, pour plus de détails, il y sera simplement renvoyé.

244 **L'inscription des retraits, suspensions, annulations sur une liste nationale.** L'article L. 471-3 du Code de l'action sociale et des familles prévoit l'inscription des mandataires judiciaires à la protection des majeurs dont l'autorisation, l'agrément ou la déclaration font l'objet d'un retrait, d'une suspension ou d'une annulation par le préfet sur une liste nationale, placée sous le contrôle du ministre chargé de la Famille, qui peut être consultée par le préfet et par le procureur de la République.

Les modalités d'inscription et les informations figurant sur cette liste sont prévues par les articles D. 471-13 à D. 471-18 du Code de l'action sociale et des familles.

Les personnes et les services concernés ne peuvent s'opposer à cette inscription. Ils peuvent cependant solliciter du directeur départemental des affaires sanitaires et sociales la rectification ou l'effacement des informations.

Ils disposent, conformément à la loi n° 78-17 du 6 janvier 1978 relative à l'informatique, aux fichiers et aux libertés, d'un droit d'accès à ces informations.

Le directeur départemental des affaires sanitaires et sociales procède à l'effacement des données qui sont inscrites sur la liste :

– à l'expiration d'un délai de cinq ans ;

– lorsqu'il est informé du rétablissement de l'agrément ou de la déclaration après suspension ou de la réouverture d'un service ;

– lorsqu'il est informé du décès de la personne ;

– lorsqu'il prend une décision d'effacement.

Section 2
Les obligations et la responsabilité des mandataires

Sous-section 1
Les interdictions

245 **Le respect des règles de financement.** L'article 420 du Code civil interdit aux mandataires judiciaires à la protection des majeurs, à quelque titre ou sous quelque forme que ce soit, de percevoir une autre somme que les aides et subventions accordées par les collectivités publiques aux personnes morales pour leur fonctionnement général ou de bénéficier d'un avantage financier en relation directe ou indirecte avec les missions dont ils ont la charge ; cette disposition renvoie notamment à la prohibition des « comptes pivot » et à l'interdiction de tirer des fruits du patrimoine des personnes protégées.

246 **L'interdiction de bénéficier de dispositions entre vifs ou testamentaires.** Par ailleurs, les mandataires judiciaires et les personnes morales au nom desquelles ils exercent leurs fonctions ne peuvent profiter de dispositions entre vifs ou testamentaires que les personnes dont ils assurent la protection auraient faites en leur faveur, quelle que soit la date de la libéralité (C. civ., art. 909, al. 2).

Sous-section 2
Les droits de l'usager du mandataire judiciaire à la protection des majeurs

247 **La remise d'une notice d'information.** Afin de garantir l'exercice effectif des droits et libertés de la personne protégée, notamment de prévenir tout risque de maltraitance, le mandataire judiciaire à la protection des majeurs remet à la personne protégée, avec des explications orales adaptées, ou, dès lors que son état ne lui permet pas d'en mesurer la portée, à un membre du conseil de famille s'il a été constitué ou, à défaut, à un parent, un allié ou une personne de son entourage dont il connaît l'existence ou au subrogé curateur ou tuteur, une notice d'information à laquelle est annexée une charte des droits de la personne protégée (CASF, art. L. 471-6 et D. 471-7).

Le contenu de la notice d'information et de la charte des droits de la personne protégée est fixé par décret (voir **annexe n° 11**).

Le destinataire de l'information doit signer un récépissé conformément à un modèle établi par décret (voir **annexe n° 11**).

Les dispositions de l'article 458 du Code civil relatives aux actes impliquant un consentement strictement personnel (voir **n° 120**) ne pouvant donner lieu à assistance ou représentation de la personne protégée sont annexées à la charte.

Ces documents doivent être évidemment remis aux personnes concernées par une mesure ouverte antérieurement au 1er janvier 2009, date d'entrée en vigueur de la loi n° 2007-308 du 5 mars 2007 et de ses décrets d'application (D. n° 2008-1556 du 31 décembre 2008, art. 5).

Ces dispositions s'appliquent à tous types de mandataires judiciaires à la protection des majeurs (service, exercice à titre individuel, préposé d'établissement).

Des dispositions spécifiques s'appliquent cependant à certaines catégories de mandataires.

248 **Les obligations particulières des établissements de santé accueillant des majeurs protégés.** La loi n° 2007-308 du 5 mars

2007 ne prévoit pas de dispositions particulières pour les droits des usagers des établissements de santé qui demeurent régis par les articles L. 1110-1 et suivants du Code de la santé publique, sauf si la personne est prise en charge dans une structure ou un service médico-social rattaché à l'établissement, les dispositions applicables étant alors celles du Code de l'action sociale et des familles (voir **n° 249**).

Les préposés de ces établissements devront, outre l'information prévue par le Code de la santé publique, remettre une notice d'information à la personne dont ils assument la mesure de protection ou à ses proches (voir **n° 247**).

249 **Les obligations particulières des établissements sociaux et médico-sociaux accueillant des majeurs protégés.** Les établissements sociaux et médico-sociaux accueillant des majeurs protégés sont soumis aux dispositions des articles L. 311-3 à L. 311-9 du Code de l'action sociale et des familles relatives aux droits des usagers.

Les droits et libertés fondamentaux de la personne accueillie sont affirmés par l'article L. 311-3.

L'établissement doit, outre la notice d'information et la charte des droits de la personne protégée (voir **n° 247**), remettre à la personne protégée ou, dès lors que son état ne lui permet pas d'en mesurer la portée, à un membre du conseil de famille s'il a été constitué ou, à défaut, à un parent, un allié ou une personne de son entourage dont il connaît l'existence un livret d'accueil auquel sont annexés :

– une charte des droits et libertés de la personne accueillie[(1)] ;

– le règlement de fonctionnement du service définissant les droits de la personne accueillie et les obligations et les devoirs nécessaires au respect des règles de vie collective au sein de l'établissement ou du service.

Un contrat de séjour est conclu ou un document individuel de prise en charge est élaboré avec la participation de la personne accueillie ou, si son état ne lui permet pas d'exprimer une volonté éclairée, d'un membre du conseil de famille s'il a été constitué ou, à défaut, d'un parent, d'un allié ou d'une personne de son entourage ayant des liens étroits et stables avec la personne protégée ou du subrogé curateur ou tuteur. Ce document doit alors leur être remis.

Ce contrat ou document définit les objectifs et la nature de la prise en charge ou de l'accompagnement dans le respect des principes déontologiques et éthiques, des recommandations de bonnes pratiques professionnelles et du projet d'établissement.

Il détaille la liste et la nature des prestations offertes ainsi que leur coût prévisionnel.

Toute personne prise en charge par un établissement peut faire appel, en vue de l'aider à faire valoir ses droits, à une personne qualifiée qu'elle choisit sur une liste établie conjointement par le préfet et le président du conseil général.

Si la personne protégée n'est pas en état d'exprimer sa volonté, ce droit est exercé par un membre du conseil de famille s'il a été constitué ou, à défaut, par un parent, un allié ou une personne de son entourage dont l'existence est connue.

La personne est associée au fonctionnement de l'établissement ou du service en participant directement au conseil de la vie sociale institué dans chaque établissement.

Si son état ne permet pas cette participation, elle est associée par toute autre forme de participation.

Pour chaque établissement ou service social ou médico-social, il est élaboré un projet d'établissement ou de service qui définit ses objectifs, notamment en matière de coordination, de coopération et d'évaluation des activités et de la qualité des prestations, ainsi que ses modalités d'organisation et de fonctionnement.

(1) La charte figure sous l'article L. 311-4 du Code de l'action sociale et des familles.

250 **Les obligations particulières des services mentionnés au 14° du I de l'article L. 312-1 du Code de l'action sociale et des familles.** Les services tutélaires mentionnés au 14° du I de l'article L. 312-1 du Code de l'action sociale et des familles étant assimilés aux services sociaux et médico-sociaux sont soumis aux mêmes obligations.

Toutefois, ces services n'hébergeant pas les personnes dont ils assument la mesure de protection, ces obligations font l'objet d'adaptations (CASF, art. L. 471-8, L. 471-9, R. 471-9 et D. 471-7 à 12).

Ainsi, ces services doivent remettre à la personne protégée ou, dès lors que son état ne lui permet pas d'en mesurer la portée, à un membre du conseil de famille s'il a été constitué ou, à défaut, à un parent, un allié ou une personne de son entourage dont il connaît l'existence le règlement de fonctionnement du service et un document individuel de protection.

Le règlement de fonctionnement du service poursuit un quadruple impératif :

– définir les droits et libertés de la personne protégée et leurs principales modalités d'exercice ;

– préciser les obligations du service en matière de protection de la personne (les dispositions de l'article 458 du Code civil relatives aux actes impliquant un consentement strictement personnel) (voir **n° 120**) ne pouvant donner lieu à assistance ou représentation de la personne protégée doivent, à cet égard, être affichées dans les locaux du service ;

– fixer, dans le respect de la charte des droits et libertés de la personne protégée, les obligations faites aux personnes protégées pour permettre la mise en œuvre de la mesure de protection adaptée à leur situation : rappel du respect des décisions judiciaires et des termes du document individuel de protection des majeurs, des règles de comportement à l'égard des autres personnes protégées et des membres du personnel, rappel que les faits de violence sur autrui sont susceptibles d'entraîner des procédures judiciaires et que le juge des tutelles est informé des actes d'incivilité graves ou répétés et des situations de violence qui entravent le bon déroulement de la mesure ;

– préciser, le cas échéant, les modalités d'association d'un parent, d'un allié ou d'une personne de son entourage à la vie du service.

Ce règlement doit, en outre, être affiché dans les locaux du service et remis aux membres du personnel.

Le document individuel de protection des majeurs doit notamment comporter :

– un rappel des objectifs et de la nature de la mesure de protection ;

– une information personnalisée sur les objectifs de la mesure de protection ;

– une description des modalités concrètes d'accueil de la personne protégée par le service et des conditions dans lesquelles ont lieu les échanges entre le service et la personne protégée ;

– une présentation des conditions de participation de la personne au financement de sa mesure de protection et une indication sur le montant prévisionnel des prélèvements opérés sur ses ressources.

Ce document individuel de protection doit être établi en fonction d'une connaissance précise de la situation de la personne protégée et d'une évaluation de ses besoins ainsi que, dans le respect des principes déontologiques et éthiques, des recommandations de bonnes pratiques professionnelles et du projet de service.

Lors de son élaboration, le service recherche la participation et l'adhésion de la personne protégée, dans la mesure où son état lui permet d'en comprendre la portée.

Si son état ne permet pas cette compréhension, un membre du conseil de famille s'il a été constitué ou, à défaut, un parent, un allié ou une personne de son entourage ayant des liens étroits et stables avec la personne protégée ou le subrogé curateur ou tuteur peut être associé à l'élaboration du document.

Il doit être remis dans les trois mois qui suivent la notification du jugement d'ouverture de la mesure de protection.

Il est établi pour la durée de la mesure de protection.

Un avenant détermine, s'il y a lieu, dans le délai d'un an, les objectifs précis de la mesure et les actions à mener ; il est réactualisé à chaque date anniversaire du jugement.

Comme pour un établissement accueillant une personne protégée, celle-ci peut faire appel, en vue de l'aider à faire valoir ses droits, à une personne qualifiée qu'elle choisit sur une liste établie conjointement par le préfet et le président du conseil général.

Si la personne protégée n'est pas en état d'exprimer sa volonté, ce droit est exercé par un membre du conseil de famille s'il a été constitué ou, à défaut, par un parent, un allié ou une personne de son entourage dont l'existence est connue.

La personne est, par ailleurs, associée au fonctionnement de l'établissement ou du service en participant directement au conseil de la vie sociale institué dans chaque établissement.

Si son état ne permet pas cette participation, elle est associée par toute autre forme de participation : institution de groupes d'expression, organisation de consultations des personnes protégées, des membres du conseil de famille s'il a été constitué ou, à défaut, d'un parent, d'un allié ou d'une personne de son entourage ayant des liens étroits et stables avec la personne protégée ou du subrogé curateur ou tuteur, enquêtes de satisfaction.

251 **Dispositions transitoires.** Les personnes physiques et établissements ou services qui géraient des mesures de protection antérieurement à l'entrée en vigueur de la loi n° 2007-308 du 5 mars 2007, le 1er janvier 2009, doivent remettre les documents susvisés relatifs aux droits des usagers dès leur inscription sur la liste des mandataires judiciaires à la protection des majeurs.

Les services mentionnés au 14° du I de l'article L. 312-1 du Code de l'action sociale et des familles disposent cependant d'un délai de trois mois pour remettre le document individuel de protection (D. n° 2008-1556 du 31 décembre 2008, art. 5).

Sous-section 3
La responsabilité des mandataires judiciaires à la protection des majeurs

252 **La responsabilité civile.** Les règles relatives à la responsabilité civile des organes de protection et notamment des mandataires judiciaires à la protection des majeurs ont déjà été évoquées (voir **nos 10 à 16**).

253 **La responsabilité pénale.** Sont sanctionnés pénalement :

– le fait d'exercer une activité de mandataire judiciaire à la protection des majeurs sans avoir été agréé ou déclaré ou malgré une suspension, un retrait ou une annulation d'agrément ou d'autorisation, puni d'un an d'emprisonnement et de 15 000 € d'amende (CASF, art. L. 473-1) ;

– le fait, pour un établissement accueillant des personnes protégées, de désigner l'un de ses agents sans effectuer de déclaration au préfet, de le maintenir dans ses fonctions malgré l'opposition du préfet ou la suspension ou l'annulation de la déclaration ou de modifier son activité sans effectuer de déclaration au préfet, puni de 30 000 € d'amende (CASF, art. L. 473-2).

Les peines complémentaires (interdiction d'exercice, affichage ou diffusion de la décision) et les peines encourues par les personnes morales sont prévues par les articles L. 473-3 et 4 du Code de l'action sociale et des familles.

V

LE FINANCEMENT DES MESURES DE PROTECTION

Chapitre 1

Le financement des mesures exercées par un proche

254 **Le principe de la gratuité des mesures et ses exceptions.** Aux termes de l'article 419, alinéa 1 du Code civil, les personnes autres que les mandataires judiciaires à la protection des majeurs exercent à titre gratuit les mesures judiciaires de protection.

Toutefois, le juge des tutelles ou le conseil de famille peut autoriser, selon l'importance des biens gérés ou la difficulté d'exercer la mesure, le versement d'une indemnité à la personne chargée de la protection mise à la charge de la personne protégée. Il en fixe le montant.

L'article 419, alinéa 5 du Code civil précise que le mandat de protection future s'exerce à titre gratuit, sauf stipulations contraires.

Si le mandat prévoit la rémunération du mandataire, ce sont les règles de droit commun du mandat qui s'appliquent.

Le modèle type prévu par le décret n° 2007-1702 du 30 novembre 2007 pour le mandat sous seing privé non contresigné par un avocat contient des dispositions précises sur ce point.

Chapitre 2

Le financement des mesures exercées par un mandataire judiciaire à la protection des majeurs

Section 1
Le principe du financement par la personne protégée

Lorsque la mesure de protection (mandat spécial dans le cadre d'une mesure de sauvegarde de justice, curatelle, tutelle ou mesure d'accompagnement judiciaire) est exercée par un mandataire judiciaire à la protection des majeurs, son financement est à la charge totale ou partielle de la personne protégée en fonction de ses ressources (C. civ., art. 419, al. 2).

Les modalités de la participation de la personne protégée sont déterminées par les articles R. 471-5 à R. 471-5-3 du Code de l'action sociale et des familles.

☞ *Le mandat de protection future n'est pas concerné, les modalités de financement étant déterminées par le mandat qui pourrait néanmoins, en cas de désignation d'un mandataire judiciaire à la protection des majeurs, faire référence aux dispositions susvisées.*

255 **Les ressources prises en compte.** Les ressources prises en compte pour la détermination du montant de la participation de la personne protégée sont les suivantes :

– 1° les bénéfices ou revenus bruts mentionnés aux I à VII *ter* de la première sous-section de la section II du chapitre Ier du titre Ier de la première partie du livre Ier du Code général des impôts, à l'exclusion des rentes viagères mentionnées aux articles L. 232-4, L. 232-8 et L. 245-6 du présent code ;

– 2° les biens non productifs de revenus selon les modalités fixées au 1° et à l'article R. 132-1. Toutefois, cette disposition ne s'applique pas au capital mentionné aux 1° et 2° du I de l'article 199 *septies* du Code général des impôts ;

– 3° les intérêts des sommes inscrites sur les livrets et comptes d'épargne mentionnés au chapitre Ier du titre II du livre II du Code monétaire et financier ;

– 4° l'allocation aux adultes handicapés mentionnée à l'article L. 821-1 du Code de la sécurité sociale, le complément de ressources mentionné à l'article L. 821-1-1 du même code et la majoration pour la vie autonome mentionnée à l'article L. 821-1-2 du même code ;

– 5° l'allocation de solidarité aux personnes âgées mentionnée à l'article L. 815-1 du même code ;

– 6° les allocations mentionnées à l'article 2 de l'ordonnance n° 2004-605 du 24 juin 2004 simplifiant le minimum vieillesse ;

– 7° l'allocation de revenu minimum d'insertion mentionnée à l'article L. 262-1 et les primes mentionnées aux 20° et 21° de l'article R. 262-6 ;

– 8° le revenu de solidarité active mis en œuvre pour les bénéficiaires de ces allocations en application de l'article 19 de la loi n° 2007-1223 du 21 août 2007 en faveur du travail, de l'emploi et du pouvoir d'achat.

☞ *Alors que la loi n° 2007-308 du 5 mars 2007 entendait réformer le financement des mesures de protection afin notamment d'éviter les abus dans la rémunération des mandataires professionnels, la prise en compte de l'ensemble du patrimoine de la personne pour le calcul de cette rémunération risque d'aboutir à des comptes complexes et discutables.*

Il y aura tout intérêt, lorsque le patrimoine de la personne est important, à ce que l'inventaire de patrimoine soit établi par un professionnel indépendant.

Le contrôle du compte de gestion en sera à la fois plus nécessaire et plus difficile.

256 **Le versement de la participation.** La participation de la personne protégée est versée au mandataire judiciaire à la protection des majeurs, excepté dans les cas où le mandataire judiciaire est le préposé d'un établissement mentionné au II ou au III de l'article L. 361-1 ou relève d'un groupement de coopération sociale ou médico-sociale mentionné au 3° de l'article L. 312-7. Dans le premier cas, la participation est versée à l'établissement et, dans le second, au groupement.

Le versement est effectué par douzième tous les mois échus sur la base du montant annuel des ressources dont a bénéficié la personne protégée l'année précédente.

Un ajustement du montant de la participation dû compte tenu du montant des ressources perçues pendant l'année du versement de cette participation est effectué au plus tard le 31 janvier de l'exercice suivant.

À compter du 1er janvier 2009, le juge des tutelles n'a plus à autoriser la rémunération des mandataires judiciaires, sauf indemnité complémentaire (voir **n° 259**) comme il le faisait pour les gérants de tutelles dans le régime antérieur à la loi n° 2007-308 du 5 mars 2007.

Le calcul de sa rémunération par le mandataire sera contrôlé par les services de la DDASS et par le greffier en chef (ou la personne en charge) dans le cadre du contrôle du compte de gestion annuel (voir **n° 131**).

257 **Les modalités de calcul de la participation.** Le prélèvement sur les ressources de la personne protégée est effectué à hauteur de :

– 7 % pour la tranche des revenus annuels soumis à prélèvement supérieure strictement au montant annuel de l'allocation aux adultes handicapés et inférieure ou égale au montant brut annuel du salaire minimum interprofessionnel de croissance en vigueur au 1er janvier de l'année de perception des revenus ;

– 15 % pour la tranche des revenus annuels soumis à prélèvement supérieure strictement au montant brut annuel du SMIC en vigueur au 1er janvier de l'année de perception des revenus et inférieure ou égale au même montant majoré de 150 % ;

– 2 % pour la tranche des revenus annuels soumis à prélèvement supérieure strictement au montant brut annuel du SMIC en vigueur au 1er janvier de l'année de perception majoré de 150 % et inférieure ou égale à 6 fois le montant brut annuel du SMIC en vigueur au 1er janvier de l'année de perception.

Quel que soit le montant des ressources de la personne protégée, aucun prélèvement n'est effectué sur la tranche des revenus annuels inférieure ou égale au montant annuel de l'allocation aux adultes handicapés.

258 **L'exonération de la participation.** Le préfet peut accorder, à titre exceptionnel, temporaire et non renouvelable, une exonération d'une partie ou de l'ensemble de la participation de la personne protégée, en raison de difficultés particulières liées à l'existence de dettes contractées par la personne protégée avant l'ouverture d'une mesure de protection juridique des majeurs ou à la nécessité de faire face à des dépenses impératives.

Cette disposition ne s'applique cependant pas lorsque la mesure de protection des majeurs a été ouverte après la signature du plan conventionnel de redressement ou l'adoption par la Commission de surendettement des particuliers de recommandations dans le cadre d'un dossier de surendettement.

259 **L'indemnité complémentaire allouée par le juge des tutelles.** À titre exceptionnel, le juge ou le conseil de famille peut, après avoir recueilli l'avis du procureur de la République, allouer au mandataire judiciaire à la protection des majeurs, pour l'accomplissement d'un acte ou d'une série d'actes requis par la mesure de protection et impliquant des diligences particulièrement longues et complexes, une indemnité à la charge de la personne protégée en complément des sommes normalement perçues du majeur protégé ou de la collectivité publique lorsqu'elles se révèlent manifestement insuffisantes (C. civ., art. 419, al. 4).

260 **Dispositions transitoires.** Les dispositions concernant la participation de la personne protégée au financement de la mesure s'appliquent à compter du 1er janvier 2009 (D. n° 2008-1554 du 31 déc. 2008, art. 2).

Section 2
Le financement par la collectivité publique

Lorsque le financement de la mesure (mandat spécial dans le cadre d'une mesure de sauvegarde de justice, curatelle, tutelle ou mesure d'accompagnement judiciaire) ne peut être intégralement assuré par la personne protégée ou lorsqu'elle en a été exonérée par le préfet, il est pris en charge par la collectivité publique, selon des modes de calcul communs à tous les mandataires judiciaires et tenant compte des conditions de mise en œuvre de la mesure, quelles que soient les sources de financement (C. civ., art. 419, al. 3).

Malgré l'objectif d'unité affiché par le législateur, les dispositions réglementaires d'application ont prévu des modalités de financement différentes en fonction des mandataires judiciaires à la protection des majeurs.

Il convient, par conséquent, de distinguer en fonction du type de mandataire auquel la mesure est confiée.

261 **Le financement des mesures confiées à des services.** Conformément à l'article L. 361-1-I du Code de l'action sociale et des familles, les services mentionnés au 14° de l'article L. 312-1 du même code (voir **n°s 239 et 240**) font désormais l'objet, après déduction de la participation de la personne protégée[(1)], d'un financement public sous forme de dotation globale.

Son montant est déterminé en fonction d'indicateurs liés, en particulier, à la charge de travail résultant de l'exécution des mesures de protection.

La charge de travail n'est plus appréciée seulement en fonction du nombre de mesures, mais également en fonction de leur cotation en nombre de points.

Un certain nombre de points sont attribués aux mesures de protection prises en charge par le service suivant leur nature, le lieu d'exercice et la période.

Les services devront, par ailleurs, fournir des tableaux de bord à la Direction départementale des affaires sanitaires et sociales permettant notamment de les comparer et d'évaluer leur activité. Un arrêté du 20 décembre 2007 fixe les indicateurs des services mandataires judiciaires à la protection des majeurs et des services délégués aux prestations familiales et leurs modes de calcul pris en application de l'article R. 314-29 du Code de l'action sociale et des familles.

Les services sont soumis aux règles budgétaires de financement prévues par les articles R. 314-1 et suivants du Code de l'action sociale et des familles applicables à tous les établissements sociaux ou médico-sociaux.

La fixation du montant de la dotation globale fait ainsi l'objet d'une procédure budgétaire contradictoire :

– les services transmettent leurs propositions budgétaires et les annexes à la DDASS au plus tard le 31 octobre de l'année N–1 ;

– la DDASS fait des propositions de modifications budgétaires et le service répond à ces propositions ;

– le montant de la dotation est notifié aux services au plus tard soixante jours à compter de la publication de l'arrêté fixant les dotations régionales limitatives.

La charge du financement est répartie en fonction des prestations sociales versées ou non à la personne protégée :

– lorsque la personne ne perçoit pas de prestations sociales, que les prestations sociales sont à la charge du département ou que celle dont le montant est le plus élevé est à la charge du département, le financement est assuré par l'État ;

– à défaut, le financement est pris en charge par l'organisme qui verse la prestation sociale ou, s'il y en a plusieurs, la prestation dont le montant est le plus élevé ;

– la mesure d'accompagnement judiciaire est financée par la collectivité publique ou l'organisme qui verse la seule prestation sociale ou celle dont le montant est le plus élevé (CASF, art. R. 361-2).

(1) Cette participation est en réalité prise en compte dans les résultats d'exploitation du service (CASF, art. R. 314-193-1).

262 **Le financement des mesures confiées à des préposés d'établissements.** Le financement des mesures confiées à des préposés

d'établissements (voir **n°s 237 et s.**), qu'il s'agisse de services ou de personnes physiques, est assuré par les revenus de la personne protégée et le budget de l'établissement (CASF, art. L. 361-1 II et III).

263 **Le financement des mesures confiées à des personnes physiques exerçant à titre individuel.** Conformément à l'article L. 472-3 du Code de l'action sociale et des familles, la rémunération des mandataires judiciaires exerçant à titre individuel (voir **n°s 234 et s.**) est théoriquement déterminée en fonction d'indicateurs liés à la charge de travail.

Les organes de financement sont les mêmes que pour les services (voir **n° 261**).

Cependant, malgré les dispositions de la loi n° 2007-308 du 5 mars 2007 prévoyant des règles de financement communes à tous les mandataires judiciaires (C. civ., art. 419, al. 3), ils ne bénéficient pas d'une dotation globale de fonctionnement, mais sont rémunérés sous forme d'un tarif mensuel forfaitaire attribué par mesure de protection, le montant des prélèvements opérés sur les ressources de la personne protégée venant en déduction du tarif (CASF, art. R. 472-8).

Ce tarif est fixé par l'arrêté du 31 décembre 2008 relatif aux tarifs mensuels pour l'exercice à titre individuel de l'activité de mandataire judiciaire à la protection des majeurs et de l'activité de délégué aux prestations familiales :

– lorsque la personne protégée est accueillie de manière permanente dans un établissement social ou médico-social ou dans un établissement de santé, il est égal à 9,7 fois le montant brut horaire du salaire minimum interprofessionnel de croissance et il est dû à compter du premier jour du mois qui suit une première période de trente jours de séjour continu dans l'établissement ;

– dans les autres cas, il est de 15,2 fois le montant brut horaire du SMIC.

264 **Dispositions transitoires.** Les règles de financement public des mandataires judiciaires à la protection des majeurs s'appliquent à compter du 1er janvier 2009, y compris aux services ou aux personnes qui géraient des mesures antérieures à cette date,

jusqu'à leur inscription sur la liste établie par le préfet (voir **n° 231**) et au plus tard au 31 décembre 2010, date à laquelle ils devront s'être conformés aux nouvelles dispositions issues de la loi n° 2007-308 du 5 mars 2007 (D. n° 2008-1500 du 30 déc. 2008, art. 3 et D. n° 2008-1553 du 31 déc. 2008, art. 4).

Pour l'exercice budgétaire 2009, dans l'hypothèse où la dotation globale n'est pas arrêtée, les services mandataires judiciaires à la protection des majeurs reçoivent un acompte mensuel jusqu'à sa fixation.

265 **L'interdiction de tout autre mode de financement.** L'article 420 du Code civil interdit aux mandataires judiciaires à la protection des majeurs, à quelque titre ou sous quelque forme que ce soit, de percevoir une autre somme que les aides et subventions accordées par les collectivités publiques aux personnes morales pour leur fonctionnement général ou de bénéficier d'un avantage financier en relation directe ou indirecte avec les missions dont ils ont la charge.

SOMMAIRE DES ANNEXES

Annexe 1

Décret n° 2008-1507 du 30 décembre 2008 relatif à l'information et au soutien des personnes appelées à exercer ou exerçant une mesure de protection juridique des majeurs en application de l'article 449 du Code civil

Article 1

I. – La section 4 du chapitre V du titre Ier du livre II du Code de l'action sociale et des familles devient la section 5 et les articles R. 215-14 à R. 215-16 du même code deviennent les articles R. 215-18 à R. 215-20.

II. – Il est créé dans le même chapitre une section 4 ainsi rédigée :

« Section 4 - Information et soutien des personnes appelées à exercer ou exerçant une mesure de protection juridique des majeurs en application de l'article 449 du Code civil.

« Art. R. 215-14. – Pour bénéficier de l'information prévue à l'article L. 215-4, les personnes appelées à exercer ou exerçant une mesure de protection juridique en application de l'article 449 du Code civil s'adressent aux greffes des tribunaux d'instance et de grande instance. Les greffes leur remettent la liste des personnes et des structures qui délivrent cette information.

Cette liste est établie et mise à jour par le procureur de la République après avis des juges des tutelles de son ressort.

« Art. R. 215-15. – L'information mentionnée à l'article L. 215-4 est délivrée sous la forme d'un document ou sur internet. En toute hypothèse, elle comporte :

« 1) Un rappel du fait que la protection d'une personne vulnérable est d'abord un devoir des familles, et subsidiairement une charge confiée à la collectivité publique ;

« 2) Une explication précise du contenu des principes fondamentaux de la protection juridique issus de l'article 428 du Code civil, que sont le principe de nécessité, le principe de subsidiarité et le principe de proportionnalité ;

« 3) Une présentation de la législation sur la protection des personnes majeures vulnérables ;

« 4) Le contenu de la charte des droits et libertés de la personne majeure protégée figurant à l'annexe 4-3 ;

« 5) La description du contenu des mesures de protection juridique des majeurs ;

« 6) L'énoncé des droits et obligations de la personne chargée d'exercer la mesure de protection.

« Art. R. 215-16. – I. – À sa demande, l'intéressé peut bénéficier d'un soutien technique apporté par les personnes et les structures inscrites sur la liste prévue à l'article R. 215-14.

« Ce soutien technique consiste en une information personnalisée et une aide technique dans la formalisation des actes de saisine de l'autorité judiciaire et dans la mise en œuvre des diligences nécessaires à la protection des intérêts de la personne protégée.

« **II. – Toute personne physique qui apporte un soutien technique doit satisfaire aux conditions fixées au I de l'annexe 4-6.** Elle intervient ponctuellement, ne peut constituer d'archive nominative concernant la personne protégée et la mesure dont elle fait l'objet et est tenue au secret.

« Lorsqu'elle souhaite réaliser les actions de soutien conjointement avec des tiers, la personne ou la structure mentionnée au premier alinéa passe une convention avec ceux-ci pour en préciser les modalités de mise en œuvre.

« Ces modalités sont définies aux II et III de l'annexe 4-6.

« Art. R. 215-17. – L'information délivrée au titre de la présente section doit être objective et impartiale. Elle n'a pas pour objet d'influencer la personne qui la reçoit dans les décisions relatives à la situation personnelle, patrimoniale, financière et économique de la personne protégée.

Article 2 – Le présent décret entre en vigueur le 1er janvier 2009.

Article 3 – Le ministre du Travail, des Relations sociales, de la Famille et de la Solidarité et la secrétaire d'État chargée de la Famille sont chargés, chacun en ce qui le concerne, de l'exécution du présent décret, qui sera publié au *Journal officiel* de la République française.

Annexe

Annexe 4-6 (*Créée par Décret n° 2008-1507 du 30 décembre 2008 – Annexe*)

Les modalités de mise en œuvre du soutien technique

Mentionné à l'article R. 215-16 du Code de l'action sociale et des familles

I. – Toute personne qui participe à la mise en œuvre du soutien technique mentionné à l'article R. 215-15 doit satisfaire aux conditions suivantes :

1. Justifier de la possession d'un diplôme ou titre de niveau III inscrit au répertoire national des certifications professionnelles ;

2. Avoir les compétences techniques et les qualités relationnelles nécessaires à l'activité de soutien technique ;

3. Satisfaire aux conditions prévues à l'article L. 133-6.

II. – L'information délivrée au titre de l'article R. 215-16 porte sur les conséquences pour la personne à protéger de l'application de la législation relative à la protection juridique des majeurs.

III. – L'aide technique à la mise en œuvre des obligations liées à la mesure de protection mentionnée à l'article R. 215-19 comprend notamment :

1. Une aide à la réalisation de l'inventaire prévu à l'article 503 du Code civil, à la rédaction et à la mise en forme de requêtes ainsi qu'à la reddition des comptes de gestion (annuels, définitifs, récapitulatif) ;

2. Une aide à la rédaction et à la mise en forme des courriers nécessaires à l'exercice des mesures de protection ;

3. La vérification de la conformité des documents à produire au juge des tutelles ;

4. L'orientation des personnes soutenues dans les différentes démarches à accomplir pour l'acquisition, la reconnaissance ou la défense des droits de la personne protégée.

Annexe 2

Formulaire de requête en vue de l'ouverture d'une mesure de protection

Identité de la personne concernée par la demande :

Nom :...

Nom de jeune fille :..

Prénoms :...

Situation de famille : ☐ Marié(e) ☐ Célibataire ☐ Concubin

☐ Pacsé(e) ☐ Veuf(ve) ☐ Divorcé(e) ☐ Séparé(e)

Profession :...

Date et lieu de naissance :..

Domicile habituel :...

Numéro de téléphone :..

Lieu de résidence ou d'hospitalisation (si différent du domicile) :..............................

....

Nom et coordonnées du notaire de famille (le cas échéant) :......................................

....

Nom et coordonnées du médecin traitant de la personne :..

....

Identité du requérant (si différent de la personne concernée par la demande) :

Nom :...

Prénoms :...

Profession :...

Date de naissance :...

Domicile :...

Numéro de téléphone :..

Adresse mail :...

Lien de parenté (ou autre) avec la personne à protéger :..

Énoncé des faits qui justifient l'ouverture d'une mesure de protection (obligatoire à peine d'irrecevabilité de la requête)

Préciser notamment, suivant les éléments dont vous disposez :

– la nature de l'altération des facultés de la personne ;

– si la requête est justifiée par la perspective prochaine d'un acte particulier (vente d'un bien immobilier, succession en cours à finaliser, démarches administratives pour un placement en institution, etc.) ;

– si une personne s'occupe actuellement des affaires du majeur concerné.

Nature de la mesure de protection envisagée :

☐ **Sauvegarde de justice**

La personne a besoin, en raison d'une altération de ses facultés personnelles, d'une protection juridique temporaire ou d'être représentée pour l'accomplissement de certains actes déterminés.

Cette mesure peut également être prononcée en attendant l'ouverture d'une mesure de curatelle ou de tutelle, soit pour protéger rapidement la personne, soit pour permettre l'accomplissement de certains actes urgents.

Il s'agit d'une mesure d'une durée maximale d'un an renouvelable une fois, qui n'entraîne pas d'incapacité, la personne protégée pouvant toujours passer des actes seuls, mais permet de remettre en cause ceux qui seraient contraires à ses intérêts.

Par ailleurs, lorsqu'une telle mesure a été ouverte, la personne ayant qualité pour saisir le juge des tutelles est tenue d'accomplir les actes conservatoires indispensables à la préservation du patrimoine de la personne protégée (ex : travaux d'entretien d'un logement).

Il est également possible, dans ce cadre, de désigner un mandataire spécial qui sera chargé d'accomplir un ou plusieurs actes déterminés, même de disposition (vente d'un bien).

Cette mesure est donc particulièrement adaptée lorsque seule la conclusion d'un ou plusieurs actes ponctuels déterminés est envisagée sans qu'il ne soit nécessaire d'organiser une protection générale et permanente.

Motifs : ☐ Nécessité d'une protection juridique temporaire

☐ Nécessité de représenter la personne pour l'accomplissement de certains actes déterminés. Lesquels ?..

....

....

....

☐ Nécessité d'une protection juridique en urgence en attendant le placement sous curatelle ou sous tutelle. Indiquer alors les motifs de l'urgence :.................................

....

....

....

☐ Curatelle

La personne, sans être hors d'état d'agir elle-même, a besoin, en raison d'une altération de ses facultés personnelles, d'être assistée ou contrôlée d'une manière continue dans les actes importants de la vie civile.

La curatelle entraîne une incapacité générale ; la personne protégée prend encore les décisions, mais ne peut plus engager son patrimoine par des actes de disposition (vente d'un bien, signature d'un contrat de crédit) sans l'autorisation du curateur, ce dernier pouvant en outre être chargé de la gestion de ses revenus.

Préciser si la personne est :

☐ en état

☐ dans l'impossibilité de percevoir seule ses revenus et d'assurer le règlement de ses dépenses

☐ Tutelle

La personne a besoin, en raison d'une altération de ses facultés personnelles, d'être représentée d'une manière continue dans les actes de la vie civile.

La personne protégée ne peut plus prendre les décisions et est représentée, d'une manière générale, par le tuteur.

Composition de la famille proche de la personne concernée (préciser les nom, prénoms, âge, adresse, lien de parenté) :

Situation patrimoniale de la personne concernée (à renseigner en fonction des éléments dont vous disposez) **:**

Revenus :..

....

Charges courantes :..

....

Dettes :...

....

Épargne (fournir si possible les derniers relevés de l'ensemble des comptes ouverts au nom de la personne) :..

....

Biens immobiliers dont la personne est propriétaire :.....................................

....

Indiquer si la personne a donné procuration sur ses comptes ; si OUI, indiquer sur quels comptes, ainsi que le nom et les coordonnées du mandataire :........................

....

Indiquer si la personne à protéger a établi ou fait l'objet d'un MANDAT DE PROTECTION FUTURE et dans ce cas, indiquer le nom et les coordonnées du mandataire et, le cas échéant, du notaire ayant établi le mandat :...

....

Personne susceptible de se charger des fonctions de mandataire spécial (dans le cadre d'une mesure de sauvegarde de justice), de curateur ou de tuteur

Nom :..

Prénoms :...

Profession :..

Date de naissance :..

Domicile :...

Numéro de téléphone :...

Adresse mail :...

Lien de parenté avec la personne à protéger :...

Observations particulières ....

....

....

À PEINE D'IRRECEVABILITÉ, la présente requête doit être accompagnée d'un *certificat médical d'un médecin inscrit sur la liste* établie par le procureur de la République, attestant de l'altération des facultés personnelles du majeur à protéger (la liste est disponible au greffe du tribunal d'instance)**.**

Les honoraires du médecin sont fixés par un décret n° 2008-1485 du 22 décembre 2008 à la somme de 160 €.

Indiquer le nom du médecin inscrit sur la liste que vous avez consulté :....................

....

Bien vouloir préciser si le rapport doit être transmis au tribunal d'instance directement par le médecin ou s'il est joint à la présente requête :

☐ Rapport médical joint à la requête

☐ Rapport médical transmis directement au tribunal par le médecin

Vous joindrez également la copie intégrale de l'*acte de naissance* de la personne concernée.

Fait à .... le ....

Signature(s)

À réception de l'ensemble des pièces (requête, certificat médical du médecin habilité et acte de naissance), **la personne qui se propose de prendre en charge la mesure de protection sera convoquée avec la personne concernée par la requête** (sauf si le médecin conclut qu'elle n'est pas en état d'être entendue).

En application de l'article 432 du Code civil, la personne concernée par la requête peut se faire accompagner d'un avocat ou de toute autre personne de son choix sous réserve de l'accord du juge.

La requête et les pièces jointes doivent être adressées au service des tutelles du tribunal d'instance.

Vous pouvez obtenir des renseignements sur les mesures de protection sur le site internet du ministère de la Justice : *www.tutelles.justice.gouv.fr*

Annexe 3

Mission type du médecin inscrit sur la liste du procureur de la République

Commettons le Dr..............., demeurant..., médecin spécialiste inscrit sur la liste prévue par l'article 431 du Code civil issu de la loi n° 2007-308 du 5 mars 2007, pour :

– 1) procéder à son examen ;

– 2) dire si cette personne est atteinte d'une altération de ses facultés mentales ou corporelles de nature à empêcher l'expression de sa volonté ;

– 3) dire si l'état de santé de cette personne lui permet de prendre seule les décisions relatives à sa personne conformément à l'article 459 du Code civil ou si elle a besoin pour l'ensemble de ces actes, ou une partie seulement, de l'assistance ou de la représentation (uniquement en tutelle) de la personne chargée de la mesure de protection ;

– 4) dire si, compte tenu de ses capacités, la personne est capable d'exercer son droit de vote (uniquement si une mesure de tutelle est préconisée) ;

– 5) dire si l'altération des facultés personnelles de l'intéressé(e) apparaît ou n'apparaît manifestement pas susceptible de connaître une amélioration selon les données acquises de la science dans le délai de 5 ans ;

– 6) dire si l'audition de la personne à protéger est de nature à porter atteinte à sa santé ou si cette dernière est hors d'état d'exprimer sa volonté :

- dans la négative, si elle peut avoir lieu au siège du tribunal, au lieu de l'habitation, dans l'établissement de traitement ou dans tout autre lieu approprié, et s'il est souhaitable qu'elle ait lieu en présence de personnes particulières ;

- dans l'affirmative, de suggérer la forme appropriée à son état pour lui donner connaissance de la procédure.

Annexe 4

Notice d'information relative à la curatelle simple

Tribunal d'instance de ....

Vous avez été désigné(e) en qualité de curateur (curatrice) d'une personne majeure.

Cette fiche est destinée à vous aider à comprendre le rôle du curateur et à connaître ses devoirs et obligations, ainsi que les cas d'intervention du juge des tutelles.

Elle ne saurait avoir un caractère exhaustif. En cas d'incertitude, vous pouvez contacter le greffe du tribunal d'instance (service des tutelles) par téléphone ou écrire directement à l'attention du juge des tutelles.

1. Le rôle du curateur en cours de fonctions

1.1. Les actes accomplis par la personne protégée seule

Les actes d'administration

Il s'agit des actes d'exploitation et de mise en valeur du patrimoine de la personne protégée dénoués de risque anormal.

Pour faire simple, ce sont les actes courants tels que :

– la conclusion, le renouvellement ou la résiliation d'un bail d'habitation en tant que bailleur ;

– les travaux d'améliorations utiles, aménagements, réparations d'entretien des immeubles de la personne protégée ;

– la perception des revenus et des capitaux, prêt ou vente de meubles d'usage courant ou de faible valeur ;

– les actions en justice relatives à un droit patrimonial de la personne protégée ;

– la conclusion ou le renouvellement d'un contrat d'assurance aux biens ou de responsabilité civile.

Vous pouvez consulter la liste de ces actes dans un décret n° 2008-1484 du 22 décembre 2008 publié au *Journal officiel* du 31 décembre 2008.

Tous les actes relatifs à sa personne dans la mesure où son état le permet

Exemples : lieu de résidence, relation avec les tiers, choix religieux, loisirs, vacances, etc.

Toutefois si une mission d'assistance du majeur vous a été confiée pour ces actes, vous assisterez la personne protégée, mais devrez, sauf urgence, solliciter l'autorisation du juge pour les actes ayant pour effet de porter gravement atteinte à l'intégrité corporelle de la personne protégée ou à l'intimité de sa vie privée.

Si une telle mission ne vous a pas été confiée, vous pourrez toujours, pour ces actes, si vous estimez que la personne protégée n'est pas capable de donner son consentement seule, solliciter du juge des tutelles qu'il vous autorise à l'assister (il conviendra alors de faire parvenir une requête au juge des tutelles accompagnée du certificat d'un médecin inscrit sur la liste du procureur de la République comme lors de l'ouverture de la mesure de protection).

1.2. L'assistance du curateur

Le curateur assiste la personne protégée pour tous les actes de dispositions. Cette assistance se manifeste par une double signature (majeur protégé + curateur).

Il s'agit des actes qui engagent le patrimoine de la personne protégée, pour le présent ou pour l'avenir, par une modification importante de son contenu, une dépréciation significative de sa valeur en capital ou une altération durable des prérogatives de son titulaire.

Exemples d'actes de disposition :

– résiliation d'un bail portant sur le logement de la personne protégée ;

– vente du logement ou de la résidence secondaire et de leurs meubles meublants ;

– utilisation des capitaux et excédents de revenus (fonds placés sur les livrets et assurances-vie ou placements financiers) ;

– demande de délivrance d'une carte bancaire de *crédit* ;

– donation ;

– partage amiable ;

– acceptation d'une succession, renonciation à succession ;

– actions en justice relatives à un droit extrapatrimonial de la personne protégée (divorce, filiation, nationalité, annulation de mariage, etc.).

Vous pouvez consulter la liste de ces actes dans un décret n° 2008-1484 du 22 décembre 2008 publié au *Journal officiel* du 31 décembre 2008.

1.3. Les actes soumis à une procédure particulière :

– **la situation de conflit entre le curateur et la personne protégée :** l'un et/ou l'autre peut saisir le juge des tutelles en vue d'obtenir l'autorisation de signer seul l'acte litigieux ;

– **le mariage :** l'autorisation est donnée par le curateur, et, à défaut, par le juge ;

– **le PACS** : le curateur assiste la personne protégée pour la signature de la convention et les éventuelles modifications postérieures mais la déclaration conjointe se fait au greffe du tribunal d'instance par les futurs partenaires *seuls.*

La rupture du PACS se fera à l'initiative de la personne protégée, seule ou avec l'accord de son partenaire, mais le curateur devra prêter assistance à la signification de l'acte de rupture.

Le curateur doit assister la personne protégée pour les opérations de liquidation de l'indivision ;

– **le logement de la personne protégée et les meubles dont il est garni, qu'il s'agisse d'une résidence principale ou secondaire, doivent être conservés à la disposition de celle-ci aussi longtemps qu'il est possible.**

Toutefois s'il est nécessaire de disposer des droits relatifs au logement de la personne protégée (résiliation d'un bail, vente), l'acte est autorisé par le juge des tutelles (en plus d'être signé par la personne protégée et son curateur). Il convient dans ce cas d'adresser une requête au greffe des tutelles accompagnée de toutes les pièces justificatives (projet de compromis de vente non signé, attestation de valeur vénale de l'immeuble établie par deux professionnels différents ou par un expert, copie du bail, etc.)

Si cet acte a pour finalité l'accueil de la personne protégée dans un établissement (maison de retraite, hôpital, etc.), il faudra solliciter l'avis de l'un des médecins figurant sur la liste établie par le procureur de la République qui indiquera si ce projet est compatible avec l'état de santé de la personne protégée ;

– **la situation de conflit sur le lieu de résidence ou dans les relations entretenues par la personne protégée avec sa famille ou des tiers :** le juge statue ;

– vous pouvez, par ailleurs, prendre seul à l'égard de la personne protégée les mesures de protection strictement nécessaires pour mettre fin au danger que, du fait de son comportement, l'intéressé ferait courir à lui-même à charge pour vous d'en informer sans délai le juge.

2. L'information et le contrôle du juge des tutelles

Donner à la personne protégée toutes informations sur sa situation personnelle, les actes concernés, leur utilité, leur degré d'urgence, leurs effets et les conséquences d'un refus de sa part, et ce en considération de l'état de la personne protégée.

Vous devez informer le juge des tutelles :

– de vos changements d'adresse ;

– du changement d'adresse de la personne protégée ;

– de ses changements de situation matrimoniale ;

– du décès de la personne ;

– des diligences que vous avez accomplies dans le cadre de votre mission de protection de la personne du majeur.

Vous pouvez :

– demander à être déchargé(e) de vos fonctions pour des raisons d'âge, d'éloignement, de maladie, d'occupations professionnelles ou familiales ;

– la personne protégée et le tuteur peuvent solliciter la consultation au greffe du dossier par demande écrite.

3. Les dispositions à prendre à la fin des fonctions du curateur

Vos fonctions prennent fin :

– à la date de la fin de la mesure de protection en l'absence de renouvellement,

– par le décès de la personne protégée,

– par la mainlevée de la mesure,

– par votre destitution et votre remplacement.

Vous pouvez, par ailleurs, obtenir des renseignements sur le portail Tutelles du site Internet du ministère de la Justice : *www.tutelles.justice.gouv.fr*

Annexe 5

Notice d'information relative à la curatelle renforcée

Tribunal d'instance de ....

Vous avez été désigné(e) en qualité de curateur (curatrice) d'une personne majeure dans le cadre d'une curatelle dite « renforcée » (C. civ., art. 472).

Cette fiche est destinée à vous aider à comprendre le rôle du curateur et à connaître ses devoirs et obligations, ainsi que les cas d'intervention du juge des tutelles.

Elle ne saurait avoir un caractère exhaustif. En cas d'incertitude vous pouvez contacter le greffe du tribunal d'instance (service des tutelles) par téléphone ou écrire directement à l'attention du juge des tutelles.

1. Le rôle du curateur lors de sa prise de fonctions

1° Dresser l'inventaire des biens du majeur protégé conformément à l'imprimé qui vous a été transmis avec le jugement. Cet inventaire est à établir le plus précisément possible à la date d'ouverture de la tutelle et doit être réactualisé en cours de mesure (en cas de modifications importantes dans la composition du patrimoine, par exemple après la vente d'un bien immobilier).

Les opérations d'inventaire doivent se dérouler en présence de la personne protégée si son état le permet, de son avocat le cas échéant, ainsi que de deux témoins majeurs qui ne sont ni au service de la personne protégée ni au service du tuteur ou être réalisées par un huissier ou un notaire.

L'inventaire est daté et signé par TOUTES les personnes présentes ou par l'huissier ou le notaire.

Si la personne protégée ne possède aucun bien, mettre « état néant » et renvoyer l'inventaire signé.

2° Ouvrir un compte ou un livret au nom de la personne protégée portant mention de la mesure de protection sur lequel les revenus de la personne protégée devront être intégralement versés et qui ne sera géré que par le curateur.

Le curateur devra régler toutes les dépenses avec ce compte (il conviendra également de provisionner les dépenses futures ayant un caractère régulier : achat de vêtements ou de mobilier, loisirs, petites réparations, etc.) et en verser l'excédent sur un autre compte laissé à la disposition de la personne protégée ou entre les mains de la personne protégée.

Si vous estimez que la personne protégée n'est pas capable de gérer ce deuxième compte, vous pourrez toujours demander au juge des tutelles qu'il lui interdise tout découvert ou l'utilisation d'une carte de paiement ou d'un chéquier.

2. Le rôle du curateur en cours de fonctions

2.1. Les actes accomplis par la personne protégée seule

Les actes d'administration

Il s'agit des actes d'exploitation et de mise en valeur du patrimoine de la personne protégée dénoués de risque anormal.

Pour faire simple, ce sont les actes courants tels que :

– la conclusion, le renouvellement ou la résiliation d'un bail d'habitation en tant que bailleur,

– les travaux d'améliorations utiles, aménagements, réparations d'entretien des immeubles de la personne protégée ;

– la perception des revenus et des capitaux, prêt ou vente de meubles d'usage courant ou de faible valeur ;

– les actions en justice relatives à un droit patrimonial de la personne protégée ;

– la conclusion ou le renouvellement d'un contrat d'assurance aux biens ou de responsabilité civile.

Vous pouvez consulter la liste de ces actes dans un décret n° 2008-1484 du 22 décembre 2008 publié au *Journal officiel* du 31 décembre 2008.

Tous les actes relatifs à sa personne dans la mesure où son état le permet

Exemples : lieu de résidence, relation avec les tiers, choix religieux, loisirs, vacances, etc.

Toutefois si une mission d'assistance du majeur vous a été confiée pour ces actes, vous assisterez la personne protégée, mais devrez, sauf urgence, solliciter l'autorisation du juge pour les actes ayant pour effet de porter gravement atteinte à l'intégrité corporelle de la personne protégée ou à l'intimité de sa vie privée.

Si une telle mission ne vous a pas été confiée, vous pourrez toujours, pour ces actes, si vous estimez que la personne protégée n'est pas capable de donner son consentement seule, solliciter du juge des tutelles qu'il vous autorise à l'assister (il conviendra alors de faire parvenir une requête au juge des tutelles accompagnée du certificat d'un médecin inscrit sur la liste du procureur de la République comme lors de l'ouverture de la mesure de protection).

2.2. Les actes qui ne peuvent être accomplis qu'avec l'assistance du curateur

Le curateur assiste la personne protégée pour tous les actes de dispositions. Cette assistance se manifeste par une double signature (majeur protégé + curateur).

Il s'agit des actes qui engagent le patrimoine de la personne protégée, pour le présent ou pour l'avenir, par une modification importante de son contenu, une dépréciation significative de sa valeur en capital ou une altération durable des prérogatives de son titulaire.

Exemples d'actes de disposition :

– résiliation d'un bail portant sur le logement de la personne protégée ;

– vente du logement ou de la résidence secondaire et de leurs meubles meublants ;

– utilisation des capitaux et excédents de revenus (fonds placés sur les livrets et assurances-vie ou placements financiers) ;

– demande de délivrance d'une carte bancaire de crédit ;

– donation ;

– partage amiable ;

– acceptation d'une succession, renonciation à succession ;

– actions en justice relatives à un droit extrapatrimonial de la personne protégée (divorce, filiation, nationalité, annulation de mariage, etc.).

Vous pouvez consulter la liste de ces actes dans un décret n° 2008-1484 du 22 décembre 2008 publié au *Journal officiel* du 31 décembre 2008.

Par ailleurs, dans le cadre d'une curatelle dite « renforcée », ainsi qu'il a été vu plus haut, le curateur est chargé de percevoir les revenus de la personne protégée et d'assurer le règlement de ses dépenses auprès des tiers.

2.3. Les actes soumis à une procédure particulière :

– **la situation de conflit entre le curateur et la personne protégée :** l'un et/ou l'autre peut saisir le juge des tutelles en vue d'obtenir l'autorisation de signer seul l'acte litigieux ;

– **le mariage :** l'autorisation est donnée par le curateur, et, à défaut, par le juge ;

– **le PACS** : le curateur assiste la personne protégée pour la signature de la convention et les éventuelles modifications postérieures mais la déclaration conjointe se fait au greffe du tribunal d'instance par les futurs partenaires seuls.

La rupture du PACS se fera à l'initiative de la personne protégée, seule ou avec l'accord de son partenaire, mais le curateur devra prêter assistance à la signification de l'acte de rupture.

Le curateur doit assister la personne protégée pour les opérations de liquidation de l'indivision ;

– **le logement de la personne protégée et les meubles dont il est garni, qu'il s'agisse d'une résidence principale ou secondaire, doivent être conservés à la disposition de celle-ci aussi longtemps qu'il est possible.**

Toutefois s'il est nécessaire de disposer des droits relatifs au logement de la personne protégée (résiliation d'un bail, vente), l'acte est autorisé par le juge des tutelles (en plus d'être signé par la personne protégée et son curateur). Il convient dans ce cas d'adresser une requête au greffe des tutelles accompagnée de toutes les pièces justificatives (projet de compromis de vente non signé, attestation de valeur vénale de l'immeuble établie par deux professionnels différents ou par un expert, copie du bail, etc.)

Si cet acte a pour finalité l'accueil de la personne protégée dans un établissement (maison de retraite, hôpital, etc.), il faudra solliciter l'avis de l'un des médecins figurant sur la liste établie par le procureur de la République qui indiquera si ce projet est compatible avec l'état de santé de la personne protégée ;

– **la situation de conflit sur le lieu de résidence ou dans les relations entretenues par la personne protégée avec sa famille ou des tiers :** le juge statue ;

– vous pouvez, par ailleurs, prendre seul à l'égard de la personne protégée les mesures de protection strictement nécessaires pour mettre fin au danger que, du fait de son comportement, l'intéressé ferait courir à lui-même à charge pour vous d'en informer sans délai le juge.

2.4. L'information et le contrôle du juge des tutelles

Adresser chaque année, à la date fixée dans le jugement de placement sous protection ou par le greffier en chef, un compte rendu de gestion de l'année antérieure faisant la synthèse des opérations réalisées à l'aide de l'imprimé qui vous a été transmis avec le jugement (vous pouvez demander ces imprimés au greffe du tribunal d'instance).

Vous y joindrez les pièces justificatives (factures, impôts, etc.) et *impérativement* un relevé de l'ensemble des comptes bancaires ouverts au nom de la personne protégée au jour de l'établissement du compte.

En cas de désignation de cocurateurs aux biens, le compte rendu de gestion est établi par tous les curateurs.

Une copie du compte est remise chaque année à la personne protégée ainsi qu'au subrogé curateur s'il en a été désigné un.

Donner à la personne protégée toutes informations sur sa situation personnelle, les actes concernés, leur utilité, leur degré d'urgence, leurs effets et les conséquences d'un refus de sa part, et ce en considération de l'état de la personne protégée.

Vous devez informer le juge des tutelles :

– de vos changements d'adresse ;

– du changement d'adresse de la personne protégée ;

– de ses changements de situation matrimoniale ;

– du décès de la personne ;

– des diligences que vous avez accomplies dans le cadre de votre mission de protection de la personne du majeur.

Vous pouvez :

– demander à être déchargé(e) de vos fonctions pour des raisons d'âge, d'éloignement, de maladie, d'occupations professionnelles ou familiales ;

– demander à être dispensé(e) de rendre des comptes de gestion annuellement en raison de la faiblesse des revenus et du patrimoine de la personne protégée (après au moins un premier compte de gestion) ;

– la personne protégée et le tuteur peuvent solliciter la consultation au greffe du dossier par demande écrite.

3. Les dispositions à prendre à la fin des fonctions du curateur

Vos fonctions prennent fin :

– à la date de la fin de la mesure de protection en l'absence de renouvellement,

– par le décès de la personne protégée ;

– par la mainlevée de la mesure ;

– par votre destitution et votre remplacement.

Il vous appartient alors :

– d'établir un dernier compte rendu de votre gestion reprenant les opérations intervenues depuis l'établissement du dernier compte annuel et le remettre au greffe du service des tutelles, sauf dispense préalable de compte de gestion ;

– de remettre une copie de ce dernier compte et des *cinq derniers comptes de gestion* à la personne devenue capable si elle ne les a pas déjà reçues, ou à ses héritiers ou au nouveau curateur.

Vous pouvez, par ailleurs, obtenir des renseignements sur le portail Tutelles du site Internet du ministère de la Justice : *www.tutelles.justice.gouv.fr*

Annexe 6

Notice d'information relative à la tutelle

Tribunal d'instance de ....

Vous avez été désigné(e) en qualité de tuteur (tutrice) d'une personne majeure.

Cette fiche est destinée à vous aider à comprendre le rôle du tuteur et à connaître ses devoirs et obligations, ainsi que les cas d'intervention du juge des tutelles.

Elle ne saurait avoir un caractère exhaustif. En cas d'incertitude vous pouvez contacter le greffe du tribunal d'instance (service des tutelles) par téléphone ou écrire directement à l'attention du juge des tutelles.

1. Le rôle du tuteur lors de sa prise de fonctions

1° **Dresser l'inventaire des biens du majeur protégé** conformément à l'imprimé qui vous a été transmis avec le jugement. Cet inventaire est à établir le plus précisément possible à la date d'ouverture de la tutelle et doit être réactualisé en cours de mesure (en cas de modifications importantes dans la composition du patrimoine, par exemple après la vente d'un bien immobilier).

Les opérations d'inventaire doivent se dérouler en présence de la personne protégée si son état le permet, de son avocat le cas échéant, ainsi que de deux témoins majeurs qui ne sont ni au service de la personne protégée ni au service du tuteur ou être réalisées par un huissier ou un notaire.

L'inventaire est daté et signé par TOUTES les personnes présentes ou par l'huissier ou le notaire.

Si la personne protégée ne possède aucun bien, mettre « état néant » et renvoyer l'inventaire signé.

2° **Établir un budget prévisionnel** qui permettra au juge des tutelles de fixer les sommes annuellement nécessaires à l'entretien de la personne protégée et au remboursement des frais d'administration de ses biens.

Vous pourrez vous appuyer sur le formulaire transmis avec le jugement de placement sous protection.

Dans le cadre de l'établissement de ce budget, vous mentionnerez si des prélèvements mensuels réguliers sur des comptes de placement sont nécessaires (par exemple pour régler des frais d'hébergement) et, dans ce cas, solliciterez l'autorisation de prélever une somme mensuelle dont vous préciserez le montant sur un compte dont vous fournirez un relevé.

Vous mentionnerez également s'il y a lieu de prévoir le versement mensuel de l'excédent des revenus de la personne protégée sur un compte de placement en précisant le montant des mensualités et le type de placement envisagé. S'il s'agit d'un nouveau placement à souscrire autre qu'un placement réglementé (Livrets, etc.), vous annexerez la notice explicative fournie par l'établissement financier.

3° Ouvrir un compte ou un livret au nom de la personne protégée portant mention de la mesure de protection *si elle ne possède pas déjà un compte ouvert à son nom.*

Pour toutes ouvertures ou clôtures de compte postérieures, l'autorisation du juge des tutelles est indispensable.

4° Réaliser les actes conservatoires urgents (petites réparations urgentes du logement, vérifier que le majeur est assuré, à défaut souscrire les assurances nécessaires).

2. Le rôle du tuteur en cours de fonction

2.1. Les actes accomplis par le tuteur sans autorisation

• Les actes d'administration

Il s'agit des actes d'exploitation et de mise en valeur du patrimoine de la personne protégée dénoués de risque anormal.

Pour faire simple, ce sont les actes courants tels que :

– la conclusion, le renouvellement ou la résiliation d'un bail d'habitation en tant que bailleur ;

– les travaux d'améliorations utiles, aménagements, réparations d'entretien des immeubles de la personne protégée ;

– la perception des revenus et des capitaux, prêt ou vente de meubles d'usage courant ou de faible valeur ;

– les actions en justice relatives à un droit patrimonial de la personne protégée ;

– la conclusion ou renouvellement d'un contrat d'assurance aux biens ou de responsabilité civile ;

– le paiement des dettes.

Vous pouvez consulter la liste de ces actes dans un décret n° 2008-1484 du 22 décembre 2008 publié au *Journal officiel* du 31 décembre 2008.

2.2. Les actes nécessitant une autorisation du juge des tutelles

• Les actes de disposition

Il s'agit des actes qui engagent le patrimoine de la personne protégée, pour le présent ou pour l'avenir, par une modification importante de son contenu, une dépréciation significative de sa valeur en capital ou une altération durable des prérogatives de son titulaire.

Exemples d'actes de disposition :

– résiliation d'un bail portant sur le logement de la personne protégée ;

– vente du logement ou de la résidence secondaire et de leurs meubles meublants ;

– utilisation des capitaux et excédents de revenus (fonds placés sur les livrets et assurances-vie ou placements financiers) ;

– demande de délivrance d'une carte bancaire de *crédit* ;

– donation ;

– partage amiable ;

– acceptation d'une succession, renonciation à succession ;

– actions en justice relatives à un droit extrapatrimonial de la personne protégée (divorce, filiation, nationalité, annulation de mariage).

Vous pouvez consulter la liste de ces actes dans un décret n° 2008-1484 du 22 décembre 2008 publié au *Journal officiel* du 31 décembre 2008.

Il convient dans ce cas d'adresser votre requête par lettre au juge des tutelles en décrivant votre demande le plus précisément possible et en joignant les pièces justificatives (devis, extrait du compte où doit être prélevée la somme demandée, contrat).

• La souscription ou le rachat d'un contrat d'assurance-vie.

• La désignation ou la substitution du bénéficiaire d'un contrat d'assurance-vie.

• L'ouverture (sauf si la personne n'avait pas de compte ouvert à son nom), la clôture ou la transformation d'un compte ou livret bancaire appartenant à la personne protégée.

2.3. Les actes qui ne peuvent être accomplis que par la personne protégée :

– **les actes dont la nature implique un consentement strictement personnel** : déclaration de naissance d'un enfant, reconnaissance d'un enfant, actes de l'autorité parentale relatifs à un enfant, la déclaration du choix ou du changement du nom d'un enfant, et le consentement donné à sa propre adoption ou celle d'un enfant ;

– **les actes relatifs à sa personne dans la mesure où son état le permet.**

Exemples : lieu de résidence, relation avec les tiers, choix religieux, loisirs, vacances, santé, etc.

Toutefois si une mission de représentation du majeur vous a été confiée pour ces actes, vous agirez à la place de la personne protégée, mais devrez, sauf urgence, solliciter l'autorisation du juge pour les actes ayant pour effet de porter gravement atteinte à l'intégrité corporelle de la personne protégée ou à l'intimité de sa vie privée.

Si une telle mission ne vous a pas été confiée, vous pourrez toujours, pour ces actes, si vous estimez que la personne protégée n'est pas capable de donner son consentement, solliciter du juge des tutelles qu'il vous autorise à l'assister ou à la représenter (il conviendra alors de faire parvenir une requête au juge des tutelles accompagnée du certificat d'un médecin inscrit sur la liste du procureur de la République comme lors de l'ouverture de la mesure de protection) ;

– **faire un testament avec *l'autorisation* du juge des tutelles ;**

– **révoquer un testament ;**

– **révoquer le bénéficiaire d'un contrat d'assurance-vie, avec l'autorisation du juge des tutelles.**

2.4. Les actes interdits au tuteur (même avec une autorisation) :

– **l'aliénation gratuite des biens ou des droits de la personne protégée**, sauf la donation qui est possible, mais soumise à un régime spécial (voir *infra*) ;

– **acquérir d'un tiers un droit ou une créance que ce dernier détient contre la personne protégée ;**

– **exercer le commerce ou une profession libérale au nom de la personne protégée ;**

– **acheter des biens de la personne protégée ou les prendre à bail ou à ferme.**

Toutefois, à titre exceptionnel et dans l'intérêt de la personne protégée, le tuteur peut, sur autorisation du conseil de famille s'il est constitué ou du juge des tutelles, acheter les biens de la personne protégée ou les prendre à bail ou à ferme.

2.5. Les actes soumis à une procédure particulière :

– **le mariage :** l'autorisation est donnée par le juge des tutelles après audition des futurs conjoints et le cas échéant, recueil de l'avis des parents et proches. L'audition du futur époux par l'officier d'état civil se fait hors la présence du tuteur ;

– **le PACS :** l'autorisation est donnée par le juge des tutelles après audition des futurs partenaires et, le cas échéant, recueil de l'avis des parents et proches. Le tuteur assiste la personne protégée pour la signature de la convention et les éventuelles modifications postérieures mais la déclaration conjointe se fait au greffe du tribunal d'instance par les futurs partenaires *seuls*.

La rupture par déclaration conjointe des deux partenaires pacsés se fera sans assistance ni représentation.

La rupture unilatérale du PACS se fera soit par la personne protégée avec l'assistance du tuteur, soit sur l'autorisation du juge des tutelles à la demande du tuteur lorsque la personne protégée refuse la rupture ;

– **les donations :** elles sont possibles au bénéfice de toutes personnes avec l'assistance ou la représentation du tuteur et après l'autorisation du juge des tutelles ;

– **situation de conflit sur le lieu de résidence ou dans les relations entretenues par la personne protégée avec la famille ou des tiers :** le juge statue ;

– **le logement de la personne protégée et les meubles dont il est garni, qu'il s'agisse d'une résidence principale ou secondaire, doivent être conservés à la disposition de celle-ci aussi longtemps qu'il est possible.**

Toutefois, s'il est nécessaire de disposer des droits relatifs au logement de la personne protégée (résiliation d'un bail, vente), l'acte est autorisé par le juge des tutelles. Il convient dans ce cas d'adresser une requête au greffe des tutelles accompagnée de toutes les pièces justificatives (projet de compromis de vente non signé, attestation de valeur vénale de l'immeuble établie par deux professionnels différents ou par un expert, copie du bail, etc.)

Si cet acte a pour finalité l'accueil de la personne protégée dans un établissement (maison de retraite, hôpital, etc.), il faudra solliciter l'avis de l'un des médecins figurant sur la liste établie par le procureur de la République qui indiquera si ce projet est compatible avec l'état de santé de la personne protégée ;

– vous pouvez, par ailleurs et d'une manière générale, prendre seul à l'égard de la personne protégée les mesures de protection strictement nécessaires pour mettre fin au danger que, du fait de son comportement, l'intéressé ferait courir à lui-même à charge pour vous d'en informer sans délai le juge.

2.6. L'information et le contrôle du juge des tutelles

Adresser chaque année, à la date fixée dans le jugement de placement sous protection ou par le greffier en chef, un compte rendu de gestion de l'année antérieure faisant la synthèse des opérations réalisées à l'aide de l'imprimé qui vous a été transmis avec le jugement (vous pouvez demander ces imprimés au greffe du tribunal d'instance).

Vous y joindrez les pièces justificatives (factures, impôts, etc.) et *impérativement* un relevé de l'ensemble des comptes bancaires ouverts au nom de la personne protégée au jour de l'établissement du compte.

En cas de désignation de cotuteurs aux biens, le compte rendu de gestion est établi par tous les tuteurs.

Une copie du compte est remise chaque année à la personne protégée ainsi qu'au subrogé tuteur s'il en a été désigné un.

Donner à la personne protégée toutes informations sur sa situation personnelle, les actes concernés, leur utilité, leur degré d'urgence, leurs effets et les conséquences d'un refus de sa part et ce, en considération de l'état de la personne protégée.

Vous devez informer le juge des tutelles :

– de vos changements d'adresse ;

– du changement d'adresse de la personne protégée ;

– de ses changements de situation matrimoniale ;

– du décès de la personne ;

– des diligences que vous avez accomplies dans le cadre de votre mission de protection de la personne du majeur.

Vous pouvez :

– demander à être déchargé(e) de vos fonctions pour des raisons d'âge, d'éloignement, de maladie, d'occupations professionnelles ou familiales ;

– demander à être dispensé(e) de rendre des comptes de gestion annuellement en raison de la faiblesse des revenus et du patrimoine de la personne protégée (après au moins un premier compte de gestion) ;

– la personne protégée et le tuteur peuvent solliciter la consultation au greffe du dossier par demande écrite.

3. Les dispositions à prendre à la fin des fonctions du tuteur

Vos fonctions prennent fin :

– à la date de la fin de la mesure de protection en l'absence de renouvellement ;

– par le décès de la personne protégée ;

– par la mainlevée de la mesure ;

– par votre destitution et votre remplacement.

Il vous appartient alors :

– d'établir un dernier compte rendu de votre gestion reprenant les opérations intervenues depuis l'établissement du dernier compte annuel et le remettre au greffe du service des tutelles, sauf dispense préalable de compte de gestion ;

– de remettre une copie de ce dernier compte et des *cinq derniers comptes de gestion* à la personne devenue capable si elle ne les a pas déjà reçues, ou à ses héritiers ou au nouveau tuteur.

Vous pouvez, par ailleurs, obtenir des renseignements sur le portail Tutelles du site Internet du ministère de la Justice : *www.tutelles.justice.gouv.fr*

Annexe 7

Formulaire de compte de gestion

Liberté • Égalité • Fraternité
RÉPUBLIQUE FRANÇAISE

MINISTÈRE DE LA JUSTICE

Destinataire :

Tribunal d'instance de ...

Service de la Protection des majeurs

DOSSIER N°:
MAJEURE PROTÉGÉE :

NOTICE

Madame, Monsieur,

En votre qualité de personne chargée de la mesure de protection de M......... **vous devez remettre chaque année un compte de gestion au greffier en chef du Tribunal d'instance pour vérification et approbation.**

Pour faciliter votre tâche vous trouverez, ci-joint un imprimé de compte de gestion à compléter que vous ferez parvenir au greffe **avant le ....** de chaque année .

Les rubriques suivantes sont à compléter :
A. les ressources
B. les dépenses
C. la balance
D. les comptes

La rubrique "Observations" vous permet de donner toute explication utile sur votre gestion et les difficultés rencontrées au cours de celle-ci.

Ce compte de gestion sera accompagné, selon les cas, des copies des pièces justificatives énumérées ci-dessous.

Pour les dépenses de la vie courante, il convient de se référer au seuil fixé par le juge des tutelles pour déterminer à partir de quel montant des justificatifs doivent être fournis.
Montant du seuil : 150 euros

LISTE DES JUSTIFICATIFS (non limitative)

- *dernière feuille d'imposition sur les revenus*
- *avis des taxes foncières*
- *avis de la taxe d'habitation*
- *attestation bancaire de la situation de chaque compte*
- *derniers relevés des comptes bancaires*
- *dernier relevé d'assurance-vie*

Fait le.............................., Le Greffier

Liberté • Égalité • Fraternité
RÉPUBLIQUE FRANÇAISE

MINISTÈRE DE LA JUSTICE

Tribunal d'instance de ...

Service Tutelles des majeurs

COMPTE DE GESTION DES BIENS POUR L'ANNÉE ____________

Période de gestion du ______________________ au ______________________

DOSSIER N°:

LA PERSONNE PROTÉGÉE
NOM DE FAMILLE :
NOM D'USAGE *(pour les femmes mariées)* :
Prénom(s) :
Date et lieu de naissance
Adresse :

LA MESURE DE PROTECTION

Jugement du :
Mesure prononcée : ☐ **administration légale** ☐ **tutelle** ☐ **curatelle** ☐ **sauvegarde de justice**
Nom de l'administrateur légal, du tuteur, du curateur ou du mandataire spécial chargé de la mesure au moment du dépôt du comte de gestion [1] :
Date de nomination [2] :
Adresse de l'administrateur légal, du tuteur, du curateur ou du mandataire spécial [3] :

LES MODIFICATIONS DE SITUATION

[1] Nom et prénom de l'administrateur légal du tuteur, du curateur ou du mandataire spécial ou du service chargé de la mesure

[2] Date du jugement initial ou date de la décision de désignation de la nouvelle personne chargée de la mesure de protection en cas de changement

[3] Dernière adresse enregistrée

Si des modifications sont intervenues depuis le précèdent compte de gestion, vous devez le préciser ici :

☐ changement de domicile de la personne protégée *(indiquez sa nouvelle adresse)* :

☐ changement de domicile de l'administrateur légal, du tuteur, du curateur ou du mandataire spécial *(indiquez votre nouvelle adresse, n° de téléphone et adresse de messagerie)* :

☐ autre modification *(précisez)* :

LES ACTES DE GESTION AU COURS DE L'ANNÉE

(Cochez les cases correspondantes)

LE PATRIMOINE IMMOBILIER A-T-IL ÉTÉ MODIFIÉ ?

☐ NON ☐ OUI dans ce cas :

Précisez la nature de l'opération effectuée et joignez une copie de l'acte :

☐ Vente ☐ Acquisition ☐ Succession ☐ Donation

Adresse de situation de l'immeuble :

LES PLACEMENTS ONT-ILS ÉTÉ MODIFIÉS ?

☐ NON ☐ OUI dans ce cas :

Précisez la raison des modifications apportées :

☐ Regroupement de comptes bancaires ☐ Vente d'un PEA ☐ Transfert de fonds d'un compte à un autre compte

☐ Plan arrivé à échéance ☐ Nouveau placement suite à vente ou héritage

☐ Autre raison :

Joignez une **copie des justificatifs bancaires** faisant apparaître les modifications.

A - LES RESSOURCES

Les revenus	Montant annuel en euros
Salaire :	
Pension de rentraite :	
Pension invalidité :	
Pension alimentaire :	
Rente viagère :	
Revenus locatifs :	

Les allocations	Montant annuel en euros
Allocation adulte handicapé *(A.A.H.)* :	
Allocations familiales :	
Allocation logement :	
Allocation chômage :	
Revenu minimum d'insertion *(R.M.I.)* :	
Autres *(précisez)* :	

Les revenus mobiliers	Montant annuel en euros
Montant des intérêts ou dividendes versés sur les comptes bancaires :	

Les autres ressources	Montant annuel en euros
Vente d'un bien immobilier : *(ex : appartement, maison)*	
Vente d'un bien mobilier : *(ex : voiture, meuble de valeur)*	
Remboursements C.P.A.M. ou mutuelle :	
Autres *(précisez)* :	

A - Le montant total annuel en euros des ressources de l'année est de :	

B - LES DÉPENSES

(pour les justificatifs à fournir voir notice en annexe)

Les dépenses de la vie courante	Montant annuel en euros
Habillement :	
Alimentation :	
Loisirs - vacances :	
Frais médicaux :	
Frais de scolarité :	
Argent de poche :	
Autres *(précisez)* :	

Le logement	Montant annuel en euros
Loyer :	
Frais d'hébergement :	
Électricité :	
Gaz :	
Eau :	
Téléphone :	

Les frais d'assurance	Montant annuel en euros
Habitation :	
Automobile :	
Santé : *(ex : mutuelle)*	
Autres *(précisez)* :	

Les frais de maintien à domicile	Montant annuel en euros
Aide ménagère :	
Employé(e) de maison :	
Autres *(précisez)* :	

Les impôts et taxes	Montant annuel en euros
Impôt sur les revenus :	
Taxe d'habitation :	
Taxe foncière :	
Redevance télévision :	

Les achats importants	Montant annuel en euros
Immeuble :	
Automobile :	
Meuble *(ex : armoire, lit, télévision...)* :	
Autres *(précisez)* :	

Les placements	Montant annuel en euros
Placements *(actions, SICAV, livret, autres)* :	

Les travaux divers et réparations	Montant annuel en euros
Travaux d'aménagement immobilier *(ex : rénovation de façade d'immeuble - peinture)* :	
Réparations d'entretien *(ex : fuite d'eau)* :	
Autres *(précisez)* :	

Les emprunts en cours	Montant annuel en euros
Précisez la nature de l'emprunt et le nom de l'organisme prêteur : *Joindre un état des remboursements*	

Autres dépenses	Montant annuel en euros
Émoluments du gérant privé de la mesure de protection	
Autres :	

B - Le montant total annuel en euros des dépenses de l'année est de :

C - LA BALANCE DE LA GESTION DE L'ANNÉE

	Montant annuel en euros
Solde antérieur : *- Pour le dépôt du premier compte de gestion, indiquez le solde des comptes à l'inventaire de patrimoine.* *- Pour les années suivantes, indiquez le solde du dernier compte de gestion.*	
Total des ressources de l'année : (A)	
Total des dépenses de l'année : (B)	
Solde : (A - B) *Ce montant sera à reporter sur le prochain compte de gestion*	

D - SITUATION DES COMPTES ET LIVRETS BANCAIRES

Important : *Les fonds et valeurs mobilières de la personne protégée doivent obligatoirement être déposés sur un compte ouvert à son nom et mentionnant la mesure de protection.*
*Pour chaque compte bancaire, vous devez **joindre une copie du dernier relevé bancaire**.*

Nom des comptes	Numéro des comptes	Nom de l'agence	Ancien solde	Recettes	Dépenses	Mouvements de compte à compte		SOLDE
				Montant	Montant	Crédit	Débit	
Compte courant								
Livret A								
Codévi								
Assurance Vie								
L.E.P.								
P.E.L.								
P.E.P.								
P.E.A.								
Compte titres								
Autres *(précisez)* :								
			TOTAUX					

OBSERVATIONS DE L'ADMINISTRATEUR LÉGAL, TUTEUR, CURATEUR OU MANDATAIRE SPÉCIAL *(FACULTATIF)*

OBSERVATIONS DU SUBROGÉ TUTEUR S'IL EN A ÉTÉ NOMMÉ UN

L'administratrice légale ou la tutrice ou la curatrice ou la mandataire spéciale certifie le présent compte de gestion sincère et véritable.

Fait le ______________________ à ______________________

Signature de l'administratrice légale ou de la tutrice ou de la curatrice ou de la mandataire spéciale :

Dans le cas d'une tutelle avec conseil de famille, compte de gestion remis au subrogé tuteur le : ______________________

Signature du subrogé tuteur :

VÉRIFICATION DU COMPTE ***(Cadre réservé au greffe)***		
	Dates	Motifs
Demandes d'information		
Demandes d'avis au juge des tutelles		
Date de l'acte d'approbation	Refus d'approbation : date du rapport de difficultés saisissant le juge des tutelles	Date de la décision du Juge des tutelles en cas de rapport de difficultés
Qualité et signature du vérificateur :		

Annexe 8

Formulaire d'inventaire de patrimoine

Liberté • Égalité • Fraternité
RÉPUBLIQUE FRANÇAISE

MINISTÈRE DE LA JUSTICE

Tribunal d'instance de ......

Service de la Protection des majeurs

Destinataire :

DOSSIER N°:
MAJEURE PROTÉGÉE :

NOTICE D'INVENTAIRE

Madame, Monsieur,

Vous venez d'être nommée administratrice légale, tutrice, curatrice, mandataire spéciale de M......

Conformément à l'article 503 du Code civil, vous devez procéder à l'inventaire des biens de l'intéressé(e) dans les trois mois de l'ouverture de la mesure de protection.

Pour ce faire, **vous devez adresser au juge des tutelles avant le...... l'imprimé ci-joint dûment renseigné**.

Vous ne complétez que les rubriques correspondant à la situation de l'intéressée et barrez celles inutiles avec la mention " Néant ".

Ces rubriques concernent :

A. les biens immobiliers,
B. les meubles et les objets de valeur ,
En cas d'objets meublant ordinaires, cet inventaire peut être établi par le tuteur ou curateur en présence de deux témoins. Pour les meubles et objets de valeur, il est préférable de joindre un inventaire dressé par un notaire, commissaire priseur ou huissier de justice pour éviter toute contestation ultérieure.
C. les autres biens (voitures, bateaux, etc.)
D. l'existence d'un coffre-fort
E. l'identification des valeurs, titres, comptes et livrets bancaires
F. les ressources
G. les emprunts ;
H. la procédure de surendettement ou de rétablissement personnel ;
I. les actes de gestion en cours d'exécution ou qui doivent être effectués dans un avenir proche.

Cet inventaire sera accompagné, selon les cas, des copies des pièces justificatives énumérées ci-dessous :

- dernière feuille d'imposition sur les revenus,
- avis des taxes foncières,
- avis de la taxe d'habitation,
- attestation bancaire de la situation de chaque compte,
- derniers relevés des comptes bancaires,
- dernier relevé d'assurance-vie,
- attestation du médecin traitant, si M. Ou Mme...... est dans l'impossibilité d'assister aux opérations d'inventaire.

L'inventaire est important, il servira de base à l'étude du compte de gestion remis chaque année au greffier en chef du Tribunal d'instance

Fait le ......, Le Greffier

Liberté • Égalité • Fraternité
RÉPUBLIQUE FRANÇAISE

MINISTÈRE DE LA JUSTICE

Tribunal d'instance de ......

Service de la Protection des majeurs

INVENTAIRE ÉTABLI LE ______________________

par le tuteur ou le curateur ou le mandataire spécial ou l'administrateur légal

❒ En présence ❒ En l'absence de la personne protégée
❒ En présence d'un proche de la personne protégée, dûment autorisé par le juge des tutelles ______________________

DOSSIER N°:

MAJEURE PROTÉGÉE

NOM DE FAMILLE :

NOM D'USAGE
(pour les femmes mariées) :

Prénom(s) :

Adresse :

Célibataire ❒ Mariée ❒ Pacte civil de solidarité (joindre la copie de la convention) ❒

Veuve ❒ Divorcée❒ Séparée de corps ❒ Séparée de fait ❒

Régime matrimonial institué ______________________

MESURE DE PROTECTION

❒ TUTELLE

❒ CURATELLE

❒ SAUVEGARDE DE JUSTICE AUTONOME

❒ ADMINISTRATION LÉGALE SOUS CONTRÔLE JUDICIAIRE

DATE DU JUGEMENT :

NOM DE LA PERSONNE CHARGÉE DE LA MESURE DE PROTECTION :

ADRESSE :

☎ TÉLÉPHONE : ______________________

✉ ADRESSE DE MESSAGERIE : ______________________

Le majeur protégé est-il propriétaire d'un bien immobilier :
❒ oui *(remplir la rubrique A Biens immobiliers)*
❒ non (*passer directement aux rubriques B et suivantes)*

A - Biens immobiliers

préciser le régime de la propriété et si les biens font l'objet d'une location

A Résidence principale (adresse) : VALEUR ESTIMATIVE,

Bien personnel ❒ Bien en communauté ❒ Bien en indivision ❒

Louée : oui ❒ non ❒

B Résidence secondaire (adresse) : VALEUR ESTIMATIVE,

Bien personnel ❒ Bien en communauté ❒ Bien en indivision ❒

Louée : oui ❒ non ❒

C Autres immeubles bâtis : VALEUR ESTIMATIVE,

Bien personnel ❒ Bien en communauté ❒ Bien en indivision ❒

Loué(s) : oui ❒ non ❒

D Terrains : VALEUR ESTIMATIVE,

Bien personnel ❒ Bien en communauté ❒ Bien en indivision ❒

Loué(s) : oui ❒ non ❒

B - Mobilier, objets de valeur

Meubles et objets de valeur :
joindre copie de l'inventaire établi par un notaire, un commissaire priseur ou un huissier de justice.

Objets meublants ordinaires :
cet inventaire peut être établi par le tuteur, curateur ou mandataire spécial en présence de deux témoins.

C - Autres biens

Bateaux ❒ Voiture ❒ Autres (préciser) ❒

D - Coffre fort

Oui ❒ Non ❒ Localisation et contenu :

E-IDENTIFICATION DES VALEURS TITRES COMPTES ET LIVRETS BANCAIRES

*pour chaque compte et livret précisez le nom de l'établissement et le n° du compte, le solde et fournir une attestation de situation de compte, **au jour de la mesure**, que vous demandez à l'établissement bancaire*

N°DE COMPTE

SOLDE

NOM ET ADRESSE
DE L'ÉTABLISSEMENT BANCAIRE

N°DE COMPTE

SOLDE

NOM ET ADRESSE
DE L'ÉTABLISSEMENT BANCAIRE

N°DE COMPTE

SOLDE

NOM ET ADRESSE
DE L'ÉTABLISSEMENT BANCAIRE

LIVRETS

N°DE COMPTE

SOLDE

NOM ET ADRESSE
DE L'ÉTABLISSEMENT BANCAIRE

N°DE COMPTE

SOLDE

NOM ET ADRESSE
DE L'ÉTABLISSEMENT BANCAIRE

ASSURANCE-VIE

NOM ET ADRESSE
DE L'ÉTABLISSEMENT BANCAIRE ____________________

N°DE COMPTE ____________________

CAPITAL VERSÉ ____________________

ARGENT LIQUIDE ____________________

F -Ressources

(reporter le montant dans la colonne correspondant à la périodicité du paiement puis effectuer le calcul sur l'année)

NATURE	MENSUELLE	TRIMESTRIELLES	TOTAL ANNUEL
SALAIRE : *(identification de l'employeur)*			
ALLOCATIONS : *(identification des organismes)*			
PENSIONS : *(identification des organismes)*			

MONTANT DES LOYERS PERÇUS : *(identification du locataire)*			
AUTRES : *(exemple rente viagère)*			

G - EMPRUNTS

NATURE	MENSUALITÉS	REMBOURSEMENT ANNUEL
PRÊT IMMOBILIER : *(identification du créancier)*		
PRÊT : *(ex: prêt à la consommation - prêt accordé par un membre de la famille - identification du créancier)*		

H - PROCÉDURE DE SURENDETTEMENT OU DE RÉTABLISSEMENT PERSONNEL

Non ❐

En cours ❐

Oui ❐ date du jugement ou du plan : ____ / ____ / ______
(joindre une copie de la décision)

I - ACTES DE GESTION

1 - EN COURS D'EXÉCUTION

❐ succession ❐ donation partage ❐ travaux (décrire)

❐ vente immobilière ❐ achat immobilier ❐ autres

2 - ENVISAGÉS PAR LE TUTEUR

❐ vente immobilière ❐ vente mobilière ❐ autres

❐ travaux ❐ achat immobilier ❐ résiliation de bail

❐ vente de voiture ❐ transferts de comptes

Observations

L'administratrice légale ou la tutrice ou la curatrice ou la mandataire spéciale certifie que le présent inventaire est complet et exact.

Fait le ______________________ à ______________________

❐ en présence de la personne protégée ❐ en l'absence de la personne protégée

Signature de l'administratrice légale ou de la tutrice ou de la curatrice ou de la mandataire spéciale :

Signature du Subrogé tuteur ou du Subrogé curateur *(s'il en a été désigné un)* :

Signature de la personne protégée *(si elle est présente)*

Nom et signature du ou des proche(s) de la personne protégée *(si le juge a autorisé sa/leur présence)* :

(Ne rien inscrire : cadre réservé au juge des tutelles)

Le

Visa du juge des tutelles

Annexe 9

Décret n° 2008-1498 du 22 décembre 2008 fixant les listes de prestations sociales mentionnées aux articles L. 271-8 et L. 361-1 du Code de l'action sociale et des familles et à l'article 495-4 du Code civil et le plafond de la contribution des bénéficiaires de la mesure d'accompagnement social personnalisé

« Art. D. 271-2.- Les prestations sociales mentionnées aux articles L. 271-1 et L. 271-5 sont :

« 1° L'aide personnalisée au logement mentionnée à l'article L. 351-1 du Code de la construction et de l'habitation, dès lors qu'elle n'est pas versée en tiers payant selon les modalités prévues à l'article R. 351-27 ;

« 2° L'allocation de logement sociale mentionnée à l'article L. 831-1 du Code de la sécurité sociale, dès lors qu'elle n'est pas versée en tiers payant ;

« 3° L'allocation personnalisée d'autonomie mentionnée à l'article L. 232-1 du présent code, dès lors qu'elle n'est pas versée directement aux établissements et services mentionnés à l'article L. 232-15 selon les conditions prévues au même article ;

« 4° L'allocation de solidarité aux personnes âgées mentionnée à l'article L. 815-1 du Code de la sécurité sociale ;

« 5° L'allocation aux vieux travailleurs salariés mentionnée à l'article 2 de l'ordonnance n° 2004-605 du 24 juin 2004 simplifiant le minimum vieillesse ;

« 6° L'allocation aux vieux travailleurs non salariés mentionnée au même article ;

« 7° L'allocation aux mères de famille mentionnée au même article ;

« 8° L'allocation spéciale vieillesse prévue à l'article L. 814-1 du Code de la sécurité sociale et sa majoration prévue à l'article L. 814-2 du même code dans leur rédaction antérieure à l'entrée en vigueur de la même ordonnance ;

« 9° L'allocation viagère dont peuvent bénéficier les rapatriés en vertu de la loi du 2 juillet 1963 visée ci-dessus et mentionnée à l'article 2 de la même ordonnance ;

« 10° L'allocation de vieillesse agricole mentionnée à l'article 2 de la même ordonnance ;

« 11° L'allocation supplémentaire mentionnée à l'article L. 815-2 du Code de la sécurité sociale, dans sa rédaction antérieure à l'entrée en vigueur de la même ordonnance ;

« 12° L'allocation supplémentaire d'invalidité mentionnée à l'article L. 815-24 du Code de la sécurité sociale ;

« 13° L'allocation aux adultes handicapés mentionnée à l'article L. 821-1 du même code, le complément de ressources mentionné à l'article L. 821-1-1 du même code et la majoration pour la vie autonome mentionnée à l'article L. 821-1-2 du même code ;

« 14° L'allocation compensatrice mentionnée à l'article 95 de la loi n° 2005-102 du 11 février 2005 pour l'égalité des droits et des chances, la participation et la citoyenneté des personnes handicapées ;

« 15° La prestation de compensation du handicap mentionnée aux I et II de l'article L. 245-1 du présent code, sauf si elle est versée dans les conditions prévues à l'article L. 245-11 ;

« 16° L'allocation de revenu minimum d'insertion mentionné à l'article L. 262-1 et la prime forfaitaire mentionnée à l'article L. 262-11, dès lors qu'ils ne sont pas reversés par un organisme mentionné à l'article R. 262-50, ou le revenu de solidarité active mis en œuvre pour les bénéficiaires de ces allocations en application de l'article 19 de la loi n° 2007-1223 du 21 août 2007 en faveur du travail, de l'emploi et du pouvoir d'achat ;

« 17° L'allocation de parent isolé mentionnée à l'article L. 511-1 du Code de la sécurité sociale et la prime forfaitaire instituée par l'article L. 524-5 du même code ou le revenu de solidarité active mis en œuvre pour les bénéficiaires de ces allocations en application de l'article 20 de la loi n° 2007-1223 du 21 août 2007 en faveur du travail, de l'emploi et du pouvoir d'achat ;

« 18° La prestation d'accueil du jeune enfant mentionnée à l'article L. 511-1 du Code de la sécurité sociale ;

« 19° Les allocations familiales mentionnées au même article ;

« 20° Le complément familial mentionné au même article ;

« 21° L'allocation de logement mentionnée au même article, dès lors qu'elle n'est pas versée en tiers payant au bailleur ;

« 22° L'allocation d'éducation de l'enfant handicapé mentionnée au même article ;

« 23° L'allocation de soutien familial mentionnée au même article ;

« 24° L'allocation de rentrée scolaire mentionnée au même article ;

« 25° L'allocation journalière de présence parentale mentionnée au même article ;

« 26° La rente versée aux orphelins en cas d'accident du travail mentionnée à l'article L. 434-10 du Code de la sécurité sociale ;

« 27° L'allocation représentative de services ménagers mentionnée aux articles L. 231-1 et L. 241-1 du présent code ;

« 28° L'allocation différentielle mentionnée à l'article L. 241-2 du présent code ;

« 29° La prestation de compensation du handicap mentionnée au III de l'article L. 245-1 du présent code. »

Annexe 10

Décret n° 2008-1484 du 22 décembre 2008 relatif aux actes de gestion du patrimoine des personnes placées en curatelle ou en tutelle, et pris en application des articles 452, 496 et 502 du Code civil (tableau des actes d'administration et de disposition)

ANNEXE 1

Liste des actes considérés comme des actes d'administration ou de disposition

Colonne 1 : actes d'administration	Colonne 2 : actes de disposition
I. – Actes portant sur les immeubles : – convention de jouissance précaire (C. civ., art. 426, al. 2) ; – conclusion et renouvellement d'un bail de neuf ans au plus en tant que bailleur (C. civ., art. 595 et 1718) ou preneur ; – bornage amiable de la propriété de la personne protégée ; – travaux d'améliorations utiles, aménagements, réparations d'entretien des immeubles de la personne protégée ; – résiliation du bail d'habitation en tant que bailleur ; – prêt à usage et autre convention de jouissance ou d'occupation précaire ; – déclaration d'insaisissabilité des immeubles non professionnels de l'entrepreneur individuel (C. com., art. 1526-1) ; – mainlevée d'une inscription d'hypothèque en contrepartie d'un paiement.	I. – Actes portant sur les immeubles : – disposition des droits relatifs au logement de la personne protégée, par aliénation, résiliation ou conclusion d'un bail (C. civ., art. 426, al. 3) ; – vente ou apport en société d'un immeuble (C. civ., art. 505, al. 3) ; – achat par le tuteur des biens de la personne protégée, ou prise à bail ou à ferme de ces biens par le tuteur (C. civ., art. 508, al. 1) ; – échange (C. civ., art. 1707) ; – acquisition d'immeuble en emploi ou remploi de sommes d'argent judiciairement prescrit (C. civ., art. 501) ; – acceptation par le vendeur d'une promesse d'acquisition (C. civ., art. 1589) ; – acceptation par l'acquéreur d'une promesse de vente (C. civ., art. 1589) ; – dation ; – tout acte grave, notamment la conclusion et le renouvellement du bail, relatif aux baux ruraux, commerciaux, industriels, artisanaux, professionnels et mixtes, grosses réparations sur l'immeuble ; – constitution de droits réels principaux (usufruit, usage, servitude…) et de droits réels accessoires (hypothèques…) et autres sûretés réelles ; – consentement à une hypothèque (C. civ., art. 2413) ; – mainlevée d'une inscription d'hypothèque sans contrepartie d'un paiement.

II. – Actes portant sur les meubles corporels et incorporels : 1° Sommes d'argent : – ouverture d'un premier compte ou livret au nom ou pour le compte de la personne protégée (C. civ., art. 427, al. 4) ; – emploi et remploi de sommes d'argent qui ne sont ni des capitaux ni des excédents de revenus (C. civ., art. 468 et 501) ; – emploi et remploi des sommes d'argent non judiciairement prescrits par le juge des tutelles ou le conseil de famille (C. civ., art. 501) ; – perception des revenus ; – réception des capitaux ; – quittance d'un paiement ; – demande de délivrance d'une carte bancaire de retrait.	II. – Actes portant sur les meubles corporels et incorporels : 1° Sommes d'argent : – modification de tout compte ou livrets ouverts au nom de la personne protégée (C. civ., art. 427, al. 1 et 2) ; – ouverture de tout nouveau compte ou livret au nom ou pour le compte de la personne protégée (C. civ., art. 427, al. 1 et 2) ; – ouverture de tout compte, y compris d'un compte de gestion du patrimoine, auprès de la Caisse des dépôts et consignations (C. civ., art. 427, al. 3, et art. 501, al. 4) ; – lorsque la personne protégée a fait l'objet d'une interdiction d'émettre des chèques, fonctionnement de ses comptes sous la signature de la personne chargée de la mesure de protection et disposition par celle-ci de tous les moyens de paiement habituels (C. civ., art. 427, al. 7) ; – emploi et remploi des capitaux et des excédents de revenus (C. civ., art. 468 et 501) ; – à compter du 1er février 2009 : contrat de fiducie par une personne sous curatelle (C. civ., art. 468, al. 2) ; – clôture d'un compte bancaire ; – ouverture d'un compte de gestion de patrimoine ; – demande de délivrance d'une carte bancaire de crédit.
2° Instruments financiers : – résiliation d'un contrat de gestion de valeurs mobilières et instruments financiers (C. civ., art. 500, al. 3).	2° Instruments financiers (au sens de l'article L. 211-1 du Code monétaire et financier) : – conclusion d'un contrat de gestion de valeurs mobilières et instruments financiers (C. civ., art. 500, al. 3) ; – vente ou apport en société d'instruments financiers non admis à la négociation sur un marché réglementé (C. civ., art. 505, al. 3) ; – vente d'instruments financiers (C. civ., art. 505, al. 4).

3° Autres meubles, corporels et incorporels : – louage-prêt-emprunt-vente-échange-dation et acquisition de meubles d'usage courant ou de faible valeur ; – perception des fruits ; – location d'un coffre-fort.	3° Autres meubles, corporels et incorporels : – aliénation des meubles meublant du logement ou résiliation ou conclusion d'un bail sur ces meubles (C. civ., art. 426, al. 3) ; – vente ou apport d'un fonds de commerce en société (C. civ., art. 505, al. 3) ; – louage-prêt-vente-échange-dation de meubles de valeur ou qui constituent, au regard de l'inventaire, une part importante du patrimoine du mineur ou du majeur protégé ; – vente-échange-dation d'un fonds de commerce ; – conclusion d'un contrat de location-gérance sur un fonds de commerce.
III. – Actes relatifs aux groupements dotés de la personnalité morale :	III. – Actes relatifs aux groupements dotés de la personnalité morale : – candidature aux fonctions de gérant et d'administrateur ; – copropriété des immeubles bâtis : actes visés aux art. 25 à 28-1, 30, 35 et 38 de la loi n° 65-557 du 10 juillet 1965.
IV. – Actes relatifs aux groupements dénués de personnalité morale : – en cas d'indivision légale : vente d'un bien indivis pour payer les dettes de l'indivision (C. civ., art. 815-3).	IV. – Actes relatifs aux groupements dénués de personnalité morale : – communauté conjugale : actes qu'un époux ne peut pas faire seul ; – indivision conventionnelle : actes que le gérant ou l'un des coïndivisaires ne peut pas faire seul ; – en cas de démembrement du droit de propriété : vente-échange-dation du droit démembré, actes auxquels les titulaires des droits démembrés doivent consentir conjointement, grosses réparations non urgentes.

V. – Actes à titre gratuit : – inventaire (C. civ., art. 503) ; – acceptation d'une succession à concurrence de l'actif net (C. civ., art. 507-1) ; – acceptation d'un legs universel ou à titre universel à concurrence de l'actif net (C. civ., art. 507-1 et 724-1) ; – acte de notoriété (C. civ., art. 730-1) ; – action interrogatoire à l'encontre des héritiers taisants (C. civ., art. 771, al. 2) ; – mandat aux fins de partage (C. civ., art. 837) ; – acceptation de legs à titre particulier et de donation non grevés de charge ; – délivrance de legs ; – déclaration de succession ; – attestation de propriété.	V. – Actes à titre gratuit : – donation consentie par une personne protégée majeure (C. civ., art. 470, al. 2 et 476, al. 1) ; – partage amiable (C. civ., art. 507) ; – acceptation pure et simple d'une succession (C. civ., art. 507-1, al. 1) ; – révocation d'une renonciation à une succession ou à un legs universel ou à titre universel (C. civ., art. 507-2) ; – acceptation pure et simple d'un legs universel ou à titre universel (C. civ., art. 724-1) ; – révocation d'une renonciation à un legs (C. civ., art. 724-1) ; – choix par le donataire de rapporter en nature le bien donné (C. civ., art. 859) ; – renonciation à une succession (C. civ., art. 507-1, al. 2) ; – renonciation à un legs (C. civ., art. 724-1) ; – renonciation à une action en réduction des libéralités excessives après le décès du prémourant (C. civ., art. 920) ; – acceptation de legs à titre particulier et de donations grevés de charges ; – renonciation à un legs universel grevé de charges ; – révocation d'une donation entre époux (C. civ., art. 953) ; – consentement à exécution d'une donation entre époux.

VI. – Actions en justice : – toute action en justice relative à un droit patrimonial de la personne sous tutelle (C. civ., art. 504, al. 2) ; – tout acte de procédure qui n'emporte pas perte du droit d'action.	VI. – Actions en justice : – toute action en justice relative à un droit extrapatrimonial de la personne sous tutelle (C. civ., art. 475, al. 2) ; – toute action en justice relative à un droit patrimonial ou extrapatrimonial de la personne en curatelle (C. civ., art. 468, al. 3) ; – action par la personne chargée de la protection en nullité, rescision ou réduction, selon le cas, des actes accomplis par la personne protégée (C. civ., art. 465, al. 6) ; – tout acte de procédure qui n'emporte pas perte du droit d'action.
VII. – Assurances : – conclusion ou renouvellement d'un contrat d'assurance de biens ou de responsabilité civile.	VII. – Assurances : – demande d'avance sur contrat d'assurance (C. assur., art. L. 132-21).
VIII. – Actes de poursuite et d'exécution : – mesures conservatoires (L. n° 91-650 du 9 juillet 1991, art. 26) ; – procédures d'exécution mobilière (L. n° 91-650 du 9 juillet 1991, art. 26).	VIII. – Actes de poursuite et d'exécution : – saisie immobilière (C. civ., art. 2206, al. 1 et D. n° 2006-236 du 27 juillet 2006, art. 13).
IX. – Actes divers : – indivision légale : actes visés par l'article 815-3 (1° et 2°) du code civil (acte d'administration des biens indivis et mandat général d'administration) ; – tout acte relatif à l'animal domestique de la personne protégée.	IX. – Actes divers : – transaction et compromis et clause compromissoire au nom de la personne protégée (C. civ., art. 506) ; – changement ou modification du régime matrimonial (C. civ., art. 1397) ; – souscription ou rachat d'un contrat d'assurance-vie et désignation ou substitution du bénéficiaire (C. assur. art. L. 132-4-1 et C. mut., art. L. 223-7-1) ; – révocation du bénéfice non accepté d'un contrat d'assurance-vie (C. assur., art. L. 132-9 et C. mut., art. L. 223-11) ; – confirmation de l'acte nul pour insanité d'esprit (C. civ., art. 414-2) ; – confirmation d'un acte nul pour avoir été accompli par le tuteur ou le curateur seul (C. civ., art. 465, al. 8) ; – convention d'honoraires proportionnels en toute ou partie à un résultat, indéterminés ou aléatoires.

ANNEXE 2

Liste des actes considérés comme des actes d'administration ou de disposition sauf circonstances d'espèce

Colonne 1 : actes d'administration	Colonne 2 : actes de disposition
I. – Actes portant sur les meubles corporels et incorporels : 1° Sommes d'argent : – paiements des dettes y compris par prélèvement sur le capital ; – octroi de délai raisonnable en vue du recouvrement de créances.	I. – Actes portant sur les meubles corporels et incorporels : 1° Sommes d'argent : – prélèvement sur le capital à l'exclusion du paiement des dettes ; – emprunt de sommes d'argent ; – prêt consenti par la personne protégée.
2° Instruments financiers (au sens de l'art. L. 211-1 du Code monétaire et financier) : – actes de gestion d'un portefeuille, y compris les cessions de titres à condition qu'elles soient suivies de leur remplacement ; – exercice du droit de vote dans les assemblées, sauf ce qui est dit à propos des ordres du jour particuliers ; – demandes d'attribution, de regroupement ou d'échanges de titres ; – vente des droits ou des titres formant rompus ; – souscription à une augmentation de capital, sauf ce qui est dit sur le placement de fonds ; – conversion d'obligations convertibles en actions admises à la négociation sur un marché réglementé.	2° Instruments financiers (au sens de l'art. L. 211-1 du Code monétaire et financier) : – cession du portefeuille en pleine propriété ou en nue-propriété ; – acquisition et cession d'instruments financiers non inclus dans un portefeuille ; – nantissement et mainlevée du nantissement d'instruments financiers.
3° Autres meubles, corporels et incorporels :	3° Autres meubles, corporels et incorporels : – cession de fruits ; – vente-échange-dation de droits incorporels ; – conclusion d'un contrat d'exploitation d'un droit ou d'un meuble incorporel.

II. – Actes relatifs aux groupements dotés de la personnalité morale : – engagement de conservation de parts ou d'actions.	II. – Actes relatifs aux groupements dotés de la personnalité morale : – tout apport en société non visé à l'annexe 1 ; – détermination du vote sur les ordres du jour suivants : Reprise des apports – Modification des statuts – prorogation et dissolution du groupement – fusion – scission – apport partiel d'actifs – agrément d'un associé – augmentation et réduction du capital – changement d'objet social – emprunt et constitution de sûreté – vente d'un élément d'actif immobilisé – aggravation des engagements des associés ; – maintien dans le groupement ; – cession et nantissement de titres.
III. – Actes relatifs à la vie professionnelle : – conclusion et rupture d'un contrat de travail en qualité d'employeur ; – conclusion et rupture d'un contrat de travail en qualité de salarié ; – adhésion à un contrat d'assurance de groupe en cas de vie dont les prestations sont liées à la cessation d'activité professionnelle ou adhésion à un contrat de prévoyance complémentaire (sauf en matière d'assurance-vie : C. assur., art. L. 132-4-1 et L. 132-9 et C. mut., arts. L. 223-7-1 et L. 223-11) ; – adhésion à un contrat d'assurance afférent au risque décès dans le cadre d'un contrat collectif (C. assur., art. L. 141-5 et C. mut., L. 233-6).	III. – Actes relatifs à la vie professionnelle :
IV. – Assurances : – acceptation de la clause bénéficiaire d'un contrat d'assurance-vie sans charge.	IV. – Assurances : – acceptation de la clause bénéficiaire d'un contrat d'assurance-vie avec charges ; – versement de nouvelles primes sur un contrat d'assurance-vie.
V. – Actes divers :	V. – Actes divers : – contrat de crédit.

Annexe 11

Décret n° 2008-1556 du 31 décembre 2008 relatif aux droits des usagers des mandataires judiciaires à la protection des majeurs et des délégués aux prestations familiales (notice d'information et charte des droits du majeur protégé)

ANNEXE 4-2

Contenu de la notice d'information

La notice d'information contient obligatoirement les éléments suivants :

I. – Une présentation du dispositif de protection juridique des majeurs

La loi n° 2007-308 du 5 mars 2007 a rénové le dispositif de protection juridique des majeurs.

Toute personne majeure qui ne peut pourvoir seule à ses intérêts peut bénéficier d'une protection juridique, adaptée à son état et à sa situation.

Si une altération des facultés de la personne est médicalement constatée, le juge des tutelles peut décider qu'un régime de représentation (tutelle) ou d'assistance (curatelle) est nécessaire pour protéger les intérêts personnels et patrimoniaux de cette personne vulnérable.

Si une personne met sa santé ou sa sécurité en danger du fait de ses difficultés à gérer ses prestations sociales, une mesure d'accompagnement social personnalisé peut lui être proposée. Si cet accompagnement ne lui permet pas de gérer ses prestations sociales de façon autonome, le juge des tutelles pourra ordonner une mesure d'accompagnement judiciaire en vue de rétablir cette situation.

II. – Des éléments d'information relatifs au mandataire judiciaire à la protection des majeurs :

a) La date de l'habilitation du mandataire judiciaire à la protection des majeurs ;

b) Les mesures de protection des majeurs pour lesquelles le mandataire judiciaire à la protection des majeurs a reçu une habilitation et leur définition ;

c) Les qualifications du mandataire judiciaire à la protection des majeurs ou, si le mandataire judiciaire est un service, les qualifications de l'ensemble de ses personnels ;

d) L'adresse du mandataire judiciaire à la protection des majeurs et, si le mandataire judiciaire à la protection des majeurs est un service, des différents sites, et notamment du site qui s'occupe de la personne protégée, qui le composent, leurs voies et moyens d'accès ;

e) Si le mandataire judiciaire à la protection des majeurs est un service, les noms de son directeur et de son représentant, et, le cas échéant, du ou des responsables des différentes annexes ou sites concernés, du président du conseil d'administration ou de l'instance délibérante de l'organisme gestionnaire ;

f) Si le mandataire judiciaire à la protection des majeurs est un service, son organisation générale et son organigramme, ses coordonnées et ses horaires d'accueil ;

g) Les conditions de facturation des mesures de protection des majeurs ;

h) Les garanties souscrites en matière d'assurance et de responsabilité civile contractées par le mandataire judiciaire à la protection des majeurs.

III. – Des éléments d'information concernant les personnes protégées :

a) La charte des droits et libertés de la personne majeure protégée ;

b) Les principaux documents et pièces que la personne transmet pour la mise en place et la révision de la mesure de protection des majeurs ;

c) Si le mandataire judiciaire à la protection des majeurs est un service, une présentation des modalités de participation des personnes protégées à l'organisation et au fonctionnement du service ainsi que des modalités de consultation sur le projet de service (groupe d'expression, enquête de satisfaction et autre mode de consultation) ;

d) Si le mandataire judiciaire à la protection des majeurs n'est pas un service, une présentation des modalités de participation de la personne protégée à l'exercice de sa mesure de protection ;

e) Si le mandataire judiciaire à la protection des majeurs est un service, l'élaboration et la remise du document individuel de protection des majeurs ;

f) Le traitement des données concernant la personne dans les conditions fixées par la loi n° 78-17 du 6 janvier 1978 modifiée relative à l'informatique, aux fichiers et aux libertés et le droit de s'opposer, pour des raisons légitimes, au recueil et au traitement de données nominatives la concernant, dans les conditions fixées par la loi n° 78-17 du 6 janvier 1978 précitée ;

g) Le respect, lors de la communication des documents, informations et données concernant la personne, des lois et réglementations en vigueur, de l'obligation de confidentialité des informations, des préconisations prévues par la charte des droits et libertés de la personne majeure protégée et des décisions du juge ;

h) Les numéros d'appel des services d'accueil téléphonique spécialisés (écoute maltraitance, maison départementale des personnes handicapées, centre local d'information et de coordination, etc.) ;

i) En cas de réclamation ou de contestation, si le mandataire judiciaire à la protection des majeurs est un service, la liste et les modalités pratiques de saisine des personnes qualifiées mentionnées à l'article L. 311-5 du Code de l'action sociale et des familles auxquelles la personne peut faire appel en vue de l'aider à faire valoir ses droits ;

j) Les coordonnées du tribunal qui a ordonné la mesure de protection juridique des majeurs dont bénéficie la personne, ainsi que celles du procureur de la République compétent.

ANNEXE 4-3

Charte des droits et libertés de la personne majeure protégée

Par la loi n° 2007-308 du 5 mars 2007 portant réforme de la protection juridique des majeurs, le législateur a souhaité garantir à tout citoyen le droit d'être protégé pour le cas où il ne pourrait plus s'occuper seul de ses intérêts.

Cette loi renforce la protection de la personne du majeur protégé et de ses biens.

La protection juridique qui lui est garantie s'exerce en vertu des principes énoncés dans la présente charte.

Article 1er

Respect des libertés individuelles et des droits civiques

Conformément à l'article 415 du Code civil, la mesure de protection juridique est exercée dans le respect des libertés individuelles et des droits fondamentaux et civiques de la personne.

Conformément à l'article L. 5 du Code électoral, le droit de vote est garanti à la personne sous réserve des décisions de justice.

Article 2

Non-discrimination

Nul ne peut faire l'objet d'une discrimination en raison de son sexe, de son origine, de sa grossesse, de son apparence physique, de son patronyme, de ses caractéristiques génétiques, de ses mœurs, de son orientation sexuelle, de son handicap, de son âge, de ses opinions et convictions ou croyances, notamment politiques ou religieuses, de ses activités syndicales, de son appartenance ou de sa non-appartenance, vraie ou supposée, à une ethnie, une nation, une race ou une religion déterminée lors de la mise en œuvre d'une mesure de protection.

Article 3

Respect de la dignité de la personne et de son intégrité

Le respect de la dignité et de l'intégrité de la personne est garanti. Le droit à l'intimité est préservé.

Il est garanti à la personne la confidentialité de la correspondance privée reçue à son attention par le mandataire judiciaire à la protection des majeurs. Cette correspondance lui est remise. La correspondance administrative reçue à son attention par le mandataire judiciaire à la protection des majeurs est également mise à sa disposition.

Article 4

Liberté des relations personnelles

Conformément à l'article 459-2 du Code civil, la personne entretient librement des relations personnelles avec les tiers, parent ou non, et a le droit d'être visitée et, le cas échéant, hébergée par ceux-ci, sauf décision contraire du conseil de famille ou du juge en cas de difficulté.

Article 5

Droit au respect des liens familiaux

La mesure de protection juridique s'exerce en préservant les liens familiaux et tient compte du rôle de la famille et des proches qui entourent de leurs soins la personne tout en respectant les souhaits de la personne protégée et les décisions du conseil de famille ou du juge.

Article 6

Droit à l'information

La personne a droit à une information claire, compréhensible et adaptée sur :

– la procédure de mise sous protection ;

– les motifs et le contenu d'une mesure de protection ;

– le contenu et les modalités d'exercice de ses droits durant la mise en œuvre de cette procédure ainsi que sur l'organisation et le fonctionnement du mandataire judiciaire à la protection des majeurs, en particulier s'il s'agit d'un service.

La personne est également informée des voies de réclamation et de recours amiables et judiciaires.

Elle a accès aux informations la concernant dans les conditions prévues par la loi et, le cas échéant, selon des modalités fixées par le juge.

Article 7

Droit à l'autonomie

Conformément à l'article 458 du Code civil, « sous réserve des dispositions particulières prévues par la loi, l'accomplissement par la personne des actes dont la nature implique un consentement strictement personnel ne peut jamais donner lieu à assistance ou représentation ». Conformément à l'article 459 du Code civil, « dans les autres cas, la personne protégée prend seule les décisions relatives à sa personne dans la mesure où son état le permet ».

Conformément à l'article 459-2 du Code civil, la personne a la possibilité de choisir son lieu de résidence, sauf décision contraire du conseil de famille ou du juge.

Article 8

Droit à la protection du logement et des objets personnels

Conformément à l'article 426 du Code civil, « le logement de la personne et les meubles dont il est garni, qu'il s'agisse d'une résidence principale ou secondaire, sont conservés à la disposition de celle-ci aussi longtemps qu'il est possible. Les objets à caractère personnel indispensables à la personne handicapée ou destinés aux soins de la personne malade sont gardés à sa disposition, le cas échéant par l'établissement dans lequel elle est hébergée ».

Article 9

Consentement éclairé et participation de la personne

Dans le respect des dispositions légales et réglementaires ainsi que des décisions du conseil de famille ou du juge :

– le consentement éclairé de la personne est recherché en l'informant, par tous les moyens adaptés à sa situation et en veillant à sa compréhension, des conditions d'exercice et des conséquences de la mesure de protection juridique ; le droit de participer à la conception et à la mise en œuvre du projet individuel de protection est garanti.

Article 10

Droit à une intervention personnalisée

Dans le cadre de la mise en œuvre de la mesure de protection, la personne bénéficie d'une intervention individualisée de qualité favorisant son autonomie et son insertion. La situation de la personne fait l'objet d'une évaluation régulière afin d'adapter le plus possible l'intervention à ses besoins.

Les conséquences affectives et sociales qui peuvent résulter de la mise en œuvre de la mesure de protection sont prises en considération.

Article 11

Droit à l'accès aux soins

Il est garanti à la personne l'accès à des soins adaptés à son état de santé.

Article 12

Protection des biens dans l'intérêt exclusif de la personne

La protection des biens est exercée en fonction de la situation ou de l'état de la personne et, conformément à l'article 496 du Code civil, dans son seul intérêt.

Conformément au même article du Code civil, les actes relatifs à la protection des biens de la personne font l'objet de soins prudents, diligents et avisés.

Sauf volonté contraire exprimée par la personne protégée, les comptes ou les livrets ouverts à son nom, et sous réserve des dispositions légales et réglementaires ainsi que des décisions du conseil de famille ou du juge, sont maintenus ouverts.

Conformément à l'article 427 du Code civil, « les opérations bancaires d'encaissement, de paiement et de gestion patrimoniale, effectuées au nom et pour le compte de la personne, sont réalisées exclusivement au moyen des comptes ouverts à son nom », sous réserve des dispositions légales et réglementaires, notamment celles relatives à la comptabilité publique. « Les fruits, produits et plus-values générés par les fonds et les valeurs appartenant à la personne lui reviennent exclusivement. »

Article 13

Confidentialité des informations

Il est garanti à la personne et à sa famille le respect de la confidentialité des informations les concernant dans le cadre des lois existantes et sous réserve des décisions du juge.

Annexe 4-4

Modèle de récépissé remis par les mandataires judiciaires à la protection des majeurs

Le récépissé contient obligatoirement les éléments suivants :

Identité du mandataire judiciaire à la protection des majeurs ou de son représentant

Je soussigné(e), ...

Mon nom d'usage :...

Mon prénom :...

Ma date de naissance :...

Mon lieu de naissance :...

Code postal :...

Commune :...

Pays :...

Mon adresse :...

Code postal :…

Commune :…

Pays :…

Mon numéro de téléphone :…

Mon numéro de fax :…

Mon adresse de courrier électronique :…

(Veuillez indiquer ensuite la mention prévue au 1 ci-dessous si vous êtes le mandataire judiciaire à la protection des majeurs ou les mentions prévues au 2 si vous représentez un service mandataire judiciaire à la protection des majeurs.)

1. Agissant en qualité de mandataire judiciaire à la protection des majeurs.

2. Représentant le mandataire judiciaire à la protection des majeurs désigné ci-après :

La dénomination du service :…

L'adresse du siège :…

Code postal :…

Commune :…

Pays :…

Le numéro de téléphone du siège :…

Le numéro de fax du siège :…

L'adresse de courrier électronique du siège :…

Certifie avoir expliqué et remis ce jour le ou les document(s) suivant(s) :…

La notice d'information ;

La charte des droits et libertés de la personne majeure protégée ;

Le règlement de fonctionnement (à mentionner uniquement si vous agissez au nom d'un service mandataire judiciaire à la protection des majeurs) ;

Le document individuel de protection des majeurs (à mentionner uniquement si vous agissez au nom d'un service mandataire judiciaire à la protection des majeurs).

Identité de la personne protégée

Madame/Mademoiselle/Monsieur

Son nom de famille (de naissance) :…

Son nom d'usage (ex. : nom marital) :…

Ses prénoms (dans l'ordre de l'état civil) :…

Sa date de naissance :…

Son lieu de naissance :...

Code postal :...

Commune :...

Pays :...

Son adresse :...

Code postal :...

Commune :...

Pays :...

Son numéro de téléphone :...

Son numéro de fax :...

Son adresse de courrier électronique :...

Si la personne protégée ne peut pas signer le récépissé, veuillez également remplir la rubrique suivante :

Identité de la personne présente

Madame/Mademoiselle/Monsieur

Son nom d'usage :...

Son prénom :...

Son adresse :...

Code postal :...

Commune :...

Pays :...

Son numéro de téléphone :...

Son numéro de fax :...

Son adresse de courrier électronique :...

Lien avec la personne protégée (la personne présente indique si elle est un membre de la famille, le subrogé tuteur, une personne ayant des liens étroits et stables avec la personne protégée ou, si elle n'appartient pas à cette liste de personnes, sa qualité) :

Fait le :...

Date :...

À :...

Adresse :...

Code postal :...

Commune :...

Pays :...

Par :

Le mandataire judiciaire à la protection des majeurs ou son représentant

Prénom :...

Nom d'usage :...

Signature :...

La personne protégée :

Prénom :...

Nom d'usage :...

Signature, précédée de la mention : « Je certifie avoir pris connaissance du ou des présent(s) document(s). »

Si la personne protégée ne peut pas ou refuse de signer le récépissé, veuillez le mentionner.

Si la personne protégée ne peut pas signer le récépissé, la personne présente :

Prénom :

Nom d'usage :

Signature, précédée de la mention : « Je certifie avoir pris connaissance du ou des présent(s) document(s). »

Si la personne présente refuse de signer le récépissé, veuillez le mentionner.

Afin de ne pas alourdir le propos, l'arrêté du 2 janvier 2009 relatif à la formation complémentaire préparant aux certificats nationaux de compétence de mandataire judiciaire à la protection des majeurs et de délégué aux prestations familiales n'est pas reproduit et il sera renvoyé au Journal officiel *du 15 janvier 2009.*

INDEX

A

B

C

D

E

F

G

I

J

L

M

N

O-P

R

S

T

U

V

Achevé d'imprimer par Corlet, Imprimeur, S.A. - 14110 Condé-sur-Noireau
N° d'Imprimeur : 123959 - Dépôt légal : septembre 2009 - *Imprimé en France*